PORTE-FEUILLE

Géographique et Ethnographique

Contenant

des planches pour la Géographie mathématique; des dessins représentant les principales curiosités de la nature, ainsi que les costumes, mœurs et usages des peuples les plus remarquables, accompagnés d'accessoirs qui retracent un monument ancien ou moderne; des cartes générales et particulières, tant physiques que politiques, le tout exécuté par les procédés lithographiques et soigneusement enluminé, accompagné d'un texte explicatif et de tableaux synoptiques propres à faciliter l'usage de cet ouvrage dans l'enseignement de la jeunesse.

Suivi d'un tableau général comparé du monde connu des anciens et terminé par une table des noms de la Géographie ancienne et moderne.

Par G. Engelmann et G. Berger

2.ᴰᴱ PARTIE

à Mulhouse

Chez **C. ENGELMANN**

Directeur de la Société Lithographique de Mulhouse

et à Paris

Chez le même, rue Louis le Grand N.º 27.

1820.

PORTE-FEUILLE

GÉOGRAPHIQUE ET ETHNOGRAPHIQUE.

DEUXIÈME PARTIE.

L'ASIE.

L'asie est la plus étendue, la plus peuplée et sous plusieurs rapports, la plus remarquable des trois parties de notre continent; elle est supérieure aux deux autres par la sérénité de son ciel, la fertilité de son sol, la perfection délicieuse de ses fruits, la richesse infinie de ses minéraux, la force et l'intelligence de ses animaux et la beauté de la robe dont la nature les a revêtus. Cette partie du monde a été le berceau du genre humain; c'est là que les arts et les sciences ont pris naissance et que les premiers empires ont été formés; c'est encore de l'Asie que nous sont venues les quatre pricipales religions connues; la Juive, la Païenne ou l'Jdolâtre, la Chrétienne et la Mahométane.

Nom de l'Asie. — Si, au lieu de se livrer à des conjectures, comme l'ont fait quelques savans, on s'en tient à des faits certains, le nom de l'Asie désignait, selon Homère, Hérodote et Euripide, une contrée de la Lydie qu'arrosait le Caystre, et où même les géographes d'un âge postérieur connaissaient une tribu d'asiones et une ville asia. Il parait naturel, dit M. Malte-Brun, que les grecs aient étendu peu à peu ce nom, d'une seule province à toute l'Asie-mineure, et ensuite aux autres contrées orientales, à mesure qu'ils en eurent connaissance. C'est ainsi que l'ancien canton d'italia, resserré dans un coin de la Calabre, a donné son nom à la grande péninsule dont il ne formait qu'une portion peu considérable.

Divisions de l'Asie pour simplifier l'histoire. — Si l'on tire une ligne de la mer Caspienne aux bouches du Gange, et une autre des sources de l'Indus aux rives de la mer jaune, l'Asie présente alors trois parties inégales, dont la distinction simplifie de beaucoup son Histoire.

La première partie à gauche qui comprend aujourd'hui l'arabie, la turquie, la perse et l'inde, est le théâtre exclusif de toute l'histoire ancienne et moderne que l'on cherche en Asie. La seconde, en haut, la plus grande de toutes, qui comprend aujourd'hui la tartarie indépendante et celle vulgairement dite russe et chinoise, est le réservoir inépuisable d'où sont sortis tous les peuples qui ont bouleversé notre globe presqu'entier, et quant à la troisième, qui comprend la chine et la presqu'île au-delà du gange, elle nous a toujours été et nous est encore inconnue dans son territoire et étrangère dans ses rélations: nous verrons plus bas quelles sont les divisions naturelles et politiques de l'Asie.

Limites de l'Asie. — L'Asie s'étend entre l'équateur et le 72.ᵉ degré de latitude N. et le 25.ᵉ degré de longitude E. et le 170.ᵉ de longitude O. Ses bornes sont au N. l'océan septentrional; à l'O. l'isthme de Suez, qui la fait communiquer à l'Afrique, dont la mer rouge la sépare; du même côté elle est séparée de l'Europe par la méditerranée, l'Archipel, l'Hellespont, la mer de Marmara, le Bosphore, le fleuve Oural et les montagnes du même nom; à l'E. elle est baignée par le grand Océan; le détroit de Behring ne laisse entr' elle et l'Amérique qu'un médiocre espace de 13 lieues; au S. elle est bornée par l'Océan

Indien. L'Asie présente 4 fois plus de sᴜʀꜰᴀᴄᴇ que l'Europe, et comprend à elle seule plus du quart de toutes les terres du globe, on lui reconnait environ 5.960,000 à 4,000,000 de myriamètres carrés. La plus grande ʟᴏɴɢᴜᴇᴜʀ de ce continent, prise obliquement depuis l'isthme de sᴜᴇᴢ jusqu'au détroit de ʙᴇʜʀɪɴɢ, est de 1,188 myriamètres, sa longueur du N. au S. se mesure entre le cap ᴄᴏᴍᴏʀɪɴ dans l'Inde et le cap ᴄᴇᴠᴇʀᴏ-ᴠᴏsᴛᴏᴄʜɴᴏï ou ᴛᴀɪᴍᴏᴜʀ, en Sibérie, et s'élève à 682 myriamètres.

Lᴀ ᴘᴏᴘᴜʟᴀᴛɪᴏɴ de l'Asie est d'environ 400 millions.

Gᴇᴏɢʀᴀᴘʜɪᴇ ᴘʜʏsɪqᴜᴇ ᴅᴇ ʟ'Asɪᴇ, ʀᴇ́ʟᴀᴛɪᴠᴇᴍᴇɴᴛ ᴀᴜx ᴛᴇʀʀᴇs. — ᴍᴏɴᴛᴀɢɴᴇs. — De toutes les extrémités de l'Asie le terrain s'élève constamment vers le centre où il finit par former un immense ᴘʟᴀᴛᴇᴀᴜ, le plus vaste peut-être et le plus élevé qu'il y ait sur le globe, et qui forme le noyau de toutes les grandes chaînes qui parcourent le continent. Cette masse souvent d'un sable fin et presque mouvant se trouve presque comme encerclée et soutenue par une énorme ceinture de montagnes d'une extrême hauteur et d'une hideuse nudité. Cᴇ ᴘʟᴀᴛᴇᴀᴜ ᴅᴇ ʟ'ᴀsɪᴇ ᴄᴇɴᴛʀᴀʟᴇ qui s'élève entre les 30.ᵉ et 50.ᵉ parallèles, et s'étend de la mer Caspienne au lac Baïkal, et des sources de l'Indus à la muraille de Chine, qui est connue sous le nom peu exact de ᴘʟᴀᴛᴇᴀᴜ ᴅᴇ ᴛᴀʀᴛᴀʀɪᴇ, est un assemblage de montagnes nues, de rochers énormes et des plaines très élevées; il semble qu'il y ait surtout deux massifs de montagnes qui s'élancent au-dessus même de cette région déjà si haute. L'une est formée par les ᴍᴏɴᴛᴀɢɴᴇs ᴅᴜ ᴛʜɪʙᴇᴛ, dont les hautes vallées conservent des neiges éternelles, quoique sous le 30.ᵉ degré de latitude; elles doivent probablement avoir une élévation de plus de 20,000 pieds. C'est d'ici que partent les chaines de montagnes qui, sous les noms de ᴍᴏᴜsᴛᴀɢ, de ᴋᴇɴᴛᴀïssᴇ ou ᴋᴇɴᴛᴀɪᴄʜ, de ʜɪᴍᴍᴀʟᴀ, ʜɪɴᴅᴏᴜ-ᴋᴏʜ et autres, s'étendent vers l'Hindoustan, et s'unissent dans la presqu'île à la chaîne dite des ɢᴀᴛᴇs, qui finit par le cap ᴄᴏᴍᴏʀɪɴ: l'ᴇᴍᴀüs des anciens, aujourd'hui le mont ʙᴇʟᴏᴜʀ, s'étent de son côté dans la Tartarie, et s'unit par les montagnes de la Perse à l'ᴀʀᴀʀᴀᴛ au ᴛᴀᴜʀᴜs et au ᴄᴀᴜᴄᴀsᴇ, noyaux de l'Asie occidentale. D'une autre côté de nombreuses chaînes descendent dans la presqu'île au-delà du Gange; une d'elles se prolonge jusque dans la presqu'île de Malakka et semble delà passer dans cet immense Archipel que l'on considère comme une 5.ᵉ partie du monde. Des montagnes aussi hautes, mais plus rapprochées remplissent les provinces septentrionales et occidentales de la Chine. Au nord de ces chaînes de montagnes, il se trouve une plaine élevée, peut-être la plus haute région de tout le globe; c'est le vaste désert de ᴋᴏʙɪ ou de sᴄʜᴀᴍᴏ, qui a 500 lieues de long, et occupe le milieu de la Mongolie; on n'y voit que des lacs salés et de petites rivières qui se perdent dans un amas de sable et de gravier; par-ci par-là, quelques paturages ou quelques buissons chétifs interrompent momentanément l'effrayante monotonie et rappellent le souvenir de la végétation. Ce plateau, qui s'étend depuis les sources de l'Indus et du Gange jusqu'au delà de celles du fleuve Amur ou Saghalien, se termine au N. par un autre système de montagnes, les ᴍᴏɴᴛs ᴀʟᴛᴀïqᴜᴇs, dont le plus haut sommet, selon Pallas, se nomme ʙᴏᴄʜᴅᴏ. Delà, comme d'un centre commun, partent deux chaînes de montagnes, deux moyennes et deux grandes. Celle qui va au sud, sous le nom de ᴍᴏssᴀʀᴛ, ne parait qu'un anneau qui lie le plateau de montagnes à celui du Thibet; une semblable branche secondaire, sous le nom d'ᴀʟᴀᴋ, s'écarte vers l'occident, traverse la

(5)

Tartarie indépendante, nommément la Boukharie; et se rapproche vers le lac Aral, des monts
Ouraliens; tandis que de l'autre côté elle est liée avec les monts BELOUR (monts nébuleux) qui
séparent les deux Boukharies, et qui tiennent aux montagnes de la Perse orientale et du nord
de l'Inde. Ainsi vers l'occident, les deux massifs principaux sont liés en tous sens et l'on
peut les regarder comme deux sommets d'un seul et même plateau. Mais retournons aux
grandes chaînes du BOGHDO; une d'elles s'étend vers l'orient, sous le nom de KANGAÏ, remplit la Mongolie, la Tartarie Chinoise et se termine vers la mer de Corée et du Japon;
une autre branche, l'ALTAÏ, se prolonge dans la Sibérie orientale: une branche semblable
forme, à l'Est du lac BAÏKAL, les montagnes de la DAOURIE et de NERTSCHINSK qui s'étendent sous le nom de JABLONNOÏ et vers le Kamtschatka et le détroit de Behring. Tel est
l'enchaînement des Alpes de l'Asie. C'est le plus vaste système de montagnes qu'on ait
reconnu sur le globe. D'après les mesures du savant voyageur Anglais WEBB, il surpasserait
en élévation celui des Cordillières. Le pic le plus élevé de l'Inde, selon le voyageur,
a 25,669 pieds de hauteur, et 19 sont au-dessus de 21,000 pieds. Le système des montagnes centrales de l'Afrique semble égaler en étendue celui de l'Asie qui présente une
surface de 300,000 lieues carrées. Une si grande hauteur et une aussi considérable étendue
isolent entièrement les parties qui les contournent; elles déterminent et classifient la pente
des terrains et le cours des fleuves; elles désignent la température des saisons et modifient
les caractéres des peuples; enfin elles indiquent et commandent 5 grandes divisions géographiques, dont nous aurons à parler plus loin, savoir, le PLATEAU CENTRAL, et les 4
GRANDES PENTES OU REVERS correspondans aux quatre points cardinaux.

VOLCANS. — Quelques montagnes du Japon renferment des volcans; on en remarque un
dans la province de FIGO, qui jette constamment des flammes. FIRANDO entre Kiusiu et
les îles de Gotto, et NOKISIMA à l'Est de Niphon, sont volcaniques. Les montagnes de
Syrie offrent des traces de volcans; les éruptions ont cessé depuis longtems; mais les
tremblemens de terre qui en sont les entr'actes, se montrent encore quelques fois. On a
eu dans la PERSE des exemples récens de semblables catastrophes. Le pic de DEMAWEND
près de Téhéran jette fréquemment des flemmes. Les montagnes du KAMTSCHATKA couvertes d'une neige perpétuelle, sont en même tems remplies de volcans. Il y a trois
monts ignivores en activité; celui d'AVATCHA, celui de TOLBATSCHICK et celui de KANTSCHATKA
qui est extrêmement élevé. Ces volcans se lient à ceux du Japon.

CAPS. — Les principaux caps que projettent les côtes de l'Asie au N. sont le cap GELANOS
au N. de la nouvelle Zemble; le cap OLONEI à l'E. du golfe d'Oby; le cap CEVERO-VOSTOCHUOI
ou TAIMOUR, au N. du pays des Samoïèdes; le cap PROBRAGENIA au N. E. du gouvernement
de Tomsk; le cap SVIATOÏ, sur les côtes septentrionales du gouvernement d'Jrkutsk, vis-à-
vis des îles Liaikhoff; le cap SCHALATSKOÏ, au N. du pays des Tschuktsches; le cap NORD, par
le 69.e degré, terme de la navigation du célèbre Cook, en 1778; le cap ORIENTAL à l'est;
le cap LOPATKA, qui forme l'extrémité, sud du Kamtschatka; au sud, le cap ROMANIA, à
la pointe méridionale de la presqu'île de Malakka; le cap COMORIN, au midi de l'Hindoustan; le cap RASALGAT et le cap MACANDOU, au S. E. de l'Arabie.

ILES. — Voyez ci-après.

PRESQU'ILES. — Les moyennes sont l'ANATOLIE, l'ARABIE, l'INDE EN-DEÇA DU GANGE, ou la

PRESQU'ILE ORIENTALE; la presqu'île de KAMTSCHATKA au N. E. de l'Asie; les petites sont celles de CAMBAYE, dite aussi CUZARATE, sur la côte occidentale de l'Hindoustan; de MALAKKA, dans l'Inde au-delà du Gange; de CAMBOGE dans la même partie de l'Inde; de CORÉE sur les côtes de la Tartarie Chinoise.

ISTHMES. — l'Asie n'en offre qu'un seul, celui de Malakka, qui joint la presqu'île de ce nom à l'Inde au-delà du Gange.

GÉOGRAPHIE PHYSIQUE DE L'ASIE RÉLATIVEMENT AUX EAUX, MERS ET GOLFES. — 1.º LA MER GLACIALE avec les golfes de KARSCOIE ou CARISCH, d'OBY, de JENISSEI ou baie de soixante-douze îles, de LÉNA et TSCHAUNKI. 2.º Le GRAND OCÉAN, dont les parties sont l'ARCHIPEL DU NORD, avec les golfes d'ANADIR, la mer d'OKHOTSK ou mer de LAMA, avec les golfes d'ISCHIGINSK et de PENSCHINSK; la mer de SAGHALIEN; la mer du JAPON; les golfes de WHANHAY ou mer JAUNE; la mer de CORÉE; la mer de la CHINE, avec les golfes de TOUQUIN et de SIAM. 3.º L'OCÉAN INDIEN ou la mer des Indes, dont les parties sont la mer d'ARABIE ou d'OMAN et celle de PERSE, avec le golfe ARABIQUE ou la mer ROUGE, et le golfe PERSIQUE ou la mer BLEUE; le golfe de BENGALE. 4.º La MER MÉDITERRANÉE, avec le golfe d'ALEXANDRETTE, au S. de l'Asie-mineure.

DÉTROITS. — Celui de WAIGATZ entre les îles de la nouvelle Zemble et la Sibérie; celui de COOK ou de BEHRING, entre la côte la plus orientale de l'Asie et la côte la plus occidentale de l'Amérique septentrionale, large de 13 lieues, peu profond et gelé tous les hivers, de manière à permettre d'aller de pied ferme de l'un à l'autre continent*); la MANCHE de TARTARIE entre l'île Saghalien et la Mantschourie. — Celui de la PÉROUSE entre les îles de CHICHA ou MATSMAI et de Schoka ou Saghalien; celui de MALAKKA, entre la presqu'île de ce nom et l'île de Sumatra; celui du PALK, (MANAR) entre l'île de Ceylan et l'Hindoustan; celui d'ORMUS à l'entrée du golfe Persique; celui de BABEL-MANDEB entre la mer d'Arabie et la mer rouge; celui des DARDANELLES entre la mer de Marmara et l'Archipel; celui de CONSTANTINOPLE entre la mer de Marmara et la mer noire; celui de THÉODOSIA ou de CAFFA entre la mer noire et la mer d'Azof.

LACS. — Le continent de l'Asie, étant une masse de terres très-considérables et peu entrecoupée de mers, doit naturellement contenir dans son intérieur de grands amas d'eau; elle renferme même le plus grand lac connu, la mer CASPIENNE. En général les lacs de l'Asie, se distinguent par leurs eaux salées, saumâtres ou sulfureuses; il y en a aussi beaucoup qui n'ont point découlement. Les lacs de l'Asie-mineure sont celui de TAZLA, d'une longueur très-considérable; ceux de VAN et d'OURMIAH, vers les parties les plus élevées de l'Asie occidentale; le lac ASPHALTIQUE ou la mer MORTE, dans la Palestine; ses eaux bitumineuses recouvrent une étendue de 60 à 70 lieues carrées. (12 à 15 myriamètres carrés). **) L'ARABIE entière n'a d'autre lacs que ceux qui sont formés par le

---

*) BEHRING, Danois au service Russe, découvrit ce détroit en 1727; ce navigateur le traversa sans appercevoir la terre à l'est. L'illustre COOK reconnut le tout avec beaucoup d'exactitude et donna à ce détroit le nom du navigateur Danois. COOK et CLERKE, en 1778 et 1779 passèrent le détroit et cherchèrent à pénétrer en Europe par le N. E. ou N. O.; mais ils y furent constamment arrêtés au cap glacé et au cap nord, qui demeurèrent alors des barrières insurmontables à tous les efforts humains.

**) Il parait que le bassin de la mer morte était jadis une vallée fertile, en partie suspendue au-dessus d'un amas d'eaux souterraines, en partie composée de couches de bitume; le feu du ciel alluma ces matières combustibles; les terres fertiles s'écroulèrent dans l'abîme souterrain; les villes de SODOME et de GOMORRHE et autres, construites peut-être en pierres bitumineuses, devinrent également la proie de

confluent des eaux de pluie ou de sources qui se perdent ou s'imbibent dans le sable. Les déserts de la PERSE, si semblables d'ailleurs à ceux de l'Arabie, offrent le même genre de lacs, mais plus grands. Celui de ZÉRÉ couvre une étendue de 140 lieues carrées.

Le penchant occidental du PLATEAU CENTRAL est couvert de lacs salés et sans écoulement. La mer CASPIENNE couvre une étendue de 16,850 lieues carrées (3139 myriamètres). Le lac ou la mer d'ARAL, de 1280 lieues carrées; le TENGIS, le PASKAL. — LES PENCHANTS SEPTENTRIONAUX DU GRAND PLATEAU en offrent un grand nombre, tels que le CZANY ou TCHANY, etc. — Le NOR-ZAISAN, le BAIKAL, qui est après la mer Caspienne et celle d'Aral, un des plus grands lacs, dont un grand nombre n'a point d'écoulement. — Le TERKIRI a 300 lieues carrées de surface; le KA-KONOR au N. E. du Thibet, lac de 240 lieues carrées de surface; le LOP-NOR au sud du Zaisan. Les lacs de la Chine ne sont remarquables pour la géographie physique, que par leur rapprochement; ils semblent confirmer la tradition des Chinois, selon laquelle une partie de ce pays aurait été récemment laissée à sec par la mer, ou plutôt par les deux longs golfes formés par les deux fleuves HOANG-HO et YAN-TSE-KIANG. On y remarque cependant les lacs TONTIN et POYAN. Les deux presqu'îles des Indes n'ont guère de lacs remarquables.

---

ce vaste incendie. C'est ainsi, dit M. Malte-Brun, que la géographie physique aime à concevoir les révolutions dont ces lieux, selon Moïse, ont dû être le théâtre.

RIVIÈRES DE L'ASIE.

		longueur de leur course en myriamètres.
Bassin de la mer glaciale; — pente septentrionale ou du plateau de la Mongolie.	L'OBI	347
	l'Jrtych	210
	Jschim	
	Le Tobol	80
	Le Vach	
	LE JENISSEI	340
	Lá Tunguska supéri.	132
	La Tunguska inféri.	137
	La Katunga	48
	L'Olenek	75
	LE LÉNA	
	Le Vilui	100
	l'Aldan	125
	La Janna	49
	L'Jndigirka	108
	La Kowima	120

Bassin	Fleuve		Pentes
Bassin sept. du gd. océan; — pentes orientales de la Sibérie et du plateau de la Mongolie.	L'Anadir	70	
	L'AMUR ou Saghalien Oula en y comprenant la Szilka	294	
	Le Henkon.		
	Silimpdi.		
	Tschikiri Oula.		
Bassin de la mer de Chine; faisant partie du Bassin du gd. océan; — pente orient., ou plateau du Thibet.	LE HOANG-HO (fleuve jaune)	520	
	LE YANG-TSÉ-KIANG (fleuve bleu).	368	
	Le Hon-Kian	120	
Bassin de la mer de Chine et du golfe de Siam.	LE MÉ-KOM ou Camboja	300	Pentes méridionales du plateau du Thibet.
	Le Mé-Nan	250	
Bassin de la mer des Indes.	Le fleuve du PÉGU ou l'Jrabaddy	290	
	————— D'AVA ou le Ken-Duen.	150	
	Le TSAMPO ou BURAMPUTER.	200	
	Le Gange	250	
	Le Godaveri	90	
	Le Kislana	86	
	Le Nerbudda	81	
	L'INDUS ou Sinde	195	
Bassin du lac Aral.	Le Syr ou Daria	110	Pente occid. du g. Pateau Central. — Pentes et bassins de l'intér. de l'Asie.
	L'Amu-Daria ou Gihon (Oxus)	145	
Dans la petite Bucharie.	Le Jerkend ou Mehescha	100	Vers le désert de Kobi
Bassin du lac Baikal.	Le Sélinga	76	
Vers la mer Caspienne.	Le Kur ou Cyrus	46	
	L'araxe	42	
Vers le golfe Persique.	L'EUPHRATE (jusqu'au golfe)	185	
	Le TIGRE	100	
Vers le golfe Arabique.	Aucune rivière et peu de ruisseaux.		Pentes de l'Asie occid. ou du Caucase, de l'Ararat du Taurus, etc.
Vers la Médit. et l'Archipel.	L'Oronte	28	
	Le Méandre	40	
Vers la mer noire.	Le Sangarius (Sakaria)	40	
	Le Halys (Kisil-Jrmak)	54	
	Le Phasis ou Rione	21	

Température — Climat — déterminés par les 5 divisions géographiques indiquées plus haut.

La stérilité du sol, l'intensité du froid qui y règne même en toutes saisons, même dans les plaines et les vallées, caractérisent le plateau central de l'Asie.

Les deux grandes régions qui s'appuient au plateau central du côté du nord et du midi, ont reçu chacune de la nature un caractère physique que l'industrie humaine ne réussira jamais à changer, ou seulement à modifier d'une manière sensible. Semblable à un magnifique parterre de fleurs, sur lequel l'art du jardinier a concentré les rayons du soleil, l'Asie méridionale ou l'Inde garantie des vents glacés du nord par les montagnes du Thibet s'incline fortement vers les tropiques et l'équateur. Arrosé par des nombreux et larges fleuves, son riche sol reçoit toujours les feux du ciel, et s'imprègne des exhalaisons d'une mer que l'hiver jamais n'enchaîne. Quel contraste entre les contrées fertiles et les tristes solitudes de l'Asie septentrionale, de cette vaste Sibérie, qui toute entière penche vers le pôle et vers la mer glaciale, n'aspire jamais la douce haleine des vents du tropique, et dont l'atmosphère ne reçoit des mers voisines que des particules chargées du froid polaire! L'Asie orientale, qui se confond insensiblement avec le plateau central, présente trois parties distinctes. Une large chaîne de montagnes couvertes en partie de neiges éternelles, s'étend du plateau de Mongolie jusqu'en Corée. Au nord de ces montagnes, l'Amur se tourne d'abord vers le sud-est. Cette dernière exposition est la plus froide possible dans la zone tempérée boréale. D'ailleurs, le sol parait être très-élevé. Ces contrées, désignées communément sous le nom de tartarie chinoise, ressemblent à l'Asie septentrionale, quoiqu'elles soient situées sous les latitudes de la France. La masse du froid qui, pour ainsi dire, couve sur la Tartarie, et d'un autre côté la température constante du Grand-Océan, jointe à une exposition directement orientale, donnent à la Chine propre un climat moins chaud que celui de l'Asie méridionale; ce vaste pays, quoiqu'il depasse un peu le tropique, et ne s'élève guère au-delà du 40.e degré de latitude boréale, renferme tous les climats Européens.

La troisième partie de la région orientale de l'Asie est formée par cette prodigieuse chaîne d'îles et de presqu'îles volcaniques qui s'élèvent à peu de distance du continent, et présentent comme une immense haie, contre laquelle la fureur de l'océan vient se briser. Voisine d'un côté des régions du tropique, de l'autre du froid plateau de l'Asie centrale, et environnée d'un élément tumultueux et inconstant, elle présente nécessairement d'innombrables variations de température.

La cinquième grande région de l'Asie se détache plus qu'aucune des autres de la masse du continent. La mer Caspienne, le Pont-Euxin, la Méditerranée et les golfes Persique et Arabique donnent, à l'Asie occidentale, quelques ressemblances avec une grande péninsule. On pourrait, avec quelque degré de vérité, dire que cette région est aussi opposée à la région orientale, que celle du midi l'est à celle du nord: l'Asie orientale est en général humide; l'occidentale est sèche et même en quelques endroits aride; l'une a le ciel orageux et souvent nébuleux; l'autre jouit de vents constans et d'une grande sérénité d'atmosphère; l'une a des chaines de montagnes escarpées, que séparent des plaines marécageuses; l'autre est composée de plateaux en grande partie sablonneux et peu inférieurs en élévation aux chaînes de montagnes qu'ils portent sur leur dos. Dans l'Asie orientale on voit les fleuves de long cours se suivre de très près, tandis que dans l'Asie occidentale, il n'y en a que deux ou trois d'un volume considérable, mais en revanche, beaucoup de lacs sans écoulement. Enfin la proximité de l'immense foyer de chaleur que renferme l'Afrique, donne à une grande partie de l'Asie occidentale une température bien plus chaude que celle dont jouit même l'Asie méridionale.

PRODUCTIONS. — L'immense étendue de l'Asie, la diversité de ses climats et de la conformation de son sol, doivent nécessairement causer une grande variété dans les degrés de sa fécondité naturelle. La partie méridionale surtout a été singuliérement favorisée de la nature qui semble y avoir répandu sa corne d'abondance et réuni tous les prodiges de la magnificence, tous les dons qu'elle a disséminés sur de vastes continents. La fécondité s'y déploie dans les arbrisseaux, les plantes herbacées, les fleurs. et les fruits qui présentent des figures plus singuliéres, plus variées, des couleurs plus vives, des saveurs plus fortes, des odeurs plus douces.

RÈGNE VÉGÉTAL. — On y trouve presque toutes les espèces de grains; le RIZ et le MAïS sont principalement cultivés dans les contrées du sud et du S. E.; la CANNE à SUCRE, le THÉ (*) de la Chine et du Japon; le SAGOU, le COTON, l'INDIGO, les épices les plus fines, telles que la CANELLE, le POIVRE, les CLOUS DE GIROFLE, les NOIX DE MUSCADE, les CARDAMOMES, le MACIS (improprement fleur de muscade), le GINGEMBRE; les PISTACHES, etc. etc.; l'ALOÈS de Perse et d'Arabie; divers baumes, celui de la MECQUE, que l'on retire de l'AMYRIS OPOBALSAMUM, supérieur à celui de toute autre gomme résine; la MYRRHE, l'ENCENS qu'on recueille dans l'HADRAMANT en Arabie, l'OPIUM, le MASTIC, le QUINQUINA, la NOIX DE GALLE, la MANNE abondante sur les chênes de la Mésopotamie et employée par les Arabes en guise de sucre dans leur pâtisserie et autres méts; le CHANVRE, le LIN, la GARANCE, le TABAC etc. etc. Toutes les espèces d'arbres fruitiers qui ont été apportés et acclimentés en Europe (voy. page 95) ainsi qu'un grand nombres d'autres, tels que le COCOTIER, l'INDIGOTIER, le PALMIER à DATTES, le BANANIER ou FIGUIER d'INDE, le CAFIER, dont le fruit le meilleur et le plus estimé est connu sous nom de café MOCA, qui se cultive particulièremeut à l'ouest des montagnes de l'Hyémen; le MUSCADIER, le GIROFLIER, le MURIER, la VIGNE, qui en Perse étale toutes ses richesses, est cultivée par les seuls Guèbres, ou adorateurs du feu, et

---

*) En Chinois TSCHA, dont les Chinois comptent 4 espèces particulières, le SONG-LO le BOU-Y, le POU-Y-AL et le LO-NGAN. Les Européens estiment surtout la première espèce qu'ils nomment THÍ VERT, Le thé impérial nommé MAO TSCHA est composé de feuilles cueillies sur l'arbuste BU-Y-TSCHA (le Thé bon). Il ne circule pas dans le commerce; l'empereur en fait présent à ses courtisans; c'est par l'intermédiaire de ces derniers que le thé exquis passe en d'autres mains et quelquefois peut-être dans celles des Européens : comme les endroits secs et élevés conviennent à la culture du thé beaucoup mieux que les endroits humides et bas, la récolte de cette production est très-pénible. Aussi là où les lieux sont très escarpés et périlleux pour les hommes, on a appris aux singes à y grimper et à effeuiller les arbustes. Le fruit du thé étant très amer, et n'ayant par conséquent rien d'attrayant pour ces animaux, il n'est pas fort facile de dresser ces animaux. On y parvient néanmoins en faisant souvent cette besogne en leur présence, et en leur distribuant quelque friandise quand ils s'en sont acquittés.

produit les excellens vins de Schiraz, d'Yend, d'Hispahan; le camphrier, dont on emploie les branches pour fabriquer la drogue connue sous le nom de camphre; le murier à papier de la Chine, dont l'écorce sert à faire des étoffes et du papier; l'arbre à suif dont on compose dans le même pays une cire verdàtre qu'on façonne en bougies, l'arbre à huile qui différe un peu de nos noyers; l'arbre à rose, qui exhale le parfum de la violette; l'arbre jaune, dont l'odeur et la beauté sont d'un grand prix; l'arbre à vernis de la Chine et du Japon; le peuplier bananier de Sibérie, qui laisse transpirer une résine odorante, le sicomore, le cèdre du Liban; celui de Sibérie qui s'éléve quelquefois à 120 pieds de haut; le bambou dont la matière fibreuse sert à faire du papier en Chine. L'aloès qui renferme sous son écorce trois sortes de bois, le premier noir, compacte et pesant, appelé bois d'aigle; il et est rare; le second nommé calambouc léger comme le bois pourri; le troisième vers le cœur, appelé bois calamba, aussi cher dans l'Inde que l'or même etc. etc.

Règne animal. — L'éléphant, dressé dans l'Hindoustan comme un animal domestique; le dromadaire, employé à la monture des pélerins; le chameau, appellé le navire vivant, le navire du désert, sans lequel l'Arabe ne saurait traverser les mers de sable dont sa patrie est couverte (*); le renne, ce grand bienfait de la nature envers le malheureux Nomade du pôle arctique; le buffle; le bœuf, avec une bosse sur le dos, en Arabie et en Syrie, sauvage en Sibérie; l'yak, ou vache grognante, dont la belle queue est estimée dans l'orient et employée à divers usages, surtout à la parure des chevaux et des éléphans; le cheval, robuste et léger dans la Tartarie d'Asie, excellent en Arabie, dont il fait la gloire, le plus beau et le mieux fait de l'orient en Perse; petit, mais plus de feu, vif et robuste dans le Thibet; les cochons dont la race est belle surtout en Chine; le mouton, qui, en Arabie et en Perse, traine, dit-on, sa queue sur une charette; la chèvre, en grand nombre dans l'Asie-mineure, où elle se distingue, surtout celle d'Angora, par la longueur et la finesse de son poil dont on fait d'excellens camelots, renommée au Thibet par son poil précieux, lequel se trouve sous un autre poil plus grossier, et qui transporté par les Thibétains dans le Cachmyr sert à la fabrication de ces schals si renommés chez les orientaux et dont le luxe a fait irruption jusqu'en Europe; la gazelle de Syrie, le schakal, le loup, l'hyène, l'ours, l'antélope ou cheval sauvage; le dchighetaï de la Sybérie, espèce de chéval sauvage, intermédiaire entre le cheval et l'ane; l'animal porte-musc; les zibelines, dont les meilleures se trouvent aujourd'hui près de Yakutsk et de Penschinsk et dont la peau bien conservée vaut quelquefois 240 francs dans le lieu; le renard noir, dont la peau se vend jusqu'à 100 roubles; l'ours blanc, le plus redoutable parmi les bêtes féroces de Sibérie, la panthère, le lion, le tigre, les singes, les serpens, les crocodiles, la tortue de mer et de terre; le scorpion, le perroquet, l'autruche, l'oiseau du paradis, l'hirondelle, dont une espèce fournit des nids bons à manger, que l'on exporte

---

*) Le poids de sa charge ordinairement est de 750 livres; avec une livre d'aliment et autant d'eau par jour, on le fait voyager des semaines entières. Pour passer les fleuves les Arabes leur attachent une peau de bouc remplie d'air; le chameau est mauvais nageur.

d'Anam dans l'Hindoustan, le ver-à-soie; les abeilles; une espèce de Sauterelles regardée en Arabie comme un met délicat (*) gibier et volaille de toute espèce et en abondance; des paons (originaires de l'Inde); la cochenille, une prodigieuse variété de poissons exquis, une multitude de loutres, de cétacées, de phoques, d'oiseaux d'eau etc.

Règne minéral. — On trouve en Asie toutes les espèces de métaux et demi-métaux; l'or, abondant en Sibérie, le Pérou des Russes; au Japon, où il se trouve partout; l'argent, natif en Sibérie et souvent mêlé d'or, très-abondant au Japon et en Chine, mais peu exploité dans ce dernier pays; le cuivre, mêlé de beaucoup d'or au Japon, où il est un précieux objet d'exploitation, singulier en Chine, où il est de couleur blanche, appellé pétung; l'étain, le plomb, le fer, plus rare que tout autre métal au Japon, natif en Sibérie, dont on a trouvé une masse pesant 1680 livres; l'aimant; les mines de cinabre riches en mercure au Thibet; le sel gemme, commun en Arabie et au Thibet; le salpêtre, le tinkal ou borax brut, production particulière au Thibet; le charbon de terre, l'asbeste, l'ambre, le granit, le marbre, le porphyre, le jaspe, le cristal de roche, le soufre, abondant au Japon, le naphte; les pierres précieuses, surtout de beaux diamans, des rubis, des saphirs, des topases, des émeraudes, que l'on croyait particulières au Pérou; etc. etc. des terres à porcelaine très-estimées, des eaux minérales, etc. etc.

En jetant un coup d'œuil sur la diversité des alimens, des animaux et des habitations, nous trouverons que le riz et le maïs servent d'aliment aux nations méridionales; le millet et l'orge à celles de la Zône froide; sur la limite on trouve des pays à froment. La nature offre aux régions méridionales des fruits délicieux et en partie des aromates piquants; les contrées septentrionales sont privées même des productions des vergers de l'Europe boréale. La région où habitent les Rennes marque dans le nord et le nord-est, le vaste espace qui est et qui sera toujours inaccessible à toute culture. Les Tartares, les Mogols et en partie les Persans doivent au grand nombre de chevaux qu'ils possèdent, leur goût pour les courses, le brigandage et la guerre. Dans tous l'occident le chameau sert à multiplier les communications commerciales et les rélations naturelles des peuples. L'éléphant, utile à l'agriculture et jadis si redoutable à la guerre, a influé sur l'antique civilisation de l'Inde. La Chine, privée en grande partie du secours de ces divers animaux, y a suppléé par ces milliers de barques dont ses rives sont peuplées. Le défaut de bois de construction a obligé l'habitant du plateau central du nord de l'Asie à se loger dans des tentes couvertes de peaux ou d'étoffes, les unes et les autres provenant de ses troupeaux. Une nécessité semblable a produit le même résultat en Arabie. Au contraire dans l'Inde et d'autres contrées riches en bois, mais surtout en bois de palmiers, l'usage des maisonnettes légères a été trouvé aussi conforme à la paresse des indigènes qu'à la douceur du climat. L'un et l'autre genre d'habitations n'offrent rien de stable, rien de solide; les villes d'Asie disparaissent comme les empires dont elles sont les centres momentanés. Ce caractère général des habitations asiatiques ex-

---

*) Lés Turcs n'en veulent pas; à Mosul, au Caire; à Bagdad, elles font les délices des poules, des cochons et surtout des singes.

clut nécessairement le goût des meubles précieux, des tableaux, des statues; aussi les beaux-arts n'y feront jamais de progrès. D'un autre côté l'uniforme influence d'un climat qui détermine impérieusement les genres de culture et d'alimens propres à chaque région, l'influence non moins irrésistible des religions superstitieuses, des lois despotiques et des mœurs serviles, bannissent de l'ame de l'Asiate les vives et libres émotions qui, en Europe, exaltent un cœur ami des lettres et des sciences. Ainsi les diverses régions de l'Asie offrent partout d'antiques ébauches d'une civilisation à laquelle les avantages et les désavantages physiques impriment un caractère ineffaçable ; mais aussi partout cette civilisation atteint les peuples de l'Europe moderne.

TOPOGRAPHIE SOMMAIRE DES ÉTATS DE L'ASIE.

ASIE Occidentale.

L'ASIE-mineure.

L'Anatolie ou l'Asie-mineure.	Smyrne - Angorah - Tokat - Trébisonde - Brousse.
L'Arménie.	Erzéroum-Van, sur le lac du même nom.
La Mésopotamie (le Diarbékir)	Diarbékir, sur le Tigre - Mosoul, sur le Tigre.
L'Jrak - Araby (la Chaldée ou Babylonie)	Bagdad - Bassora - etc.
La Syrie (le Kurdistan) avec	Betlis, place forte.
La Palestine (la Judée)	Jérusalem - Alep - Damas, etc.
Les Iles	Mételine (Lesbos) fameuse par le culte d'Apollon et la naissance de Sapho. Scio (Chios), domaine de la Sultane-mère - Arbre-mastic. Samos, superbes restes d'un temple de Junon. Nicarie (Jcaria). Pathmos où S.t Jean écrivit son apocalypse. Lero (Leros), avec un grand port. Calimno (Claros), excellent miel. Cos-grès fin, pierre à aiguiser. Scarpauto (Scarpanthos). Rhodes (Rhodus), siége des cheval: de St. Jean de Jérusalem dans les 14 et 15 sié.e Chypre (Kyprus) enlevée aux Vénitiens par les Turcs en 1570. — naissance de Vénus.

L'ARABIE.

L'Arabie déserte . . .	Le pays des Arabes Bédouins et le Nedjed.
L'Arabie pétrée	Ancien pays des Iduméens et des Madianites — M.t SINAÏ.
L'Arabie heureuse qui comprend les provin.	d'Yemen—d'Andramant—d'Oman— de Lahsa ou Hajar.

Les îles Baharein . . dans le golfe Arabique, où se fait une riche pêche de perles.

L'Asie est divisée en....

Asie moyenne ou haute-Asie

La PERSE (Jran par les Orientaux.)

La Perse proprement dite, ou Perse occidentale, divisée en neuf provinces, savoir . . — L'Adjerbidjan — le Ghilan — le Mazanderan — L'Jrac-adjemi — le Kour-distan — le Farsistan — le Laristan — le Kerman (Caramanie) — le Khorasan (Ariane) — l'île de Kisma.

La Perse orientale ou l'empire des Afghaas, formé d'une partie de la Perse, et de quelques provinces de l'Hindoustan et de la Boukharie. — Le Sedghistan (Draugiane) — Le Marsan (Gédrosie) — Le Malanou Ghour — Le Kandahar (Arachosie) — Le Kaboulistan — une partie du Khorasan — le Gardschestan — l'Arrochad — le Mekran avec le Balouchistan — le pays de Balk — le Ghasan — le Peschaur — le Sinde.

Le CAUCASE. (Voy: page 120).

La TARTARIE indépendante.

La Tartarie indépendante septentrionale (Dschaggatai septentrional). — Le pays des Troukmènes ou Turcomans (côte orient: de la mer caspienne). — des Karakalpaks (sur les bords du Sihon ou Syrr). — des Kirguis. — le Turkestan . . . . . . cap: Taschkent. — des Khowarismes (la Kharisme) Chorasmée des anciens, divisée en 2 états, Chiva et Konrat.

La grande Boukharie (Dschaggataï méridional). — La Boukharie septentrionale ou le pays des Usbeks. La Boukharie méridionale ou le pays de Balk, faisant partie de la Perse orientale.

La TARTARIE Chinoise, ou l'Asie chinoise supérieure,

La petite Boukharie (Dschaggataï orient: — Cap: Yarkand — Kaschgar.

La Kalmoukie . . . . .

La Mongolie . . . . — Les vrais Mongols habitent vers Kiachta et Selinginsk.

La Mantschourie, divisée en . . . . — Leao-Toung . . cap: Moukden. / Mautschou . . . . cap: Tzitchacar. — Les Mantschoux appartiennent à la grande race nommée TONGOUSE.

La Corée . . . . King - Ki - tao (tributaire de la Chine).

L'île de Seghalien ou de Tschoka.

L'Hindoustan ou

L'Hindoustan Sindétique (Sindhistan) . . . . — Le Cachemire, au roi de Kandahar. Le Lahor — le Moultan — le Sindi — (conféd: des CHEIKS).

L'Hindoustan gangetique (ganghistan). — Le Delhy (le gd. MOGOL) pensionnaire des Anglais. L'Agra — L'Oude — L'Allahabad — le Bahar avec le Bénares. — le roy; d'Asham, sous le Swerga-rajah son roi céleste.

ASIE méridionale.	presqu'île au-deça du Gange.	L'Hindoustan central.	L'Agimère—le Guzarate—le Malvah—le Candisch—L'Aurangabad—le Balaghatte—le Visapour—le roy: de Golconde—L'Orixa—le Bérar.	conféd: des Marattes.
		La côte de Malabar.	Le roy: de Mysore ou Maïssour—le roy: de Cochin—le roy: de Travancor.	
		La côte de Coromandel.	Le roy: de Carnate—le roy: de Tanjaor le roy: de Maduré.	
		Iles de l'Hindoustan méridional.	Les Laquedives (Lacondy) Les Maldives (Malé).—Ceylan (l'ancienne) Taprobane)—Manar—Nicobar Andaman.	
ASIE orientale.	Le pays Inde-Chinois ou la presqu'île au-delà ou Gange.	L'empire des Birmans ou Braghmans, formé des roy: de	Ava—Pégu—Cassay—Aracan—une partie du haut-Siam—la principauté d'Ashem.	
		Le roy: d'Anam, formé des royaumes de..........	Cochinchine, cap: Fou-Tchouan—l'Anam méridional proprement dit—le Tonquin cap: Kecho—l'Anam septentrional proprement dit—Camboja, Lahos—Tsiampa—	
		Le roy: de Siam ou de Yudrapi.	Juthia (ou Sy-po-thi-pa).	
		La presqu'île de Malakka ..,......	La ville de ce nom aux Hollandais: / L'île du prince de Galles ou Poulo-Pinang, aux Anglais.	Cette presqu'île est divisée en plusieurs petits royaumes.
		Les Iles du golfe de Bengale	Andaman—Nicobar—les Paracels—Condor, etc.	
	La Chine propre les îles	divisée en 15 provinces.	Hainan—Formose ou Tai-Ouan—le groupe mérid: des îles Lieu-Kieu au nombre de 36—Madjïcosemah, etc.	
	Le Thibet qui comprend.	La princip: de Boùtan. Le Thibet: prop:t dit Le Népal ou Népoul. La prin: de Sokkum ou le Segwin	partagé entre 2 Souverains (Rajahs) vassaux de la Chine. [capit: Khatmandû. au septent: du Bengale.	
	La presqu'île de Corée.	[Tributaire de la Chine.		
	La JAPON (Je-poun, c. à. d. contrée du soleil, par les Chinois.)	Niphon, ou Nipon.. (3000 l. de long. 30 l. de larg.) Kiusiu (ou Ximo). (80 l. — — — 50 l. — —) Sikok ou Xikoko. (36 l. — — — 20. l. — —)		Japon proprement dit.
		Matsumay ou Jesso. Les îles Lieu-Kieu..[	en toét 36, dont, (la plus grande Tanaxima) dépendante du Japon.	
		Les Kouriles.	En tout 34 selon Danville. Cet archipel se partage en 2 parties. La Chaîne au S. du passage de la boussole et celle du N. L'une voisine de Jesso, et réclamée par le gouvernement de Japon, pourrait mériter le nom de GRANDES KOURILES, l'autre rapprochée du Kamtschatka s'apellerait les PETITES KOURILES.	

N. B. Voy. pour la Géographie Physique de l'Asie la Pl. LVII. et pour la Topographie Sommaire des États de l'Asie la Pl. LVIII.

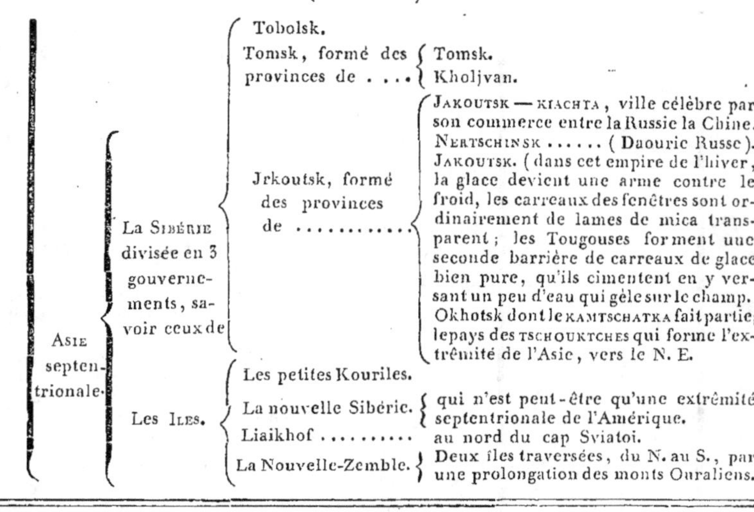

La Sibérie divisée en 3 gouvernements, savoir ceux de

Tobolsk.

Tomsk, formé des provinces de . . . . { Tomsk. Kholjvan. }

Jrkoutsk, formé des provinces de . . . .
- JAKOUTSK — KIACHTA, ville célèbre par son commerce entre la Russie la Chine.
- NERTSCHINSK . . . . . . (Daourie Russe).
- JAKOUTSK. (dans cet empire de l'hiver, la glace devient une arme contre le froid, les carreaux des fenêtres sont ordinairement de lames de mica transparent ; les Tougouses forment une seconde barrière de carreaux de glace bien pure, qu'ils cimentent en y versant un peu d'eau qui gèle sur le champ. Okhotsk dont le KAMTSCHATKA fait partie; le pays des TSCHOUKTCHES qui forme l'extrémité de l'Asie, vers le N. E.

Les ILES.

Les petites Kouriles.

La nouvelle Sibérie. { qui n'est peut-être qu'une extrémité septentrionale de l'Amérique. }

Liaikhof . . . . au nord du cap Sviatoi.

La Nouvelle-Zemble. } Deux îles traversées, du N. au S., par une prolongation des monts Ouraliens.

ASIE septentrionale.

DIVISIONS GÉOGRAPHIQUES DE L'ASIE
EN 5 GRANDES PARTIES PHYSIQUES.

Revers occidental du Grand-Plateau de l'Asie centrale avec les subdivisions gréographiques.

TURQUIE D'ASIE.

ETENDUE — 60,500 lieues carrées — POPULATION — 11,300,000 habitans.

ETAT PRÉSENT. — La Turquie Asiatique, généralement d'une température délicieuse et d'un sol abondant, composa jadis une des plus belles portions de l'empire romain. Elle montrait alors des villes nombreuses parées de tous les agrémens des arts et resplendissantes de toutes les richesses du luxe. Les souvenirs dont est couvert cette terre classique, n'existent plus pour les habitans actuels, dont les mains dévastatrices ont fait disparaitre tous les bienfaits de la civilisation, tous les charmes de la vie sociale. Les monumens sont en débris, les villages abandonnés, les campagnes livrées au brigandage, les villes remplies d'une vile populace, abrutie par l'ignorance et l'esclavage. Une égale obscurité enveloppe la gloire de vingt peuples qui jadis florissaient dans l'Asie occidentale ; les troupeaux bondissent également sur le tombeau d'Achille et sur celui d'Hector ; les troncs des Mithridates et des Antiochus ont disparu comme les palais de Priam et de Crésus ; les marchands de Smyrne ne se demandent guère si ce fut dans leurs murs que naquit

Homère ; le beau ciel de l'Jonie n'inspire plus ni peintres, ni poëtes; un pasteur Arabe vient avec indifférence appuyer ses tentes aux colonnes brisées de Palmyre; BABYLONE aussi a succombé sous les coups du destin vengeur, et cette cité qui régnait sur l'Asie opprimée, laisse à peine après elle une trace qui puisse indiquer où s'élevaient les remparts de Sémiramis. A voir les murailles abattues, les fossés comblés, l'enceinte embarrassée de décombres de JÉRUSALEM, on a de la peine à reconnaître cette fière métropole, qui lutta jadis contre les empires les plus puissans et qui balança même les efforts de la puissance romaine. Tel est l'état présent de cet antique berceau du genre humain qui n'a besoin pour retrouver ses premières déstinées que d'un nouvel ordre de la providence qui y ranime la civilisation européenne.

Le blé, la soie, toute espèce de fruits, d'immenses pâturages, couvrent presque sans travail une partie des plaines ; des raisins délicieux murissent sur les côteaux; des olives et des dattes renommées abondent dans les parties sablonneuses et d'immenses forêts chargent les montagnes.

LES PRINCIPALES VILLES sont ALEP (200,000 hab.), le rendez-vous des caravanes; DAMAS (80,000 hab.) autrefois si célèbre par ses fabriques d'acier, où se rassemblent, selon M. Volney, tous les pélérins du nord de l'Asie, comme au Caire tous ceux de l'Afrique; la triste JÉRUSALEM, qui possède à peine une population de 20,000 ames; elle n'est pas tout-à-fait sur le même sol qu'autrefois; le Calvaire, qui était hors de ses murs, est maintenant presque au milieu. C'est l'Empereur Adrien qui l'a fait rebàtir telle qu'on la voit aujourd'hui; SMYRNE, qu'enrichit le commerce maritime et que la peste dépeuple si souvent, (120,000 hab.); ANGORA (80,000 hab.; ERZERUM, près du Caucase et sur les frontières de la Perse (150,000 hab.); dans la Misopotamie, MOSSOUL, qui a remplacé l'ancienne Ninive; la grande et pittoresque BAGDAD, cet ancien séjour des Khalifes, ce théâtre de tant de fictions orientales, bâtie sur la rive gauche du Tigre, et accolée au sud sur l'Euphrate aux ruines de Babylone, dont la grandeur se trouve, depuis 24 siècles, dans un terrain parsemé de débris et de plantes sauvages, près du florissant village de Hillah. Il faut encore remarquer les ruines de BALBEK ou HÉLIOPOLIS, ou vallée de Baal, ville du soleil, au pied de l'anti-Liban, entre Damas et Tripoli sur la route de Tyr à Palmyre. Ce qui attire toute l'attention du voyageur, est le temple en ruines du soleil. Il est probable que cette ville fut fondée par Antonin le pieux; celles de PALMYRE, appelée par l'Arabe TEDMOR ou TADMOUR, ville détruite sous l'Empereur Aurélien, par l'imprudence de la reine ZÉNOBIE (voy. Pl. LIX). Il est très difficile de rendre toute la richesse, toute la magnificence de l'architecture qu'on voit encore dans l'immensité de ses ruines. La sensation d'un pareil spectacle ne se transmet guère; mais il n'y a qu'à se peindre ces fûts si délicats, comme des colonnes dont la seule base surpasse la hauteur d'un homme. Il faut se représenter que cette file de colonnes de bout occupe une étendue de plus de 1300 toises, et masque une foule d'autres édifices cachés derrière elle. Dans cet espace, c'est tantôt un palais, dont il ne reste que les cours et les murailles; tantôt un portique, un arc de triomphe, ou une galerie; tantôt un temple dont le péristile est à moitié renversé. Ici, de belles colonnes blanches forment des groupes; là, elles sont rangées en files tellement prolongées, que semblables à une belle avenue, elles fuient sous l'œil dans le lointain. Si la vue s'abaisse sur le sol, ce ne sont de toutes parts que fûts renversés, les uns entiers, les autres disloqués et en pièces, des pierres immenses à demi-enterrées, des tombeaux violés. On en voit plusieurs aux environs du temple de Neptune. L'architecture avait surtout prodigué son génie à l'extrémité de ces ruines, dans le temple du soleil, divinité de Palmyre. L'enceinte carrée de la cour qui le renferme, a 679 pieds sur chaque façade; le long de cette enceinte intérieure règne un double rang de colonnes; et il est à remarquer que ces deux façades ressemblent assez à la colonnade du Louvre, avec cette différence pourtant que celles de Palmyre sont isolées, tandis qu'à Paris celles du Louvre sont accouplées. On ne peut envisager ces monumens sans un mélange d'étonnement et d'admiration. Au milieu de ces ruines vénérables, monument d'un peuple puissant et poli, par un contraste étonnant, on voit une trentaine de huttes de terre habitées par autant de familles misérables, dont toute l'industrie se borne à cultiver quelque peu de bled et quelques oliviers. Toute leur richesse consiste dans quelques chèvres et quelques brebis, qu'ils mènent paître dans le désert.

On a réuni sur le premier plan de la planche quelques costumes des peuples de la Turquie d'Asie. A gauche, on remarque un de ces ARABES BÉDOUINS des frontières, allant en quête du pillage. On voit à côté de lui sa femme et son enfant. Quoiqu'éloignée du luxe de la civilisation, on pourra remarquer que cette femme, à moitié nue et couverte de lambeaux, porte à son cou, à ses oreilles et à son bras plusieurs ornemens. Les tribus qui vivent dans le voisinage des Turcs sont sans cesse en guerre avec eux, et les malheureux cultivateurs deviennent les victimes de cette mésintelligence. Les Arabes coupent les moissons, enlèvent les troupeaux, interceptent les communications et le commerce, s'enfoncent dans le désert, et changent de campement suivant le besoin et les circonstances. Devant l'Arabe Bédouin on remarque deux femmes DRUZES occupées à écraser du bled entre deux meules. Cette manière de moudre est fort en usage dans l'Orient et jusques en Sicile. C'est le véritable moulin antique. Il consiste en deux meules; celle de dessus est la plus petite; elle est percée d'un trou rond, dans lequel on verse du grain. On la fait tourner au moyen d'un bâton vertical, fixé à la circonférence; un morceau de fer implanté au centre de la meule inférieure sert d'axe. Les Druzes qui sont tributaires de la Porte et qui, comme l'a prouvé le savant Volney, sont d'origine Arabe, ainsi que la plupart des autres habitans de la Syrie, sont un peuple cultivateur, dont le Prince (HAKEM ou ÉMYR) réunit les pouvoirs civil et militaire. Ils sont braves, et l'on sait que sous leur Émyr Fakardin, ils résistèrent longtems aux armes othomanes; ils sont aussi hospitaliers et partageraient leur dernier morceau de pain avec le passant affamé. Ils habitent les montagnes de l'Anti-Liban où il vivent répandus par villages, par hameaux et même par maisons isolées. La nation entière est agricole; chacun fait valoir son domaine dont il est le propriétaire ou le fermier. Les Kourdes ne pratiquent ni circoncision, ni jeunes, ni prohibition, ni fêtes, se marient de frère à sœur; en un mot n'ont presque point de culte. Cependant il faut en excepter une secte nommée OCCAL. A droite on voit un de ces

KOURDES divisés en tribus répandues dans la Basse-Asie, voisine de la Perse, et qui habitent le pays connu sous le nom de Kourdistan. Leur gouvernement est féodal et assez semblable à celui des Druzes. Leur religion est un mélange de l'islamisme et de plusieurs pratiques superstitieuses, qui ont quelque rapport avec la religion des mages. Plusieurs villages, dont chacun a son chef, ont adopté la vie errante des Turcomans et des Arabes; ils sont pasteurs et vagabons comme eux, mais leurs mœurs sont un peu différentes. Les premiers dotent leurs filles, les Kourdes les vendent. Ils font grand cas de la noblesse d'origine, et les Turcomans la dédaignent; ceux-ci ne volent point, et les autres passent pour des brigands. Le costume du KOURDE tracé sur le dessein fait par M.ʳ Rosset dans le Kourdistan même, est d'accord pour le turban, avec celui qui a été donné par Niebuhr. Une particularité bien remarquable de ce costume, est le vaste manteau fait d'une étoffe extrêmement épaisse, qui les garantit des intempéries de l'air. A côté du Kourde, plus en arrière est représenté un ARMÉNIEN. Les Orientaux donnent aux habitans de l'Arménie (Arminyah) le nom d'ARMEN et ARMENY. C'est le même peuple que les Grecs et les Romains ont appelé PARTHES. Les Arméniens forment à peuprès la douzième partie de la population de Constantinople. Presque tous marchands, quelques-uns font des affaires immenses et ont des correspondans dans toutes les parties de l'Asie. On loue en eux un sens droit, leur prudence, leur habilité dans les spéculations commerciales, leur application continuelle et infatigable au travail, un fond de bonté naturelle qui les lie aisément avec les étrangers, et qui exclut toute querelle entr'eux, pourvu que l'intérêt ne s'en mêle pas. Les défauts qu'on leur reproche sont ceux de presque toutes les nations, d'aimer la bonne chère, le vin et par-dessus tout l'argent; mais il faut dire à leur honneur qu'il n'est pas de peuple plus susceptible de sentimens de religion et plus constant à suivre les pratiques du christianisme. Leurs églises sont les mieux ornées de tout l'Orient. Le premier Patriarche Arménien à son siège à ERIVAN, dans le Korassan. La dernière figure à gauche représente un TURC de DAMAS, une des plus belles et des plus opulentes cités de l'empire Othoman, et dont le Pacha est conducteur de la caravane sacrée de la Mekke, sous le nom d'Emyr Hadje. Le manteau de feutre, qui sert de caftan au personnage est l'unique vêtement des baigneurs.

ÉTAT ANCIEN. — Ce pays a été habité de toute antiquité. Nos livres saints sont ses premières annales, et les livres profanes s'accordent à le reconnaître pour la source des lumières et de la civilisation. Nemrod, Ninus, Sémiramis, les grands empires qu'ils ont élévés, ceux qui leur ont succédé, les héros de Troie, une multitude de fables grecques, la mémorable querelle des Perses, l'empire d'Alexandre, les Séleucides, les fameux Mithridate, la belle Reine de Palmyre, les brillans Khalifes de Bagdad, telle est la foible esquisse des grands traits et des grands personnages dont ce pays a été constamment le théâtre depuis la première feuille de l'histoire jusqu'au jour fatal où la domination Turque sembla être venue lui faire expier sa longue célébrité.

ARABIE.

ÉTENDUE — 120,000 lieues carrées — POPULATION — 12,000,000 d'habitans.

ÉTAT PRÉSENT. — La péninsule d'Arabie, en quelque sort située au centre de l'ancien monde, ressemble au vaste continent d'Afrique, dont elle est voisine: elle offre dans le centre un désert immense persemé de quelques oasïs sur les bords de la mer, où il pleut assez pour favoriser la végétation, on trouve de florissantes provinces; l'HEDJAZ, le TEHA-MA et l'YEMEN, à l'ouest, et sur les rivages du golfe Arabique; l'HADRAMAUT, le SEGER, le MARAH et l'OMAN, au S. E., et sur les bords de l'Océan-Indien; l'HEDJER ou le BAHRAIN au N. E., et le long des rivages du golfe Persique. La chaîne de montagnes qui borde la côte orientale du golfe Arabique, acquiert dans l'Yemen une hauteur considérable; mais elle est dépourvue d'arbres. L'intérieur parait être un plateau, dont la pente principale est vers l'est, et du côté du golfe Persique; le centre de ce plateau se nomme NEDJED. La température de l'Arabie n'est pas uniforme, le vent qui soufle des déserts de l'intérieur, est sec; celui de la mer est humide; c'est principalement dans le nord, ou dans le AL-GIUF et le AL-DAHNA qu'on éprouve les effets désastreux de ce vent brûlant, connu sous les noms de SAMIEL, SIMOOM, SAM ou KAMSIN. Ce fléau n'est pas même inconnu dans quelques endroits de la Perse, des Indes et de l'Espagne. On explique ses effets funestes, en disant que l'air qui couvre les plaines de la Lybie et de l'Arabie, ne trouvant ni lacs, ni ruisseaux, ni forêts, s'y échauffe puissamment par l'action d'un soleil très-ardent sur les sables; et cela est si vrai qu'il ne règne heureusement que dans la saison des grandes chaleurs. Les Arabes ont l'odorat assez fin pour le reconnaître à son odeur de soufre. D'ailleurs un autre signe infaillible de ce vent, est que l'horizon, du point où il souffle, parait rouge et enflammé. Les Arabes se couchent aussitôt ventre à terre, prétendant que la nature a appris aux animaux à tenir la tête baissée dès qu'ils le sentent approcher. Les peuples actuels de l'Arabie composés de diverses tribus et morcelés en petites Souverainetés, forment aujourd'hui une association politique sans importance et sans but. Depuis quelques années la secte des WECHABITES, nommée aussi WEHABIS, sortie du Nedjed, parait vouloir changer de face de l'Arabie, en cherchant à réunir les différentes tribus du désert en corps de nation.

On cultive en Arabie, le maïs, l'indigo, le coton, et la plupart des fruits d'Europe et des Indes. Mais ses célèbres productions indigènes sont le café, (*) l'aloès, le baume, la myrrhe et l'encens; et l'on y nourrit de fameux chevaux estimés les premiers de la

---

*) Le café d'Arabie est le meilleur et le plus estimé; il est connu sous le nom de MOKA. On le cultive particulièrement à l'ouest des montagnes de l'Hyemen. On croit communément qu'un Mollach nommé CHOEDELY fut le premier Arabe qui fit usage du café, dans la vue de se délivrer d'un assoupissement continuel qui ne lui permettait pas de vaquer à ses prières nocturnes. Ses derviches l'imitèrent, et leur exemple entraîna les gens de loi. Des bords de la mer rouge, cet usage passa à Medine et à la Mecque, et par les pélerins à tous les pays mahométans. Ce CHOEDELY est nouvellement le patron de Moka, où l'on a bâti une belle mosquée sur son tombeau, mais il l'est encore de tous les cafetiers musulmans, qui font tous les matins mémoire de lui dans leurs prières. Ils ne l'invoquent pas, mais ils rendent graces à Dieu d'avoir enseigné au genre humain l'usage du café, par l'entremise de CHOEDELY.

terre ; le CHAMEAU, consacré aux lourds fardeaux et le DROMADAIRE plus propre à la course.

Il est en Arabie deux villes célèbres MÉDINE, nommée YATRIB par les Arabes, et la MECQUE. La première renferme le tombeau de Mahomet, la seconde fut son berceau. Cette dernière renferme de plus la célèbre KABA ou KEABÉ, qui est la maison de Dieu. C'est un petit édifice carré, situé au milieu de la grande place, entourée d'arcades, dont la porte est du côté du sud, non pas dans le milieu, mais plus vers le sud-ouest. On y monte par une échelle qui s'emporte à volonté. Cette porte ne s'ouvre que deux fois par an, excepté dans les cas extraordinaires; encore n'est-elle alors ouverte qu'à des gens de considération, ou à ceux qui sont en rélation avec eux. Les Mahométans vénèrent si fort leur KABA, qu'en quelque lieu du monde qu'ils se trouvent, ils ne manquent jamais de se tourner du côté où ils la supposent, lors qu'ils font leur prière; et un bon musulman au lit de la mort dit avec calme à son fils : TOURNEZ-MOI LA TÊTE DU COTÉ DE LA MECQUE, et il meurt en paix. Tout vrai croyant est obligé de la visiter en personne ou par procuration, au moins une fois en sa vie. Ce qui en fait un rendez-vous annuel de dévotion et de commerce. On assure que le réformateur ABDUL WEHAB a fait tomber ces deux villes sous ses coups, brûlé la Kaba et détruit le tombeau de Mahomet.

ÉTAT ANCIEN. — Les Arabes sont un des premiers peuples dont nous parlent nos plus anciens livres. C'est une nation de tout tems intelligente et brave, qui n'a jamais subi le joug étranger, mais qui aucontraire a promené victorieusement ses lois et sa religion sous la bannière de Mahomet et des Kahlifes sur la moitié de l'Asie et de l'Afrique et une grande partie de l'Europe. Au 8.ᵉ et au 9.ᵉ siècle, ils avaient fait de Bagdad le séjour des arts et des sciences, et lorsque nous croupissions dans la plus grossière ignorance, ces peuples brillaient en poésie, littérature, médecine, architecture, magnificence et galanterie. Le 10.ᵉ siècle appelé le siècle de barbarie et d'ignorance, vit les Italiens, les Français, les Allemands, les Anglais se porter en Espagne pour y chercher chez les Maures des lumières entièrement éteintes dans leur pays.

LA PERSE.

ÉTENDUE. — 100,000 lieues carrées. — POPULATION. — 10,000,000 d'habitans; savoir: 6 millions pour la Perse-occidentale et 4 millions pour la Perse-orientale ou l'Afghanistan.

ÉTAT PRÉSENT. — Les révolutions qui ont désolé la Perse, ont divisé cet empire en deux monarchies très distinctes auxquelles on donne le nom de PERSE-OCCIDENTALE et de PERSE-ORIENTALE OU AFGHANISTAN. Cette dernière a été séparée de la Perse en 1750, par ABDALLA-AHMET-KHAN, chef Afghan, qui réussit à se former un état puissant aux dépens de la Perse et de l'Hindoustan. ZEMAUN, actuellement règnant, suivant les dernières rélations, est le 3.ᵉ Roi de cette nouvelle monarchie. La Perse-orientale qu'on peut appeler aussi royaume de KANDAHAR, ou empire des AFGHANS, a pour villes princi-

pales KANDAHAR, CABUL ou KABOUL, demeure des Souverains et CACHMYR, célèbre par ses schâls.
La Perse-occidentale semble prendre une attitude stable sous une dynastie nouvelle. FATH-
ALI-CHAH la gouverne depuis 1796. Il a fait plusieurs guerres aux Russes ; et pour mieux
défendre contre eux les provinces septentrionales, il a établi sa résidence à TAHIRAN ou
TÉHÉRAN. Les provinces qui obéissent à son sceptre sont indiquées au tableau sommaire
des états de l'Asie page 14.

Les Scheiks Arabes sur le golfe Persique lui payent tribut, et le Wali ou prince de
Mekran lui envoie des présens respectueux.

Le plateau que forme la Perse offre de vastes plaines sans eaux, sans culture ; des déserts plus vastes encore, imprégnés de sel marin ; des montagnes couvertes de neiges ;
des vallons spacieux et bien arrosés ; mais il ne présente aucun fleuve navigable ; on y
rencontre de gras paturages, des vergers abondans en fruits succulens ; ici des villes en
ruines, des villages inhabités et des champs abandonnés ; là des pays cultivés, des villes
populeuses, des villages nombreux, perdus sous des forêts de palmiers, défendus par
des fossés, des murs de terre et quelques tours en brique. Les délicieuses vallées de
la Perse sont comme une réunion de paradis terrestres, ceints par des monts élévés
ou entourés par des solitudes stériles ; les sommets des montagnes sont dépourvus d'arbres
et présentent un aspect nud et triste. Cette contrée éprouve toutes les variétés et les
oppositions des divers climats. Cependant cette description exacte pour la Perse en
général, ne s'applique pas aux provinces voisines de la mer Caspienne, dont les districts montagneux offrent de tous côtés des aspects enchanteurs. La rareté des rivières
est un des traits géographiques qui distinguent la Perse des autres contrées, et dans
tout le continent de l'Asie, il n'y a peut-être que l'Arabie et le désert de Cobi qui
en soient encore plus dépourvus. Dans les provinces orientales et méridionales de la
Perse, le sol est en général léger et sablonneux ; dans les parties occidentales il est dur,
graveleux ; au nord et dans les environs de la mer Caspienne, il est gras et riche.

Le riz, le blé, l'orge sont les principaux grains que l'on y cultive. Les fruits y
sont délicieux. C'est la patrie de la pêche et de l'abricot. La Perse exporte à Astra-
khan, en Russie et à Constantinople des lingots d'or et d'argent, de la soie écrue, des
perles, des schâls, des tapis, des vins, du sel, du naphte, des chevaux et de l'essence
de rose.

Les Persans sont gais, vifs, spirituels, instruits ; leur secte de mahométisme (celle
d'Ali gendre de Mahomet), est indulgente et facile ; ils parlent la langue la plus har-
monieuse de l'orient et la plus favorable à la poésie. Aussi possèdent-il en ce genre
de véritables richesses ; ils ont entre autres les poëmes héroïques de FERDUZI ; le
moraliste SADI et l'aimable HAFIZ, l'Anacréon de l'orient.

HISPAHAN, la capitale de la Perse avant ses dernières révolutions, comptait 600,000
habitans. On y compte encore 200,000 ames. TÉHÉRAN sur le Jageron est la capitale moderne, depuis qu'elle est devenue le siège du gouvernement ; elle compte déja 60,000

ames. TAURIS vient ensuite pour l'étendue, la richesse, la population et la magnificence. MÉSCHED, ville industrieuse, qui fait un commerce considérable du produit de
ses fabriques de velours et de pelisses fourrées, surtout avec la Tartarie et le Kandahar. ASTERABAD sur la côte méridionale de la mer Caspienne; c'est dans cette ville
que se trouvent les trésors du roi. SHIRAS est cité comme un des lieux les plus délicieux
de la terre, et renferme les tombeaux d'Hafiz et de Sadi. C'est près de cette ville qu'on
admire les ruines de l'antique PERSÉPOLIS composées d'un amas de palais, de temples,
de galeries, de colonnades à demi-renversées couvertes d'inscriptions, dont on prétend
que les caractères ont de l'analogie avec les lettres des scandinaves. Au midi de Théhéran
sont les ruines de la célèbre REY, la Raghes des Grecs, la patrie d'Aronn-Rachid. HAMADAN,
dans l'Jrak-Agemi renferme le tombeau d'AVICENNE, savant médecin Arabe qui naquit à
Bokhara, en 980 de J. C., et l'on croit que c'est l'ancienne ECBATANE.

Les principales villes à l'orient sont KANDAHAR, lieu de passage pour aller de l'Inde dans
la Perse et la Tartarie; HÉRAT, autrefois ARIA, où sont les manufactures des plus beaux
tapis, célèbre chez les poëtes pour avoir donné le jour à l'émir ALI-CHIR, grand homme d'état
et le médecin de sa nation. Son commerce immense lui a mérité l'épithète de BENDER, port.
Sa population est évaluée à 100,000 ames; KABUL, alternativement avec Kandahar, la résidence
du Chah. Cette ville près de la source du Sinde ou Jndus est regardée comme la clef de l'Inde.

ÉTAT ANCIEN. — Ce pays classique reparait sans cesse dans nos premières études avec
les grands noms de Zoroastre, Cyrus, Xerxès, Darius, Alexandre, les Parthes, dont
l'empire succéda à celui des Saleucides; les Sassanides, jusqu'à ce qu'enfin les Mahométans viennent y porter une religion, des lois nouvelles, et le font rentrer alors dans
l'histoire des révolutions modernes de l'Asie.

Costumes des Persans et des Guèbres.

Le vêtement influe beaucoup sur nos qualités physiques et morales. Le Persan doit
peut-être à son habit plus simple, plus dégagé, moins ample, moins pesant que celui
du Turc, tous les avantages qu'il a sur lui; les manières plus aisées, par exemple, les
mouvemens plus accélérés, cette plus grande aptitude aux travaux manuels; cet esprit
plus vif, ce jugement plus prompt, qui frappent l'étranger au premier pas qu'il fait en
Perse. L'habit turc condamne peu à peu l'homme à l'inaction, en rend trop pénibles les mouvemens du corps; l'habit persan, au contraire, permet d'agir à l'instant,
suivant les conceptions de la tête, ou suivant l'instinct purement animal qui veille à
notre conservation.

Les pièces dont se compose l'habillement d'un Persan sont 1.º le ZIR-DJAMÉH, espéce
de pantalon très large, en toile de coton ou en soie, qui descend jusqu'à la cheville,
s'attache au moyen d'une coulisse faite à la ceinture, et qui noue par devant; 2.º le
PIRAHEN, chemise en toile, qui se passe par-dessus le pantalon, et tombe un peu au-
dessous des hanches; 3.º l'ERKALIG, veste très juste, qui tombe jusqu'au bas du jarret,
et dont les manches vont jusqu'au poignet, mais sont ouvertes depuis le coude; le 4.º
BABA, longue robe qui touche à la cheville, serre le corps jusqu'aux hanches, et boutonne sur les côtés. Le BAGALI est un autre espèce de robe qui se croise sur la poi-

trine et se boutonne de côté jusqu'à la hanche; ce vêtement-ci se fait généralement de drap, d'étoffe, de schall ou de toile de coton que l'on double; on le porte l'hiver seulement; 5.º La robe extérieure, qui est toujours de drap, et que l'on ôte ou l'on met suivant la température; 6.º le CHALI-KEMR, ou schall de ceinture qui serre la taille par-dessus le caba, au-dessus des reins. A cette ceinture dont l'étoffe varie, selon la fortune de l'individu, s'attache le KANDJAR, espèce de couteau de chasse. Les Persans ont encore des pelisses d'étoffes très riches et garnies de fourrures; tel est le KATÉBI, habit magnifique qui couvre tout le corps, et est garni de bordures en fourrures, le long du dos, aux épaules, aux poignets et intérieurement. C'est de tout le costume persan, le vêtement le plus riche et le plus imposant; 7.º le KOURDI, espèce de justaucorps qui serre la taille, et dont les basques tombent sur les cuisses. La coiffure des Persans, quoique plus commode que le turban, ne donne pas moins de chaleur à la tête; c'est un bonnet, KULA, fait d'une peau d'agneau à laine noire, courte et crépue, doublé en dedans d'une peau grisâtre moins fine, et qui se termine par une calotte de beau drap rouge ou bleu de ciel, ou même d'une simple peau blanche. La seule distinction qui existe dans ce genre de coiffure, consiste en un schall tourné au tour du KULA; distinction réservée au Roi, aux Princes ses fils, à quelques nobles, aux grands officiers de l'état, et aux magistrats.

Quant à la chaussure, les Persans ont trois espèces de souliers et deux paires de bottes; les personnes de qualité portent des pantoufles vertes; les autres sont de cuir rouge ou jaune; les paysans et les gens du peuple font usage d'un fort soulier de cuir ou de toile de coton matclassé. Des deux espèces de bottes, l'une a des grands talons, est très haute, et relevée au bout du pied; elle couvre toute la jambe. Les autres bottes sont plus petites et plus étroites; elles montent jusqu'au gras de la jambe.

Les Persans ont une grande estime pour la barbe; elle est l'objet constant des soins de leur coquetterie. En Egypte elle indique l'état de liberté; en Perse, l'esclave la porte aussi bien que le maître; on méprise trop la condition d'eunuque, pour se rapprocher d'eux par aucune marque extérieure. Les barbes noires et touffues sont celles qu'on estime le plus. Les Persans se rasent la tête deux ou trois fois la semaine. Une autre de leurs coutumes est de se peindre, par coquetterie, les ongles des pieds et des mains. Ils changent rarement de vêtement; ils se baignent souvent, moins par esprit de religion et de propreté que par gout et par plaisir.

Le COSTUME DES PERSANNES est simple, sans cependant exclure la richesse, et se compose d'un moins grand nombre de pièces que l'habillement des femmes Européennes. Une Persanne ne se charge point, dans son intérieur, de beaucoup de vêtemens; dans sa coquetterie, elle parait attacher peu de prix à la beauté des formes. Un caleçon de velours épais, très-ample et doublé, tombe jusque sur ses talons, et dérobe à l'œil sa jambe entière. Sur ce caleçon, elle passe une chemise, PYRAHEN, de mousseline, de soie ou de gase, qui est ouverte en devant jusqu'au milieu du ventre, et peu se boutonner. Ordinairement elle met sur le pyrahen une ceinture en peau, recouverte de drap ou de soie, brodée et garnie d'une plaque d'or, d'argent ou de pierreries. Tel est

(25)

le costume d'été; celui d'hiver est le même, à l'exception des schalls dont les femmes
s'enveloppent pour se garantir du froid. La chaussure est une espèce de babouche assez
semblable à nos mules. Lorsqu'une femme sort, elle se couvre d'un manteau ou voile
qui descend de la tête aux pieds, et cache sa figure avec tout le scrupule oriental.

L'habillement des femmes d'une classe inférieure a quelque chose de lugubre; il est
ordinairement d'une couleur brune très foncée; le caleçon, la chemise, le voile sont
d'un même drap. Ainsi vêtues, les femmes ont constamment l'air de faire partie d'un
convoi funèbre.

La planche LX présente à gauche des GUÈBRES qui diffèrent autant des Persans
modernes par leur physionomie, que par leurs mœurs; ils sont petits et robustes,
portent la barbe et les cheveux longs, et se couvrent la tête d'un bonnet de
laine. Leurs vêtemens sont en toile ou en étoffe de laine et de poil de chèvre.
Quant aux femmes la misère plutôt que la nature leur a donné les traits grossiers qui caractérisent la physionomie de la plupart d'entre elles; car il en est quelques-unes dont les figures sont gracieuses, délicates et spirituelles. Cette même misère a banni de leur esprit tout gout pour la parure et la coquetterie. Rien n'est si
éloigné de la galanterie, si proche de la mauvaise grace, que leur costume. L'agriculture
est dans leur opinion le plus noble des arts, la profession la plus belle. Ils doivent
cette croyance à la religion qu'ils pratiquent; elle leur enseigne que l'œuvre la plus méritoire auprès de Dieu, c'est d'engendrer des enfans, de cultiver une terre en friche,
de planter un arbre. Les mœurs des GUÈBRES offrent l'influence de leur genre de vie,
de leurs occupations; elles sont douces et simples. Ils boivent du vin, et mangent de
toute sorte de chair, à l'exception de celle de vache et de bœuf. Jamais ils ne s'al-
lient avec les étrangers. Leurs prêtres sont appelés DESTOUR; ce sont les MAGES des
Grecs: on nomme leur Pontife DESTOUR DESTOURAN, Destour des Destours; il réside dans
une montagne à douze lieues de Yezd, et est assisté dans son ministère religieux, par
plusieurs Destours, chargés, comme lui, d'entrenir le feu sacré. Les Guèbres évitent
toujours avec soin de s'expliquer sur le culte qu'ils rendent au feu: autrefois il était
certainement rélatif; peut-être qu'aujourd'hui l'ignorance l'a rendu direct, et qu'ils adorent
ce qui n'était, dans l'origine, que l'emblème de la Divinité. Lorsqu'ils prient ils se
tournent vers le soleil; toute prière faite dans une autre position est une idolàtrie. Le
code religieux de Zoroastre se nomme ZEND-AVESTA. Ses Dogmes principaux étaient
l'unité de Dieu; l'existence des deux principes; l'un bon, ORMOUZD, créateur du monde;
l'autre mauvais, AHRIMAN, auteur du mal; l'immortalité de l'ame; un paradis et un
enfer pour la vie future, avec différents degrés de béatitudes et de souffrances. Les
Guèbres portent un grand respect aux morts; la manière dont ils les enterrent mérite
d'être remarquée. Dans le voisinage des endroits qu'ils habitent, ils construisent une
tour de 35 à 40 pieds de haut, d'un diamètre très grand, sans entrée et sans couver-
ture. Dans l'intérieur est un escalier qui tourne autour du mur. Lorsqu'un Guèbre
est mort, on porte son corps dans une maison bàtie à cinquante pas de la tour; là,
les prêtres remplissent quelques cérémonies avant de l'ensévelir, l'ensévelissent, l'intro-
duisent dans l'intérieur de la tour, en l'élevant au moyen d'une échelle, et le descen-

4).

dent par l'escalier. Une espèce de fosse occupe le milieu de ce cimetière. Les morts y sont rangés les uns contre les autres, sans distinction d'âge, de sexe ni de qualité, couchés sur le dos, ayant les bras croisés sur l'estomac, près du menton, les jambes placées l'une sur l'autre et le visage découvert; ils conservent leurs vêtemens et reposent sur une espèce de lit formé d'un matelas et d'un coussin. On a soin de mettre près d'eux des bouteilles de vin, des grenades, des coupes de faïence, un couteau, et d'autres ustensiles dont la valeur est proportionnée à la richesse de la famille du mort. Le dernier plan de la planche représente la maison de plaisance (TAKTI-CADJAR), un des bâtimens les plus remarquables qu'ait fait élever FATH-ALI-CHAH, depuis qu'il occupe le trône. Si l'on n'y reconnaît point cette magnificence royale qui caractérise les édifices élevés sous le règne des Sophis, on conviendra néanmoins que la situation et plus encore la disposition de ce palais d'été, le rendent vraiment un lieu de délices. Vu de loin, le Takti-Cadjar, situé à 2 milles N. E. de Téhéran, paraît être d'une élévation prodigieuse; mais à mesure qu'on s'en approche, l'illusion disparaît, et ce qu'on prenait pour des étages d'un même bâtiment, n'est qu'une gradation de terrasses plus élevées les unes que les autres. L'entrée se compose d'une porte très-simple, surmontée d'un pavillon; après l'avoir traversée, on entre dans une vaste cour, dont le milieu est occupé par une allée principale bordée de chaque côté par de jeunes cyprès et des peupliers, et coupée, à angles droits dans son centre, par un canal de pierre. Ce canal conduit un ruisseau d'eau limpide qui forme, par des chutes bien ménagées, plusieurs petites arcades. La première terrasse supporte un bâtiment octogone, ouvert de tous côtés en arcades, et dont le plafond est soutenu par des colonnes. Le plancher découpé en plusieurs petits canaux, est traversé par un ruisseau qui vient du haut de l'édifice, et passe par toutes les terrasses, en formant plusieurs cascades. Cette petite habitation, bien que construite en grossiers matériaux, et assez mal décorée, a été élevée sur un plan parfaitement combiné pour préserver des chaleurs de l'été. Sous le bâtiment sont des chambres souterraines. De cette terrasse on parvient à une autre, sur laquelle repose une maison de plaisance, très grande, également bien disposée pour l'été, mais dont le plan est moins heureux. Le ruisseau dont il a déjà été parlé, traverse aussi cette maison, devant laquelle s'étend une nappe d'eau, carrée; cette terrasse conduit à plusieurs autres beaucoup plus élevés que la première, et dont le plateau est occupé par de simples réservoirs. Enfin on parvient à l'habitation principale, composée comme toutes les maisons des Persans, d'une cour carrée, autour de laquelle règne une rangée de salles et de chambres de dimension et usage divers. Mais l'endroit le plus agréable du Takti-Cadjar est un pavillon ou belvéder, qui en occupe la sommité. La structure en est simple, le décor précieux, la vue dont on y jouit ravissante. On a rassemblé dans ce lieu les œuvres des plus habiles artistes du pays, en peinture, mosaïque et vernissure; et ce qui est digne de remarque, on y trouve plusieurs portraits de femmes européennes, au milieu des portraits de Persannes. Les glaces ont été peintes en perfection; les portes, travaillées avec un art infini, sont incrustées de citations de poëtes, gravées sur ivoire.

TARTARIE INDÉPENDANTE.

ÉTENDUE — 60,000 lieues carrées — POPULATION — 8,000,000 d'habitans.

ÉTAT PRÉSENT. — Ce pays qui a la mer Caspienne à l'ouest, les monts BELUR OU MONS-TAG (l'ancien Jmaüs) à l'est, lesquels séparent la Tartarie de la Kalmoukie; l'Hindoukho et les monts Gaour au sud, se trouve tout-à-fait entouré des possessions chinoises, russes ou persannes. Les parties septentrionales et celles de l'ouest ne montrent guère que des steps parsemés, des lacs salés et de déserts de sable. Plus bas les parties méridionales sous le nom de grande Boukharie, jouissent d'une agréable température et d'une abondante fertilité. Deux hordes d'une origine commune occupent cette vaste contrée, les KIRGUISES au nord, et les USBECKS au midi, qui au 18.ᵉ siècle chassèrent les Mongols de la Boukharie. Ces races Tartares, riches en troupeaux errent dans les campagnes et campent près des villes. Il est, dit-on, des Kirguises qui possèdent 10,000 chevaux, 20,000 brebis, des centaines de chameaux et des milliers de bêtes à cornes. Pour les Usbecks, leurs inclinations pastorales se trouvent insensiblement subjuguées par le voisinage des grandes villes qui les invitent à d'autres espèces de commerce. C'est SAMARCANDE, la célèbre et brillante capitale de Tamerlan, ville principale de la Boukharie; THASCHKEND, dans le KOKAN, qui depuis 1799 s'est fort agrandi et qui outre cette ville comprend le Turkestan, une partie du pays des Kirguises et de la Boukharie, et est soumis dès 1808 au Shah de BOKHARA; cette dernière ville fut souvent la rivale de Samarcande; BALK, l'entrepôt des produits de l'Hindoustan. La plupart des états de la Tartarie indépendante sont aujourd'hui sujets ou tributaires de la Chine, qui les a soumis par la force des armes dans les années 1789, 1790 et 1791.

ÉTAT ANCIEN. — Ce pays a été le théâtre des plus grands événemens. On le regarde, sous le nom de BACTRIANE, comme le berceau de la première monarchie Perse et celui de Zoroastre son premier législateur. C'est sur les rives du Sirt que s'arrêta la course d'Alexandre vers le nord; c'est dans ce voisinage, aux premiers siècles de l'ère chrétienne, que les Turcs descendus de la chaîne-Altaïque, établirent le centre de leur demeure, donnèrent au pays le nom de TURKESTAN, et n'en sortirent que pour aller à la conquête de l'Asie et de l'Europe. C'est là que Gengis-khan rencontra son rival Mohammed, sultan de Kharisme, qui osa le combattre à OTRAR et balança ses destins. Plus tard TAMERLAN y établit le siège de sa monarchie, et plus tard encore il fut le théâtre des exploits de SHAH NADIR, autrement appelé THAMAS-KOULI-KAN, qui se vantait d'en être sorti.

II. REVERS MÉRIDIONAUX DU GRAND-PLATEAU.

INDE en-deça du GANGE.

ETENDUE — 120,000 lieues carrées — POPULATION — 60,000,000 d'habitans.

ÉTAT PRÉSENT. — Sous le nom classique de l'INDE les anciens et la plupart des modernes ont compris trois grandes régions de l'Asie méridionale. La première embrasse les contrées arrosées par l'Indus et le Gange, aujourd'hui désignées communément sous le nom d'HINDOUSTAN dans le sens le plus étroit (*). Au sud de la rivière de Nerbuddah commence cette espèce de péninsule que les Européens nomment quelquefois la PRESQU'ILE EN-DEÇA DU GANGE, et que les Indiens appellent le DÉCAN, c'est-à-dire, pays du midi. L'île de Ceylan et les Maldives, quoique séparées du Décan par des bras de mer, en forment un appendice naturel.

Les limites naturelles de ce vaste pays sont, au N. les montagnes d'Himmolaya, qui séparent le Bengale, les pays de l'Oude, de Delhi, Lahor, Moultan, Kachemire et Kaboul, de la Boukharie et du Thibet; à l'E., le Bourampouter; au S., la mer; enfin à l'O., le Sind et les provinces de Kaboul et de Moultan.

LE CLIMAT de l'Inde est très chaud, mais fort salubre; son sol est d'une fertilité prodigieuse; ses productions abondantes, variées et précieuses, entre autres les diamans, les rubis, les saphirs, l'ivoire, la myrrhe, les encens et les épices.

La population de l'Hindoustan se compose, 1.° des HINDOUS qui sont les indigènes, divisés, comme dans l'antiquité en 4 castes ou DCHADI, dont chacune a des privilèges, des fonctions et des lois particulières; a) la caste des BRAHMANS, c. à. d. des prêtres, savans, jurisconsultes et fonctionnaires; b) celle des CHATRI, TSCHATERI, KCHTERI ou KOYTRI, c. à. d. des enfans des rois, parce qu'ils se regardent comme les descendans des anciens rois Indiens; ils sont destinés à l'état militaire; il sont soldats nés. Dans le centre de l'Hindoustan on leur donne le nom de RADCHAPOUTES; c. à. d. de fils de princes; et on y donne en général le titre de RADCHA ou RAJAH à tous les chefs ou seigneurs, dans le Décan, les chefs des NAÏRES sont des chevaliers de cette caste; c) celle des VAICHIES, BEISES ou VASSIERS. Ses fonctions sont l'agriculture, le jardinage, l'éducation du bétail et le commerce des productions de la terre et des objets manufacturés. Les MARATTES sont généralement de cette caste. Ce peuple guerrier encore inconnu aux Européens il y a cent ans, possède actuellement, après avoir renversé l'empire du Grand-Mogol, le plus vaste état libre de l'Inde. Les Marattes se divisent en orientaux, cap: NAGPOUR, et en occidentaux, cap: POUNAH.

---

*) Les INDES, les GRANDES INDES ou les INDES occidentales comprennent dans le sens le plus étendu l'Asie méridionale entre la Perse et la Chine les deux presqu'îles en-deçà et au-delà du Gange, et toutes les îles de l'Océan Indien depuis les Laquedives jusqu'aux Marianes, et quelquefois aussi la Chine et le Japon.

Lorsque les Vaichies se livrent au commerce, surtout dans les pays étrangers, ils portent le nom de BANIANS; d) celle des SOUDERS, CHOUTRES OU TCHOUTRIES; c. à. d. les arti-
sans et les ouvriers. — Dans les divisions ignobles sont compris les BARUM-SUNKER, les
PARRIAHS, que les Hindous ont rejetés de leur société, et qui par conséquent sont obligés
de vivre dans les lieux solitaires, de fuir à l'aspect d'un Hindou, de marquer leurs
fontaines par un entourage d'os d'animaux et de se livrer aux occupations les plus dégoutantes. En revanche ils peuvent manger de tout et entrer au service des Européens.
Les races provenues du mélange des Hindous avec les nations venues de l'étranger, sont
les ASCHAMIENS et les CHINGALAIS (anciens habitans de l'île de Ceylan); les SEIKS se sont
également séparés des Hindous. Ce peuple guerrier et entreprenant, qui domine principalement dans l'Hindoustan-Sindétique a pour religion un Brahmisme réformé qui ne
date que du 15.ᵉ siècle.

2.º Les AFGHANS OU PATANES, dont les ROHILLAS (c. à. d. habitans des montagnes) sont
une branche.

3.º Les MONGOLS, descendans des anciens conquérans; ils sont mahométans, de la
secte d'Omar.

4.º Les PARSIS OU GUÈBRES, qui sont des Persans fidèles à l'ancien culte et réfugiés
dans les Indes, où ils ont conservé la religion de Zoroastre, les mœurs et les costumes de leurs ancètres, malgré le cours des siècles et les révolutions de leur patrie.

On y trouve en outre des PERSES, des ARABES, des ARMÉNIENS, des CHINOIS, des JUIFS,
des Européens, surtout des ANGLAIS des PORTUGAIS, des FRANÇAIS, des ESPAGNOLS, des
DANOIS, etc. La religion propre des Hindous et qui s'est répandue fort au loin dans
l'Asie, est le BRAHMISME. BRAHMA en est le dieu, les VEDAS en sont les livres sacrés et le
SANSCRIT la langue servante. (voy. page 81, première partie.)

L'Hindoustan contient 60 millions d'habitans, dont 40 millions sont dominés par les
Anglais, qui possèdent en toute souveraineté les trois cinquièmes des états de cette vaste
contrée; et les potentats qui figurent encore sur des trones dans les deux autres cinquièmes
ne peuvent y être considérés que comme les vasseaux et ont des garnisons anglaises
dans leurs capitales.

Les principales villes de l'Hindoustan sont; DELHY, autrefois la capitale de
l'empire du Mogol. Cette ville que quelques uns croient avoir été le siège du
Royaume de Porus vaincu par Alexandre, dans le tems de sa splendeur, s'étendait
jusqu'à une distance de 30 milles anglais. Elle fut saccagée en 1758, par Schah-Nadir,
et dépouillée de ses trésorts, qu'on évalue à plus d'un milliard, et parmi lesquels on
cite des collections de diamans, un trône en or massif chargé de pierreries et des
statues d'éléphans en or ciselé. Les Afghans et les Marattes achevèrent de ruiner cette
ville. Cependant elle possède encore, selon M Legoux de Flaix, plus de 1700,000 habitans et un grand nombre de monumens. Le plus beau est le palais Impérial, dont
les salles brillent d'or, dazur et de toutes sortes d'ornemens. Dans l'un des palais qui
ornent les vastes faubourgs de Delhy, on voit encore, selon M. Legoux, le fameux
TRÔNE DU PAON que selon d'autres Nadir-Schah fit enlever. Ce trône, de forme ovale,

dit le même auteur, est posé sous un palmier qui l'ombrage de ses feuilles; un paon perché sur l'une des dernières palmes, étend ses ailes, comme s'il voulait en couvrir celui qui est assis. Le palmier et le paon sont d'or, les ailes et les branches ou palmes sont d'une telle légèreté, que l'on s'imagine les voir obéir au souffle des zéphyrs et se balancer au gré de leur douce haleine. La queue et les ailes du paon, qui sont étendues, étalent les plus superbes émeraudes. Les fruits du palmier, recourbés sur les pétioles des grappes, sont d'une si grande vérité, qu'on tendrait volontiers la main pour les cueillir; ces grappes sont figurées par les plus beaux diamans de Golconde.

Agra dans la soubabie d'Agra, ville très grande. Il ne reste plus à cette capitale qu'un petit nombre de tous ses monumens, dans lequel on distingue le palais d'Akbar, un des plus beaux édifices de l'Asie.

Patna, capitale du Bahar, ville très grande et bien peuplée, sur la rive méridionale du Gange.

Bénarès, ville peuplée de 38o,ooo âmes, capitale de la province de ce nom, dont le sol classique des muses Indiennes, jouit d'un ciel toujours serein, qui n'est jamais obscurci par le moindre nuage, et où la rosée de la nuit suffit à la fertilité; ensorte que l'on y récolte 3 moissons par an et que les arbres se chargent autant de fois des fruits les plus délicieux. On admire encore à Bénarès l'observatoire astronomique, fondé par le Rajah Djessing. L'affluence des pélerins entretient toujours le commerce de cette ville dans un état florissant; et les études y attirent un grand nombre de jeunes Hindous. On évalue les affaires qui s'y font à 2 milliards de francs.

Calcutta, capitale du Bengale (*) et de toutes les possessions anglaises dans l'Inde. C'est le siège du gouvernement général et de la première présidence. Elle compte actuellement 7oo,ooo habitans.

Nepoul, dont la population est estimée à un demi-million.

Pounah, capitale des états Marattes, résidence du peichwa, et dépôt des richesses de ce peuple belliqueux.

Hydrabad, ville très étendue, résidence du Nizam ou Soubah du Décan, qui était anciennement gouverneur d'une partie de l'empire Mogol; mais qui ayant refusé l'obéissance à l'Empereur, s'érigea en souverain des états confiés à son administration. Dans la suite sa puissance et son territoire furent considérablement diminués par les Marattes et les Mysoriens, et surtout par les Anglais. Golconde, capitale de l'ancien royaume de ce nom; aujourd'hui elle est presque déserte.

Jagrenat ou Jagrenaut, dans la province de Kattak, fameuse par les pélerinages qu'y attirent 3 grandes pagodes, dont les tours se voient de loin dans la mer. La pyramide qui couronne l'entrée de la principale pagode a 344 pieds de hauteur: elle est toute chargée de sculptures. La plus belle pagode est bâtie sur un grand rocher de pierres granitiques, dont plusieurs ont 10 à 12 mille pieds cubes. L'idole, sculptée en bois, a des yeux de diamans. Au milieu du temple, à la hauteur de 70 pieds de la terre, on voit sortir du mur un énorme bœuf en pierre. Les 3 grandes pagodes sont

---

*) Cette province a été omise dans la topographie sommaire des états de l'Asie; elle vient après le Bérar dans l'accolade des provinces qui composent l'Hindoustan central, page 15.

entourées de murs construits en grosses pierres noires sans mortier. Les pélérinages ont accumulé dans cette ville des richesses énormes. Au commencement du dernier siècle, les impôts levés sur les pélérins, par le Rajah du pays, et les dons faits aux Brahmans, rapportaient annuellement environ 1,800,000 francs.

Madras, siège d'une présidence et d'un gouvernement, une des plus belles villes Européennes de l'Inde, avec plusieurs beaux établissemens, peuplée de 300,000 habitans, capitale du Jaghire de Madras, ou du Circar.

Seringapatam ou seringapatnam, dans le Mysore, ville forte, résidence du Prince vassal des Anglais, peuplée de 32,000 ames, de 150,000 qu'elle en avait; elle renfermait des trésors immenses, une grande bibliothèque et d'autres objets très curieux, dont une partie a été transportée en Angleterre (en 1799 et 1800), après que le Sultan tippo-saïb, fils d'hyder aly, se fut enseveli sous les ruines de sa capitale, dont la trahison avait ouvert les portes aux Anglais.

Surate, une des plus grandes places de commerce de l'Inde. Elle a 3 lieues de tour et renferme de beaux édifices. La piété indienne y a élevé plusieurs hôpitaux pour les animaux, y compris les punaises et d'autres vermines. Sa population est de 600,000 habitans. La classe des bayadères ou danseuses y est très nombreuse.

Bombay, dans une île de ce nom, siège de la 3e. présidence anglaise, ville très grande, peuplée de 200,000 ames, avec un port qui passe pour un des meilleurs de l'Inde. C'est l'entrepôt général des marchandises arabiques, persiques et indiennes. Près de Bombay se trouvent les îles de salsette où canarin et elephanta anciennement appelée kalabouri; cette île n'est qu'un assemblage de montagnes; son nom actuel lui vient de la figure d'un éléphant qu'on voit taillée en pierre noire dans un coin de l'île, au pied d'une montagne. Cette île est fameuse par les nombreuses pagodes et autres monumens Indiens qu'elle renferme. La plus remarquable en est la caverne auprès de laquelle est l'éléphant dont nous venons de parler. Cette caverne est taillée dans le roc; la voute en est soutenue par une colonnade également dans le rocher. Sur les murs sont sculptés des figures gigantesques; on y remarque, entre autres, un homme d'environ 17 pieds de haut, et muni de 4 bras; à sa gauche il y a une femme de la hauteur d'environ 15 pieds; à côté de chaque groupe, il y a une petite chambre noire. Les Portugais ont détruit une partie de ce monument curieux.

Goa, ville belle et très-commerçante, résidence d'un vice-roi Portugais, et ornée de palais et de beaux édifices.

Calicut, port Indien où aborda Vasco de Gama.

Cochin, qui a un roi particulier, mais soumis aux Anglais, sur la côte de Malabar; ce fut dans cette ville que mourut Vasco de Gama.

Pondichéry, sur la côte de Carnate, aux Français.

Candy, capitale de l'île de Ceylan, ville prise par les Anglais en 1815; c'était la résidence du Roi.

Trinquemale, port principal de l'île qui est habitée par les Chingulais ou Cyngalais, race originaire de l'Inde. Au sud de Candy s'élève la célèbre montagne appelée pic d'ADAM, de forme conique, visible à 3o et quelques lieues, au sommet duquel on montre une pierre où se voit l'empreinte d'un pied gigantesque. C'est, selon les uns, celui d'Adam; selon les autres, celui de St.-Thomas; mais les indigènes veulent que ce soit un vestige de Bouddha, qui, après 999 métamorphoses, s'élança de ce lieu vers les demeures célestes. Les peuples de Ceylan, de Pégu, de Siam, de Malaka, accourent en pélérinage auprès de ce monument sacré.

ETHNOGRAPHIE DES HINDOUS. (Pl. LXI.)

Le peuple Hindou a été anciennement plus civilisé qu'aujourd'hui; c'est ce que prouvent ses monumens et ses livres. On trouve dans l'Hindoustan et dans le Décan des temples, des palais et des pyramides qui sont des chefs-d'œuvre, sinon de gout, du moins de patience et de magnificence. La littérature est riche en beaux ouvrages de morale et de poésie. L'intéressant drame de SOKONTALA a été lu de toute l'Europe. Les fables de Pilpaï ou Bilpaï paraissent l'original de celles de Lokman et d'Esope. Si la Grèce s'honore de ses Homère, de ses Sophocle et de ses Anacréon, l'Hindoustan peut nommer avec orgueil ses PENDALPAK (*), ses AKANENDA, ses SANKARI et ses KALIADAS, hommes célèbres dans les sciences, les beaux-arts, l'histoire et la philosophie. — Aujourd'hui les Hindous n'excellent plus que dans quelques arts mécaniques. Livrés à leur indolence naturelle, ils n'éprouvent presque d'autre besoin que celui du repos. Sobres et modérés, leur vêtement est une simple étoffe de toile ou de coton; leur habitation, une cabane de bambous recouverte de feuilles de palmier; leur principale nourriture, du riz et de l'eau; tous ils peuvent, sans beaucoup de peine, satisfaire ces premiers besoins; mais quelques riches familiarisés avec les aisances de la vie, déploient dans leurs maisons le luxe des meubles orientaux. Toutes les classes de la société, chez les Hindous, ont l'usage de fumer du tabac et de macher du bétel (**); c'est pour elle une fonction aussi importante que le manger et le boire. Dans toutes les maisons des personnes aisées, on trouve des terrasses ou toits plats, où elles passent une partie du jour à fumer. Le plus grand luxe des Indiens est celui des parfums et de l'opium. On ne se doute pas en Europe des effets et des avantages de cette dernière préparation. Les Indiens en font usage particulièrement après le diner, et lui doivent une heure ou deux d'un sommeil extatique qu'ils n'échangeraient pas contre une égale durée des jouissances les plus positives. Cet opium se prépare avec une égale quantité de canelle, de muscade, de cardamome et de safran qu'on pétrit avec du miel et qu'on roule ensuite

---

*) Pendalpak vivait 12 siècles avant que le divin Homère eut composé ses poèmes immortels.

**) Le bétel ou TONBOL est une plante qui, semblable au lierre et au houblon, s'élance le long des arbres et des pieux et dont on mache les feuilles avec les noix d'arec, des épices, de l'ambre, du tabac, etc.

en pilule. J'ose assurer, dit M'. Jouy, d'après ma propre expérience, que rien ne peut donner une idée de la révolution singulière et subite que cette préparation opère sur le cerveau, et des plaisirs enchantés dont elle l'enivre. Aussi est-il passé en proverbe parmi les Indiens, en parlant d'un homme comblé de toutes les faveurs de la fortune de dire de lui QU'IL SE NOURRIT D'OPIUM.

Pour voyager, les Hindous font usage de palanquins, dont il y a plusieurs espèces. L'hospitalité est placée par les Bramines au nombre des sacremens, et il n'y a point d'action plus agréable aux Dieux de l'Hindoustan, que celle de consacrer à la commodité des voyageurs des CHOULTRIES, ou hôtelleries publiques. Sur les fleuves et les rivières on voyage en bateaux très commodes et ordinairement fort légers.

Le culte Brahmatique est accompagné d'un grand nombre de cérémonies et de coutumes solemnelles. Il y en a d'horribles, telle que la procession du Dieu Jagrenaut, dont le char pesant écrase sous ses roues les fanatiques qui, en s'y précipitant, croient trouver à la fois la mort la plus glorieuse et une éternelle félicité. Les Ablutions et les lustrations forment une partie principale du culte de Brahma, les images des divinités sont lavées solemnellement dans les fleuves et étangs sacrés.

Les funérailles présentent des coutumes remarquables. Le Bramine moribond est couché, en plein air, sur un lit formé de la graminée nommée CUSA; on l'arrose de la sainte eau du Gange, et l'on chante sur lui des strophes des védas. Expire-t-il, le corps est lavé, parfumé, couronné de fleurs; un tison du feu sacré sert à allumer le bûcher; on supplie le feu de purifier le corps du défunt, afin qu'il puisse s'élever aux célestes demeures. Les assistans jettent de l'eau sacrée sur les cendres, et l'on chante des hymnes funéraires. Quoique les offrandes consistent principalement en végétaux, le règne animal n'en est pas exclus, et quelques Bramines ignorans ont encore, dans le siècle passé, toléré l'ancienne superstition populaire qui autorise, dans un cas extrême, des sacrifices humains. L'usage des femmes des deux premières castes, qui s'immolent sur le tombeau de leur époux, est un reste de ces affreux sacrifices. Encore à présent, dans les épidémies et calamités publiques, les Bramines se précipitent eux-mêmes du haut d'une tour, comme offrande expiatoire. C'est au son d'une musique bruyante, et parée de ses plus beaux habits, que la veuve Indienne va se jeter dans les flammes du bûcher. Ses enfans l'accompagnent, et dans leurs yeux brille une sainte joie, en pensant à la félicité céleste et à la gloire éternelle que leur mère va conquérir.

Les FAQUIRS de l'Inde sont une secte de mendians à laquelle la supertition à attaché une idée de sainteté, que l'ignorance et la crédulité ont maintenue et confirmée. Quoique le mot FAQUIR signifie MENDIANT, il n'en faut pas inférer que ceux qui portent ce nom ne fassent autre chose que mendier. Au contraire, ils jouissent d'une grande autorité et d'une véritable puissance. Il possèdent des villages, des terres, de l'argent. Il est vrai qu'il conservent une apparence extérieure de misère. On les voit errer de ville en ville; plusieurs dans un état de parfaite nudité et presque tous à peine couverts de haillons. Leur vêtement ordinaire, et le seul qu'ils portent, est une petite pièce de toile passée à la ceinture et attachée par derrière avec une corde et un ruban. Ils ont le visage couvert des meches de leurs cheveux, le corps peint et souillé d'ordures et s'infligent des punissions dont la vue seule est révoltante. Mais en tout cela leur politique est fort adroite, et beaucoup au-dessus de leurs crédules admirateurs. Cette conduite les élève fort haut dans l'estime des devots Hindous. Un disciple de Brahma, consentirait aussi aisément à blasphémer le nom du Gange qu'à mettre à la porte un faquir qui lui demande quelque aliment.

La planche (LXI.) présente quelques costumes Hindous, ainsi qu'une de leurs pagodes. Sur le premier plan on voit assis à l'ombre d'un jeune humata en fleurs un Brahmine répétant sur son chapelet des versets du livre sacré; à la gauche est posée à terre une PANELLE, ou vase de bois, dans lequel il fait cuire son riz. Sur le second plan à gauche est un Indien armé, voyageant sur un dromadaire; près de lui se trouvent un CHOQUIDAR et un BRIGBASI, vêtus de l'accoutrement militaire qu'ils portent dans leurs courses; ils sont ordinairement employés à la garde des maisons et des bureaux des négocians, et surtout à porter l'argent d'une province à l'autre. D'une fidélité à toute épreuve, ils n'abandonnent qu'avec la vie les dépôts qui leur sont confiés. Sur le second plan à droite, on remarque, le figuier indien, ou l'arbre des banians (ficus indica,) qui a la propriété de se multiplier par le moyen des filamens qui tombent de ses branches, s'attachent à la terre, et y prennent racine. Cet arbre étend son ombrage sacré non-seulement sur les pagodes, sur les CHOULTRIES, ou aziles des voyageurs, mais aussi sur les serpens et les insectes vénimeux : emblême de l'éternelle puissance de la nature qui nourrit également les êtres bienfaisans et les êtres nuisibles. C'est une variété de l'arbre BOUDDHA (ficus religiosa), arbre révéré dans la péninsule du-delà du Gange. On voit une famille pauvre qui profite des bienfaits qu'offre l'établissement d'une de ces hôtelleries consacrées par l'hospitalité. L'homme reconnaissant se prosterne devant l'entrée de la Choultrie, en même tems que la femme presse contre son sein une des branches de l'arbre sacré. Plus loin on remarque un temple élevé près de TANJAOR à l'idole nommé le GRAND TAUREAU. Ce monument par le Grandiose de son style, rappelle ceux des Grecs et des Romains. L'idole couché sur le socle, a 15 pieds de haut sur 30 de long. Il est placé sur un parvis qu'entourent des galeries soutenues par des colonnes ornées de sculptures. Dans l'intérieur, des figures de lions, servent de caryatides et supportent des entablemens très élevés, enrichis d'autres figures d'animaux. Cet édifice est environné de murailles peu élevées sur lesquelles on voit de petites figures de taureaux. La grande pagode de Tanjaor occupe le fond. Cet édifice remarquable par le style particulier de sa décoration, ne l'est pas moins par son couronnement et par sa grandeur. Il a environ 200 pieds de haut, et est entouré de grandes murailles, dont les sommités sont de même décorées de figures de taureaux. C'est le plus beau temple de la province du Tanjaor; il est dédié au culte de Sewa, et jouit d'une grande vénération chez les Hindous.

PAYS AU-DELà DU GANGE, INDE-EXTÉRIEURE OU INDO-CHINE.

ÉTENDUE. — 80,000 lieues carrées. — POPULATION. — 40 millions;
Birmans, Malais, Chinois, Portugais, Français, Arméniens, etc.

LA RELIGION dominante est le Bouddhisme; les adorateurs de Brahma, de Mahomet et
du Christ y sont tolérés. Les Rahans ou moines Birmans, à l'instar des
bouzes chinois font usage de la couleur jaune, comme de celle qui caractérise le sacerdoce.

LE GOUVERNEMENT est en grande partie monarchique.

L'INDO-CHINE présente plusieurs royaumes indiqués au tableau sommaire des états de
l'Asie, page 15e.

L'EMPIRE BIRMAN s'est formé des royaumes d'Ava, d'Aracan, de Pégou et d'une partie
du Haut-Siam, qui ont été réunis par le célèbre ALOMPRA, qui de simple particulier et
avec un commencement de cent hommes seulement, s'éleva il y a un demi-siècle au
rang des plus puissans monarques de l'orient. Ce pays dont on porte la population à 17
millions, qui s'étend dans la zône torride, parait cependant devoir à son élévation un
climat tempéré. La santé vigoureuse dont jouissent les Birmans atteste la salubrité de
l'air qu'ils respirent. Les saisons y sont régulières; on ignore l'extrème froid, et la
grande chaleur. Le sol des provinces septentrionales est d'une fertilité remarquable, et
donne des récoltes de riz qui ne le cèdent pas en abondance aux meilleures du Bengale.
Plus au nord, le pays devient irrégulier et montagneux; mais les plaines et les vallées,
surtout dans le voisinage des rivières, sont fort productives. Elles donnent du très-
beau froment, et tous les grains et les légumes de l'Hindoustan. La canne à sucre, le
tabac d'excellente qualité, l'indigo, le coton, et tous les fruits du tropique sont indigènes
sur cette terre. Le thé y est inférieur à celui de la Chine. Il y a des mines d'or et
d'argent près des confins de la Chine. Il y a aussi des mines de rubis de saphirs et
d'autres pierres précieuses. Les métaux de moindre prix, le fer, l'étain, le plomb, etc.
se trouvent en abondance. Le commerce intérieur entre les provinces du nord et celles
du sud est singulièrement facilité par la rivière Jrawaldy. On exporte du Birman une
quantité de bois de construction à Madras et à Calcutta, villes qui importent dans l'Ava
des draps, des verres et des quinquailleries.

De tout tems les nations de l'Inde situées à l'est du Gange ont été plus défiantes
dans leurs relations avec les étrangers que celles de l'ouest. Les Cours d'Ava et de
Pekin se rassemblent à plusieurs égards, et surtout par un orgueil et une vanité, qui
se manifestent souvent avec une ostentation ridicule. Le Souverain, dans l'une comme
dans l'autre, ne reconnait point d'égal. La noblesse est caractérisée par des chaînes
dont le nombre varie de trois jusqu'à douze. Le roi en porte vingt-quatre. Tout ce
qui appartient à l'empereur est toujours nommé avec l'adjonction du mot CHOE, qui
signifie OR. L'empereur lui-même n'est jamais désigné qu'en ajoutant à son nom celui
de ce précieux métal. Si un de ses sujets veut dire que telle ou telle chose est parvenue

à la connaissance du Souverain, il dit quelle est entrée dans les OREILLES D'OR. L'empereur est seul propriétaire de tous les éléphans; le privilége de s'en servir comme monture, ou d'en avoir à soi, n'est accordé qu'aux hommes du plus haut rang. Dans l'Hindoustan, on préfère les femelles, comme plus traitables. Dans l'Ava, c'est tout le contraire.

Le caractère des Birmans est en tout l'opposé de celui des habitans du Bengale. Ils sont vifs, curieux, actifs, irascibles, impatiens. Les femmes ne sont pas enfermées et communiquent librement avec les Européens. Quant à la figure, les Birmans ressemblent plus aux Chinois qu'aux peuples de l'Hindoustan. Les femmes sont plus blanches que les Hindouses, mais elles ont les traits moins délicats. Les hommes ne sont pas de grande taille, mais forts et actifs. Ils sont dans l'usage de s'arracher la barbe. La langue PALI, qui est celle des livres saints de l'Ava, du Pégou et de Siam, a beaucoup d'affinité avec le sanscrit des Bramines. La RELIGION de BUDDHA, réputée hétérodoxe dans l'Inde est celle que suivant les Birmans: elle fut professée et enseignée par le philosophe GAUDMA, qui, suivant les Birmans, fleurit il y a 2,300 ans. Les sectateurs de Buddha disputent d'ancienneté avec ceux de Brahma. Les Chingalais de Ceylan sont les buddhistes les plus purs; et les Birmans reconnaissent avoir reçu leur religion de cette île. Les moines (RAHANS) donnent aux enfans dans des monastères (Kioums) une instruction gratuite. Les Birmans aiment passionnément la poésie et la musique. Les livres de la bibliothèque royale sont rangés avec beaucoup d'ordre. On ne voit point chez les Birmans les dégoutantes tortures, par lesquelles les Hindous croient devoir expier leurs péchés. Les prêtres sont vêtus de jaune. L'Ava est rempli de temples (PRAWS), dont les uns tombent en ruine et les autres sont tous neufs. La raison en est que, selon l'opinion des Birmans, réparer un temple est à la verité une action pieuse, mais moins méritoire que d'en bâtir un nouveau. Chez eux, être assis est la posture la plus respectueuse. Les maisons sont élevées de trois ou quatre pieds au-dessus du sol, sur des poteaux de bambous. Elle sont en général composées entièrement de bambous et de nattes, assez mal recouvertes. Un petit nombre obtiennent la permission de peindre et vernir les poteaux; mais la dorure est défendue à tous. Les Birmans sont un peuple de soldats. Le roi n'a point d'armée permanente. La force militaire la plus imposante du Birman consiste dans ses barques de guerre. Chaque ville, située dans le voisinage de la rivière est tenue d'en fournir une ou plusieurs, selon sa grandeur. On peut porter jusqu'à 500 la totalité de celles que le roi peut rassembler à volonté.

VILLES PRINCIPALES. — AMARAPOURAM ou JMERAFOURA est la capitale de l'empire Birman et la résidence de son Souverain absolu. Cette ville parait, comme Venise sortir des eaux, étant située entre un lac au S. E. et une rivière au N. O., accompagnée d'iles nombreuses.

AVA tombe en ruines. Comme les maisons de cette ville ne consistaient en très-grande partie qu'en bois et en bambous, un ordre de l'empereur a suffi pour les faire transporter dans la nouvelle ville d'JMERAPOURA.

ARAKAN capitale du royaume de ce nom. L'air d'Arâkan est pur, les plaines fertiles, les vallées délicieuses nourrissent de nombreux troupeaux; on exporte de ce pays des éléphans, des bois, de l'ivoire et du plomb;

Le Pégou exporte en chine du coton, de l'ambre, de l'ivoire et des pierres précieuses. La capitale du même nom a été rasée en 1757 par Alompra, fondateur de l'empire Birman.

Juthia (si-po-thiva), située dans une île du Mé-nam, est la capitale du royaume de Siam; bâtie sur pilotis en fort bambous, elle offre une population de 119,000 âmes. Le long de la côte se trouve l'archipel de Merghi, dont l'île la plus connue se nomme foulo pinang, ou l'île du Prince de Galles. Un capitaine Anglais, en épousant la fille du roi, acquit la souveraineté de cette île, qu'il se hâta de céder à sa patrie. Les côtes de la presqu'île de Malakka ou malaya sont partagées en 6 royaumes Malais; dont malakka et quéda sont les plus remarquables. etc.

ETHNOGRAPHIE DE LA COCHINCHINE (Pl. LXIII.)

Cette contrée, comblée des dons de la nature, réunit aux avantages des pays chauds ceux des climats tempérés; des brises de mer modèrent la brûlante chaleur de l'été; des pluies abondantes et périodiques renouvellent continuellement la fertilité naturelle du sol, et il est assez ordinaire d'y faire jusqu'à trois récoltes de grains dans une seule année. Le riz est le principal objet de la culture. Le plat pays produit en outre des noix d'arèque, des feuilles de bétel, du tabac, de la canelle, de la soie, du coton, et surtout du sucre, qui peut être considéré comme la principale denrée de ce pays. Les inondations produisent à la Cochinchine le même effet que les débordemens périodiques du Nil ont en Egypte, et la rendent un des pays les plus fertiles du globe.

On peut considérer les Cochinchinois comme une colonie Chinoise; car il existe la plus grande analogie entre les coutumes de ces peuples voisins. Ils ont les mêmes pratiques de dévotion, les mêmes superstitions; ils observent la même étiquette dans les mariages, les pompes funèbres et les processions. On retrouve de pareils rapports dans leurs arts et dans leurs productions industrieuses. Le code criminel des Cochinchinois diffère peu de celui de la Chine, et leur supplices sont les mêmes. Les caractères d'écriture des deux nations sont exactement semblables; mais leur langue diffère tellement, par la prononciation seulement, que les deux peuples ne s'entendent qu'avec peine lors qu'ils se parlent.

Cette conformité que l'on remarque entre les coutumes et les usages des deux nations n'a plus lieu lorsqu'on se borne à considérer leur caractère moral. Le Chinois est grave et sévère; le Cochinchinois gai, ouvert et familier. Le premier croirait s'avilir en confiant une affaire importante à une femme; le second les regarde au contraire comme particulièrement propres aux affaires. A la Chine, esclaves de l'opinion, les femmes, privées pour ainsi dire de la liberté de leurs membres, passent leurs jours dans une triste et ennuyeuse retraite. A la Cochinchine, elles jouissent d'une telle liberté, qu'elle a dégénéré en licence.

L'extérieur des Cochinchinois n'est point prévenant. Leurs femmes sont peu remarquables par leur beauté; mais elles ont de la vivacité et de la gaité. Beaucoup plus nombreuses que les hommes, elles s'occupent avec activité des travaux de la campagne.

L'habillement des hommes diffère singulièrement de celui des Chinois. Au lieu de vêtemens louds et épais, ils ne portent qu'une veste et un large caleçon, retenu par une ceinture, leurs jambes et leur pieds sont nuds. Leurs orteils acquièrent par-là une si grande facilité de se plier, que dans beaucoup de métiers, et principalement dans celui des constructeurs de canots, ils deviennent, ainsi que le reste du pied, les auxiliaires de la main. Dans leurs amusemens, surtout au jeu du volant, les agiles et ingénieux Cochinchinois se servent de leurs pieds comme d'autres peuples se servent de leurs mains. Ils n'ont point de raquettes et ne se servent pas de leurs mains. Lorsque le volant descend vers les joueurs, ils prennent un peu de course, en faisant un saut, le frappent de la pointe du pied et le renvoient en l'air avec beaucoup de force. Il est rare qu'ils le manquent et ne lui donnent la direction qu'ils désirent. Le volant est fait d'un morceau de cuir sec, roulé en rond et lié avec un cordon. Dans ce cuir sont renfermés deux ou trois longues plumes, qui s'écartent vers le haut, mais qui sont si rapprochées par le bas, qu'elles passent dans des trous qui n'ont pas plus d'un quart de pouce de distance entre eux. Ces trous sont toujours dans le centre d'une pièce de monnoie de cuivre. Deux ou trois autres de ces pièces sont au fond du volant pour lui servir de contrepoids, et leur son fait connaître aux joueurs quand il approche d'eux. Leurs longs cheveux noirs, relevés sur le sommet de la tête, sont recouverts par une espèce de turban. Les soldats ont pour armes des sabres et des piques d'une énorme longueur, ornés de glands de poil teint en rouge, couleur qu'excepté dans le service militaire, ou par ordre du Souverain, personne ne peut porter ni dans ses vêtemens, ni dans les équipages.

L'habillement des femmes consiste en une chemise de toile de coton, bleue ou brune, qui descend jusqu'au milieu des cuisses, et un caleçon de nankin noir. Elles ne portent ni bas ni souliers; l'usage des sandales est réservé aux femmes du premier rang.

La Cochinchine est du petit nombre des pays où l'on mange de la chair d'éléphant. Quand le roi ou quelqu'un des vice-rois fait tuer un éléphant pour sa table, il en envoie des morceaux aux personnes élevées en dignité, et ces présens sont regardés comme une grande marque de faveur. Les Cochinchinois préfèrent la viande de buffle à celle de bœuf. Ils ne font point usage du lait. Le riz est d'une plus grande importance pour ce peuple, que le pain ne l'est pour les Européens, parce qu'avec ce grain, il n'a besoin que d'un peu d'épice, d'huile et de viande. Ce qu'il recherche le plus, sont les liqueurs spiritueuses, le tabac, la noix d'arèque et les feuilles de bétel. Les personnes de tout sexe et de tout état mâchent des noix d'arèque avec des feuilles de bétel, et fument du tabac. On les renferme dans un sachet de soie, pendu à la ceinture et divisé par compartimens, et ce sachet est un des principaux objets de l'habillement. Tout homme qui possède quelque fortune, se fait accompagner par un domestique, chargé de lui porter sa pipe et son tabac. Il tient lui-même son arèque et son bétel dans un petit étui ou dans une bourse qu'il attache à un joli ruban, passé par-dessus l'épaule, et tombant jusqu'à la ceinture. (Pl. LXIII) Cette plache offre le dessin d'une galére pontée, de construction légère, alongée et propre à naviguer avec célérité, telle qu'elle est représentée et décrite dans le voyage de lord Macartney.

Le culte de BUDDHOU ou FO, répandu dans presque tout l'orient, constitue la religion de la Cochochine. Les Cochochinois manifestent leur piété, en offrant à la Divinité les premiers nés de leurs troupeaux et les premiers de leurs fruits. Le sommet d'un arbre en est ordinairement le temple; ils y fixent une espèce de cage, et y placent l'effigie de leur dieu. Quelquefois on voit de petites boîtes suspendues aux branches; elles contiennent des statues de bois ou des images peintes et dorées, en papier découpé; des inscriptions accompagnent ces objets révérés et en indiquent la destination sacrée. Souvent ils renferment dans une petite boîte leur dieu favori, et la portent toujours sur eux.

III. *GRAND PLATEAU DE L'ASIE.*

TARTARIE CHINOISE.

1°. La Mantchourie, ou Tartarie Chinoise Orientale;   2°. La Mongolie, ou Tartarie Chinoise Occidentale;   3°. La Kalmoukie, subdivisée en Petit Thibet, Petite Boukharie, Soungarie, etc.

ETENDUE. — 500,000 lieues carrées. — Population, 20,000,000 d'habitans.

ÉTAT PRÉSENT. — Cette vaste contrée nous est aujourd'hui à peine connue. Les grands traits de sa gigantesque contexture composent à peu près tout ce dont nous sommes certains. C'est un immense plateau, d'une excessive élévation, parsemé de rochers stériles et de vastes déserts d'un sable noir et presque mouvant. Il est soutenu de tous côtés par des montagnes granitiques, dont la cime élevée décide des climats du grand continent de l'Asie, et forme le partage de ses eaux. En-dehors coulent tous les grands fleuves de cette partie du monde: au-dedans quantité de rivières ayant peu de pente ou point de débouchés, vont se perdre dans les sables ou alimenter des eaux stagnantes. C'est de la partie septentrionale de ce plateau qu'à l'image des grands fleuves se précipitèrent avec fracas ces hordes de barbares qui, dans le moyen âge, couvrirent la terre de calamités: les Huns, les Avares, les Eygures ou Hongrois, les Mongols, les Turcs. Il ne s'y trouve plus aujourd'hui que des peuplades trop insignifiantes pour franchir desormais leurs bornes naturelles; ce sont les SOUNGARES, les KALMOUKS ou ELEUTHS, diverses branches de MONGOLS et de MANTCHOUX, formant des races séparées d'une même familie. Plus bas, vers les chaînes méridionales, sont des pays plus peuplés, plus riches, et plus civilisés; la PETITE BOUKHARIE, le GRAND et le PETIT THIBET.

Les peuples du nord sont pasteurs et nomades ; leurs richesses consistent dans leurs troupeaux ; leurs demeures sont des tentes et leurs villes des camps, qui se transportent suivant le besoin des paturages. Les BOUKHARIENS sont en possession de commercer par toute l'Asie, et les THIBÉTAINS cultivent les terres avec avantages. Le plateau de l'Asie est regardé par quelques auteurs comme le berceau du genre humain, qui, du lieu le plus élevé, se serait répandu au loin de toute part. On y trouve en grande partie dans l'état sauvage, la réunion de presque tous les animaux qu'on ne possède que partiellement ailleurs. Il en est de même des productions végétales ; mais ce pays en possède en outre qui lui sont propres, tels que la rhubarbe, le tinkal ou borax brut, la chèvre à poil de schal, le chevreau porte-musc, l'yak ou vache grognante.

Tout le plateau central auquel on peut joindre le pays des Mantchoux, qui lui appartient par son élévation et la nature de ces habitans, reconnait aujourd'hui le sceptre Chinois, qui a soumis la MONGOLIE vers la fin du 17ᵉ. siècle ; les KALMOUKS, les SOUNGARES et la PETITE BOUKHARIE en 1759 et enfin le THIBET vers 1780.

ÉTAT ANCIEN. — Les anciens n'avaient qu'une idée confuse de l'Asie centrale. Ils lui donnaient la vague dénomination de Scythie. Au-delà de l'IMMAÜS au pied de cette chaîne célèbre (incontestablement la même que les MONTS BELOUR d'aujourd'hui qui séparent la Tartarie de la Kalmoukie), venaient finir leurs connaissances géographiques, et ils ont parlé très imparfaitement du pays des SERÈS, de la SÉRIQUE ou SÉRICANE qui est la PETITE BOUKHARIE. C'est dans le moyen âge, par l'invasion des HUNS et les conquêtes de GENGIS-KHAN, que nous avons eu les premières notions de l'Asie centrale.

VILLES. — MOUKDEN, qui possède le mausolée de YUN-CHI, conquérant de la Chine (1644), et le chef de la race régnante.

KIEN, capitale du gouvernement de Kiren — Oula, ville située sur le Songari, rivière qui se jette dans l'Amur ; TSITCHICAR, ville nouvellement fondée ; c'est un lieu d'exil pour les Chinois. La province où se trouve cette ville se nomme Daourie Chinoise, par opposition à la Daourie russe ; YARKAND ville principale de la Kalmoukie, sur la rivière du même nom.

LASSA ou BARANTOLA sur la Burremputer, ville petite, mais dont les maisons sont construites en pierre. Elles sont vertes et élevées. C'est à 7 milles de Lassa, à l'est, qu'est la fameuse montagne de PUTALA, sur laquelle est placé le palais du Dalaï-Lama. Cet édifice bâti à l'européenne, a quatre étages et contient 10,000 chambres, un grand nombre de cours, de galeries, de portiques et de terrasses. KALMANDU ou JAHE, (50,000 habitans) est la capitale du pays de Népal. La chaîne de forteresses de la frontière méridionale a été cédée en 1815 à la compagnie des Indes anglaise, qui a obtenu également le passage pour la Chine par Népal et la Tartarie.

TASSISUDON ; ville capitale du Boutan, et la résidence du Raja-Lama. Ce souverain a dans son palais 1500 gylongs ou moines, qui s'assemblent trois fois par jour dans un temple dont l'idole principale se nomme MAHAMONA: ils s'y occupent de leurs exercices religieux, se vouent au célibat; et toute communication avec les femmes leur est interdite, sous des peines très-sévères. Les BOUTANIENS sont moins bruns et plus robustes que les Bengales leurs voisins; ils ont le visage plus large et les os des joues plus proéminens; ils ont tous les cheveux noirs et coupés très courts; ils portent des moustaches et plusieurs d'entre-eux ont plus de 6 pieds. Le THIBET est séparé du Boutan par des montagnes, dont quelques-unes offrent des points de vue d'une grande beauté. On y admire la nature dans sa forme la plus gigantesque et la plus sauvage. Les habitans de ces montagnes ont un air de santé et de vigueur qu'on ne trouve dans aucune autre contrée de l'Asie. Ils ont tous la taille et les traits avec lesquels on représente les anciens Athlètes. Les femmes avec leurs cheveux couleur de jais, leurs yeux noirs et brillans, ont cet air de fraîcheur qu'on remarque dans nos belles paysannes d'Europe. Le LAMAÏSME domine au Thibet et parmi les Kalmouks, les Kalkas et la plupart des peuples Mongols. Ils croient que le LAMA, le médiateur entre les hommes et l'être suprême, ne meurt jamais. Quand il est avancé en âge, il s'incarne de nouveau et reprend la forme d'un enfant. Toute leur confiance est dans ce grand-prêtre. Son bouclier invisible les garantit des atteintes de l'ennemi, et ils le préfèrent à des armes pour défendre leur territoire, et maintenir leurs droits. Il est l'ame qui anime leur système civil et religieux. Les voyageurs Anglais attestent avoir vu des idoles de LAMA qui contenaient des pastilles sacrées de la garde-robe du grand-prête. Les Thibétains en mangent; et cet usage révoltant tient à l'idée profonde de la métempsycose: quand ils avalent ces reliques du Lama, ils imitent le jeu de la nature et de l'univers dont les parties s'absorbent sans cesse, et passent à chaque instant les unes dans les autres. C'est le serpent qui dévore sa queue. Ces peuples disent que les arts et les sciences ont pris naissance dans la ville sacrée de Bénarès: ils la regardent comme le berceau de leur religion et des anciens apôtres de la foi qu'ils professent. Le corps du GRAND LAMA est conservé après sa mort dans un cercueil d'or massif. On brûle celui des Lamas inférieurs et on en conserve les cendres dans de petites images creuses.

Nous avons donné dans la première partie de ce porte-feuille, l'énumération des peuples divers qui habitent l'Asie. Nous ajouterons ici quelques détails ethnographiques sur deux tribus du plateau central, les MONGOLS et les KALMOUKS.

C'est au milieu des MONGOLS que le grand empire de Gengis-Khan et de ses successeurs prit naissance, et eut son siége principal avant celui des conquérans Mantchous qui gouvernent à présent la Chine. Les MONGOLS sont pour la plupart de taille médiocre, mais robustes; ils ont la face large et plate, le teint basané, le nez plat, les yeux noirs et pleins, les cheveux noirs et aussi forts que le crin de leurs chevaux; ils se les coupent assez ordinairement près de la tête, et n'en conservent qu'une touffe au sommet qu'ils laissent croître de la longueur naturelle. Ces Tartares qui vivent habituellement pêle-mêle avec leurs animaux, exhalent une odeur insupportable. Leur costume est à peu près le même que celui des Eleuths dont nous allons parler.

Le véritable nom des Kalmouks est celui d'ELEUTHS. Le premier n'est qu'un sobriquet que leur donnent par mépris les Tartares Mahométans.

Les Eleuths forment la tribu la plus considérable de la race des Mongols, après celle des Tartares de Sibérie. Le nombre des Kalmouks qui habitent actuellement la Russie ne s'élève qu'à 20,000 familles. Lors de la fameuse émigration de 1770 représentée dans la Pl. LXII., plus de 150,000 hommes avec leurs nombreux troupeaux se décidèrent tout à coup à se soustraire au sceptre russe sous la conduite d'un chef vindicatif et ambitieux nommé Khan Abascha, et d'un intrigant Lama appelé Loosang Dshaizen Aramschimba, qui réussirent à persuader à ce peuple que la Russie voulait le contraindre à embrasser la religion chrétienne, et lever des recrues pour l'armée. Les chefs furent, dit-on, massacrés par les Chinois à leur entrée sur le territoire de ce dernier peuple.

Il n'est aucune nation dont les traits caractéristiques de la physionomie soient plus saillans. Le Kalmouk a vraiment une physionomie nationale : sa tête est arrondie, son nez camus est écrasé vers le front; il a les os des pommettes très-saillans, de grosses lèvres, des yeux placés obliquement et aigus du côté du nez; ses cheveux sont noirs et ses oreilles d'une grandeur démésurée (voyez Pl: XXII, Fig: II.); sa taille médiocre est bien proportionnée, sa peau est basanée. — Ce peuple est affable, hospitalier, gai et enjoué. L'habillement des Kalmouks est composé de peaux, d'un feutre grossier qu'ils fabriquent eux-mêmes, ou de draps qu'ils achètent. Sous l'habit de dessous, qui a beaucoup de rapport avec l'habit polonais, ils portent une veste entièrement boutonnée et serrée avec une ceinture. Une chemise courte, de larges pantalons et des bottines composent le reste du vêtement. Ils portent des moustaches et un petit bouquet de poils sous la lèvre inférieure. Les vieillards et les prêtres ont seuls le droit de porter la barbe et les moustaches, — L'habillement des femmes, peu différent pour la forme de celui des hommes, est composé d'une étoffe plus fine et plus légère. — Les hommes ne conservent sur leur tête qu'une petite touffe de cheveux dont ils forment des nattes. Les pauvres n'en ont qu'une, et les riches en portent plusieurs. Les femmes regardent la chevelure comme leurs plus bel ornement. Les cheveux tressés des jeunes filles entourent leur tête. Les femmes mariées portent deux tresses qu'elles laissent pendre sur leurs épaules, et lors qu'elles se livrent au travail, elles les enferment dans un étui de bois pour les conserver. Comme tous les peuples nomades, les Kalmouks n'ont d'autre habitation que des tentes. La charpente de ces tentes est d'une construction légère et ingénieuse; elles sont couvertes par de grandes pièces de feutre, et leur sommet est ouvert pour livrer passage à la fumée. Un lit garni de coussins et d'oreillers de feutre en est le meuble principal. Les ustensiles de ménage consistent en quelques vases de fonte de diverses formes, des écuelles et gobelets de bois, des outres, et quelques vaisseaux de cuir. — La chasse, le soin des troupeaux et la construction des tentes remplissent tous les momens que les Kalmouks ne passent point dans l'indolence et les plaisirs. Les femmes accablées de travail, négligent jusqu'aux soins de leur parure; elles doivent traire les bestiaux, préparer les peaux et former les vêtemens. Ce sont elles aussi qui montent et démontent les tentes lors des émigrations. — Les troupeaux font toute la richesse des Kalmouks. Leur bétail consiste principalement en chevaux et en moutons. Le lait qu'ils en tirent constitue la base de leur nourriture. Ils le convertissent par la fermentation et la distillation en une liqueur spiritueuse. Pendant l'été, la chasse leur fournit abondamment de la viande. Leurs chevaux sont d'une légèreté extrême; quelques Kalmouks en possèdent jusqu'à deux mille. La lance, l'arc et les flèches sont les armes de la plupart des Kalmouks. Les riches ont ordinairement des armes à feu. Ils combattent à cheval et se revêtent d'une cotte de maille composée de petits anneaux de fer et d'acier en forme de filet. Leur casque est garni d'un filet d'anneaux de fer qui tombe par devant jusqu'aux sourcils, et couvre par derrière le dos et les épaules. Les tribus Kalmoukes, soumises à des princes héréditaires appelés noïons, sont divisées en petites troupes ou aimaks commandées par des nobles auxquels on donne le nom de saissang. Les subdivisions de ces ajmaks se nomment khantoun (chaudière), parce qu'elles comprennent tous les individus qui mangent dans la même marmite. Chacun de ces Khantouns a son chef particulier. Le noïon peut infliger une punition corporelle à ses sujets, mais il ne peut les faire mourir. Les lois des Kalmouks annoncent un peuple hnmain et ami de l'ordre. Leur religion est le lamaïsme. Leur cosmogonie, tissu de fables absurdes, forme un système très-étendu et développé dans leurs livres. Ils adorent des sains nommés bourkans, qu'ils représentent sous des figures monstreuses et ridicules. Ils regardent le dalaï-lama du Thibet comme un Bourkan. Les prêtres lama ou guellong sont dispersés dans les hordes kalmoukes; ils s'occupent des soins du culte, de l'éducation de la jeunesse, et vivent des dons qu'ils reçoivent. Auprès des tentes qu'ils habitent on voit de longues perches, à l'extrémité desquelles sont attachées des banderolles flottantes sur lesquelles sont écrites des prières. Ils prétendent que les oraisons ont autant de vertu lorsque le vent les agite, que si on les récite avec ferveur. Ces prêtres font usage d'eau bénite; ils ont aussi des pillules bénites qui viennent du Thibet.

Les Kalmouks ont plusieurs manières d'enterrer les morts. Ordinairement on transporte le cadavre, dépouillé de tout vêtement, au milieu du désert, et on l'enterre la tête appuyée sur un bras et tournée vers l'ouest. Aux quatre coins de la tombe on plante des piquets; à leur extrémité flotte une banderolle de toile bleue, sur laquelle sont écrites des prières. Quelquefois les cadavres sont exposés dans un bois, ensevelis dans les eaux ou recouverts d'un monticule de pierres. Le corps des personnages qui ont vécu saintement, ceux des membres du haut clergé et des princes, sont brûlés, et leur cendre recueillie est mêlée avec des parfums et envoyée au Dalaï-Lama.

IV. *REVERS ORIENTAL DU GRAND PLATEAU DE L'ASIE CENTRALE.*

LA CHINE PROPRE, LA CORÉE ET LES ILES.

ÉTENDUE. — 200,000 lieues carrées. — Population environ 200,000,000 d'habitans. — celle de 353 millions, pour la Chine, selon les documens fournis par Tchon-ta-giu au Lord Macartney, parait exagérée.

La Chine proprement dite, située aux extrémités de l'ancien monde, présente une immense surface qui repose d'un côté au pied des hautes régions de l'Asie centrale, qui la garantissent des frimas rigoureux du nord; de l'autre elle est bordée par le grand océan oriental, dont les exhalaisons constantes la couvrent en tout tems d'une atmosphère humide et douce. Ces circonstances réunies procurent à ce pays favorisé un des climats les plus heureux et le sol le mieux arrosé qu'on connaisse sur le globe. Peut-être n'existe-t-il pas de plantes propres au luxe et aux nécessités de la vie, qui ne puisse croître dans quelques uns des terrains que renferme l'empire de la Chine. Plusieurs chaînes de montagnes, d'une élévation médiocre, circulent sur cette vaste région et dessinent de légères vallées où se promènent majestueusement deux énormes fleuves grossis de plus de vingt rivières secondaires, toutes aussi grandes que nos plus beaux fleuves de France; qu'on ajoute une multitude de lacs, une quantité prodigieuse de canaux, et l'on aura la géographie physique de la Chine, qui présente dans son ensemble l'aspect le plus riant, le plus curieux et le plus varié. Là sont rassemblés tous les dons d'une nature prodigue, enrichis encore de tout ce dont peut être capable l'industrie des hommes. Une population immense y remplit les villes, s'agite dans les campagnes, et fourmille pour ainsi dire sur les rivières même. Ici ce sont des canaux multipliés qui serpentent dans les campagnes pour fertiliser les terres; là des arrosemens artificiels qu'on fait remonter ingénieusement jusqu'au sommet des montagnes; lesquelles sont cultivées en terrasses régulières depuis leur base jusqu'à leur sommet. Le riz, le blé ou le millet, presque tous nos végétaux, nos arbustes et la plupart de nos animaux domestiques, se trouvent en Chine ainsi que le sucre, l'indigo, le coton, la soie, mais elle possède en propre l'oranger naturalisé parmi nous, le thé qui nous est devenu si familier, le camphrier, l'arbre à suif, celui dont on fait le papier, celui qui donne le vernis, l'arbre d'aloès, le bois de fer, propre à la province de Quang-tong; des animaux singuliers, des oiseaux magnifiques, des faisans d'orés et argentés, des sarcelles à double crête orangée; des métaux de toutes espèces, des mines de charbon, la substance de la porcelaine et des dépôts de sel gemme et sa poterie inépuisable. La population, les lois, le caractère, les connaissances et l'ancienneté des Chinois sont depuis long-tems et deviennent encore aujourd'hui un objet de dispute et de contradiction parmi les savans.

L'ambassade anglaise de lord Macartney en 1793, a fourni des détails curieux et intéressans.

L'empire de la Chine date son existence certaine depuis près de 4000 ans. Son histoire authentique et non interrompue commence 200 ans avant J. C. M^r. de Guigne regarde les Chinois comme une colonie égyptienne. Peut-être faut-il admettre le contraire

La poudre à canon, l'imprimerie, la boussole, et l'art de faire la porcelaine, étaient connues en Chine avant que nous en fissions la découverte parmi nous. Mais d'antiques institutions, le pouvoir des mœurs et des coutumes, la tyrannie des habitudes, la politique du gouvernement, que l'on a considéré comme l'effet de la plus haute sagesse, et qui n'est peut-être que le résultat nécessaire du despotisme consolidé, toutes ces causes réunies jointes à l'innombrable quantité de signes qui composent la langue savante, tendent à rendre en Chine l'état social stationnaire, et à écarter comme des nouveautés dangereuses toute espèce de perfectionnement. (*) Les Chinois ont des travaux qui, par leur immensité, surpassent ceux des Romains, et rappellent ceux des Egyptiens avec lesquels d'ailleurs ce peuple a plusieurs autres traits d'analogie. Des ponts étonnants, des grands chemins magnifiques, des portes, des télégraphes, des canaux sans nombre, etc. Celui de Canton à Pekin a près de 600 lieues. La fameuse grande muraille en a 500.

Les Chinois ont au milieu d'eux trois religions. Les Lettrés suivent les lois de confucius, qui paraissent se réduire au théisme et à l'étude de la morale. Le peuple suit la religion de fo, moins abstraite et plus sensible aux yeux; les bonzes en sont les prêtes. Enfin l'Empereur et les Mantchous reconnaissent le grand-lama.

Les principaux magistrats sont connus sous le nom de mandarins (nommés dans le pays quam-fu, ou ministres du prince). Ils sont au nombre de 33,000, divisés en mandarins d'armes, de lettres et de justice. On dit que la chine possède environ 1572 villes murées, la plupart entourées de fossés remplis d'eau; elles sont très étendues, rélativement à leur population, parce qu'elles renferment, dans leurs enceintes, des jardins très-vastes, des espaces vides, et même des champs cultivés; leurs portes s'ouvrent au soleil levant et se ferment la nuit; des soldats y sont toujours postés en sentinelle, pour veiller sur ceux qui entrent et qui sortent. Les villes du premier ordre sont désignées par la finale fou. L'empire de la Chine, avec les troupeaux nombreux des peuples pasteurs de la division centrale de l'Asie, qui sont ses sujets ou ses tributaires, avec ses mines, sa florissante agriculture, ses rivières et ses mers poissonneuses, ses manufactures de tous genres, ses routes et ses canaux qui facilitent la circulation de toutes ses richesses, forme à lui seul un monde à part, qui, séparé des autres contrées du globe par l'Océan, par des déserts et par de hautes chaînes de montagnes, n'a nul besoin des autres peuples. Aussi, la chine semble-t-elle plutôt tolérer qu'autoriser le commerce que les étrangers viennent y solliciter. Ce commerce se fait presque en totalité à canton, qui renferme (2500,000 habitans), et parait être la capitale du midi de cet empire; elle a supplanté nankin (1,000,000 d'habitans), qui dans le 15e. siècle, servait de séjour aux empereurs, et qui se fait encore remarquer aujourd'hui par sa haute tour de porcelaine,

---

*) La langue savante ou écrite est une espèce d'héroglyphes; elle offre une immense collection de signes qu'on estime a plus de 80,000. La langue chinoise parlée se compose de monosyllabes, et à peine y a-t il 350 mots différens pour une oreille Européenne; mais les Chinois, au moyen de quelques inflexions de voix et de différences de tons, y distinguent un nombre beaucoup plus considérable.

qui a neuf étages, et où l'on monte 884 degrés pour arriver au sommet, orné d'une pomme de pin d'or massif, selon les Chinois. C'est dans un quartier de CANTON, que les diverses nations de l'Europe viennent échanger contre de l'argent et quelques denrées de leur pays, une quantité énorme de ballots de feuilles séchées d'un arbrisseau, (l'arbre à thé), dont l'Angleterre seule et les colonies consomment, dit-on, annuellement 13 millions de livres pesant. En 1806 l'exportation de cette marchandise a été de 45 millions de livres pesant. Près de Canton est MACAO, établissement portugais, sur une petite langue de terre qui tient à une ile. Un groupe de rochers près d'une des plus hautes éminences de la ville forme un antre appelé la GROTTE du CAMOËNS, auteur du fameux poëme de la LUSIADE. Les ports les plus importans pour le commerce sont, après CANTON, EMONY, dans la province de FOKI, à l'est, d'où se font les exportations pour les Philippines, FORMOSE, les îles LIOUKIOU; ensuite NING-PO, dans la province de Tche-Kiang, qui commerce avec le JAPON et la CORÉE. La capitale de l'empire est PEKIN dans la province de Pé-tsche ly (800,000 habitans). Son enceinte renferme l'ANCIENNE ville habitée par les Tartares vainqueurs de la Chine, et la NOUVELLE nommée VILLE DES CHINOIS. Le palais de l'Empereur, qui a deux lieues de tour, renferme trois reines et 3000 concubines. Non loin de là, on voit le TEMPLE DE LA TERRE, où l'on couronne l'Empereur, qui prend, à cette auguste cérémonie un habit de laboureur et une charrue de vermeil, avec laquelle il laboure un peu de champs qui est dans l'enclos du temple, et ennoblit ainsi le premier de tous les arts.

KAI-SONG-FOU sur le Hoang-ho, est la capitale du HO-NAN que les Chinois regardent comme le centre du monde, et nomment le JARDIN DE LA CHINE à cause de sa beauté et de sa fertilité. Cette province jadis habitée par les Empereurs contient plus de 10 millions d'habitans.

ETHNOGRAPHIE DE LA CHINE (Pl. LXIV.)

Les Chinois sont d'une taille ordinaire; on en voit de bien faits et de très-vigoureux. Leur figure est large, carrée; le front est découvert; les yeux sont alongés, placés à fleur de tête, et assez saillans pour être aperçus tous les deux à la fois quand on regarde le profil. Le nez est petit et aplati entre les yeux, la bouche est médiocre, les oreilles sont larges. Le teint des Chinois est d'un brun clair. Les mandarins laissent croître leurs ongles, surtout celui du petit doigt, coutume qui existait en France sous Louis XIV. L'habillement des Chinois est simple et uniforme; il consiste en une longue robe à longues et larges manches; leurs haut-de-chausses sont de satin ou de toile. Sur leur tête est une touffe de cheveux tressés, surmontés d'un petit chapeau ou d'un bonnet dont la forme varie suivant le rang. A leurs pieds sont des bottes de soie, de calicot ou de cuir de cheval. Ils ne portent point leur sabre sur le côté, mais de travers sur le devant, la garde à droite. Les Chinoises sont en général petites mais jolies. La retraite observée par les femmes Chinoises est proportionnée au rang qu'elles occupent dans la société. Les femmes d'un ordre inférieur jouissent de la même liberté qu'en Europe; mais celles de la classe moyenne ne sortent que rarement de chez elles, et les dames de première qualité jamais. Leur manière de se vêtir n'est pas assujettie aux caprices de la mode: les saisons, et quelque variété dans la disposition de leurs ornemens, y produisent seules de faibles différences. Une légère étoffe de soie, qui remplace chez elles le lin, est recouverte par un habit de dessous et des caleçons de taffetas; et lorsque la douceur de la saison le permet, elles se contentent de jeter sur le tout, et pour vêtement extérieur, une longue robe de soie ou de satin richement brodée. Elle prennent un soin tout particulier pour orner leur tête. Après avoir lissé leurs cheveux avec de l'huile et les avoir fortement tressés, elles les rassemblent sur le sommet de la tête, où elles les assujettissent avec des épingles d'or ou d'argent. Sur le front, ceint d'une bandelette d'or, s'avance une pointe de velours portant un diamant ou une perle, et des fleurs artificielles sont jetées de chaque côté de la tête, selon leur goût. Les boucles d'oreilles et des cordons de grains parfumés suspendus à leurs épaules font également partie de leur parure. L'usage des cosmétiques est parfaitement connu des dames Chinoises; et l'emploi du blanc et du rouge pour animer leur teint est très-commun parmi elles. Elles tracent une petite raie d'un rouge très vif sur la lèvre inférieure, et elles ont un art tout particulier pour imprimer à leurs sourcils la forme d'un arc extrêmement délié et du plus beau noir. Leur chaussure mignonne est d'un travail exquis, et les contours de leurs chevilles sont cachés sous une espèce de cothurne fort lâche. On connait leur coutume de se serrer les pieds jusqu'à ce qu'ils deviennent très petits. Cette coutume n'existe pas chez les femmes Tartares. Les enfans jusqu'à l'âge de 7 ans, portent souvent deux queues qu'on laisse croitre de chaque côté de la tête. Les domestiques, selon l'usage propre à la classe inférieure du peuple, portent au poignet un anneau de cuivre ou de ce mauvais étain, nommé TUTANAG.

Sur le premier plan à gauche de la planche est représentée la figure d'un des LAMAS (ou BONZES) qui desservent le temple nommé POU-TA-LA, et qui est situé près de la résidence impériale à JE-HOL en Tartarie. Tous ces prêtres sont habillés de jaune; c'est la couleur impériale. Leurs chapeaux ont de très-larges bords pour garantir également et du soleil et de la pluie, et sont fort bien travaillés en paille et en fragmens de bambous. Les prêtres de Tartarie, et ceux de la Chine, depuis que les Tartares en ont fait la conquête, diffèrent très-peu tant dans leurs manières que dans leur habillement. C'est la seule classe, chez ces deux nations, qui ait la tête entièrement rasée. La couleur de la robe dépend de la secte particulière qu'ils suivent ou du monastère auquel ils sont attachés.

A côté du Lama se trouve un MANDARIN de l'ordre militaire ou (gentil-homme) de la Chine. Il est représenté ici dans son costume ordinaire, qui consiste dans une courte et large robe de belle toile de coton, et dans une veste de dessus en soie brodée. A sa ceinture pendent son mouchoir, son couteau et ses bâtonnets dans un étui, et des bourses remplies de tabac. Ces pouces sont armés de deux larges anneaux d'agathe, dont il se sert pour bander son arc. Le fer des flèches, qui remplissent son carquois, est de formes différentes, barbelé, en losange, etc.; ses bottes sont de satin avec des semelles épaisses de papier, chaussure ordinaire des Mandarins et des Chinois de distinction. — Dans le second plan à gauche, on remarque une voiture, que les Chinois se contentent quelquefois de hisser, par un vent favorable et sur un chemin uni, pour faciliter les efforts du tireur.

Le fond de la planche représente la maison d'un Mandarin, laquelle est généralement distinguée par deux mâts élevés, placés au-devant de la porte. Durant le jour des pavillons flottans à leurs sommets, annoncent la dignité du maître, et durant la nuit, des lanternes peintes y brillent suspendues. Les Chinois de la première classe aiment à vivre retirés dans l'intérieur de leur famille; C'est pourqoi leurs habitations sont le plus souvent entourées d'une muraille. Leurs maisons ont rarement plus d'un étage. La plupart des chambres sont sans lambris; en sorte que les merrains qui supportent le toit, restent à découvert. L'ameublement consiste communément en châssis couverts en soie de différentes couleurs, ornés de sentences de morale écrites en caractéres d'or et suspendus de manière à former d'agréable compartimens. On voit disposés sur des tables des arbres nains très-curieux, des branches de corail, ou de petits poissons dans de charmans vases de porcelaine. Le long du mur se trouvent quelques soldats en grand uniforme. L'habillement des troupes est grossier, incommode, et absolument contraire aux exercices militaires; cependant à quelque distance, un bataillon équipé de cette sorte a une apparence splendide et vraiment guerrière; mais vues de près ces cottes de maille impénétrables ne sont plus qu'un léger nanquin piqué, enrichi de quelques plaques de métal fort mince et entourées de clous brillans, ce qui donne à tout l'ensemble l'apparence d'une armure formidable. Du sommet du casque, qui est la seule pièce en fer, s'élève une pointe de pique entourée d'une touffe de crins de cheval colorés; les caractères tracés sur la plaque qui recouvre la poitrine indiquent le corps auquel appartient le soldat, et la boîte qu'il porte par devant sert à contenir des pointes des flèches, des cordes d'arc, etc., la partie inférieure de l'arc repose dans une gaine ou espèce de boîte.

ILES DE L'ASIE

Il est difficile d'en évaluer la surface et la population. En adoptant le système de quelques géographes sur les limites de l'Asie (lequel est fondé sur la nature même des choses), les îles de la SONDE, BORNEO, les PHILIPPINES, et générallement toutes les terres au S. E. de l'Asie, se trouvent rejetées dans une 5ᵉ. partie du monde dont on peut voir le système et l'ensemble sur la mappemonde (Pl. XV), et mieux encore sur la carte du monde maritime, (Pl. LXVII).

Les LAQUEDIVES et les MALDIVES. — Elles occupent 200 lieues de long sur 40 de large. On les dit 12,000 en nombre. A la vérité plusieurs ne sont que des rochers ou des bancs de sable; C'est sur leurs rivages que l'on pêche une énorme quantité de petites coquilles qu'on nomme CAURIS; qui servent de monnoies dans diverses contrées et particulièrement sur la côte de Guinée.

CEYLAN, la TAPROBANE des anciens. Dans le moyen âge elle a été fréquentée par les Arabes. Les Portugais y abordèrent en 1506 et s'y établirent. Cent ans après les Hollandais les en chassèrent et l'ont cédée depuis aux Anglais à la paix d'Amiens, en 1802.

Les Hindous ont placé le paradis dans cette île où la nature semble avoir voulu réunir tous les prodiges de sa magnificence, où la variété des animaux n'est pas moins grande que celle des végétaux et des minéraux. Parmi les pricipales villes de cette île, on doit d'abord nommer. KANDI, la capitale de l'intérieur, dont les environs ont étonné récemment les regards des Européens, par leur agrément et leur fertilité; COLOMBO, sur la côte S. O.; TRINQUEMALE, sur la côte orientale, qui offre un des plus beaux ports du monde, et d'autant plus utile qu'il sert pour la côte de Coromandel, qui en est dépourvue. Indépendamment de sa canelle, de ses épices, de son bois de Colombo et de ses perles, CEYLAN exporte encore une grande variété de pierres précieuses.

Les îles d'ANDAMAN, dont la population présente les Sauvages les plus éloignés que l'on connaisse de toute espèce de civilisation.

Les ILES DE NICOBAR, qui fournissent les Européens de rafraichissemens.

HAINAN, qui a 70 lieues de long, sur 60 de large et fournit tous les fruits de la Chine.

FORMOSE, ainsi nommée par les Européens ravis de la beauté de sa partie orientale. Le vrai nom de cette île est TAI-OUANG, cap: avec un port et une citadelle appelée par les Hollandais LE FORT DE ZÉLANDE. Cette île forme la limite méridionale de la mer de Wang-haï, et est la dernière terre de l'ancien monde de ce côté.

Les ILES DU JAPON. — Ce pays dont la grande existence insulaire semble aux extrémités orientales de l'Asie en opposition et en pendant avec les îles Britaniques, situées aux extrémités occidentales de l'Europe, est après la Chine, le premier empire de l'Asie par sa grande population, sa force et le haut degré de civilisation. Les Japonais, que par analogie avec la Chine, on porte jusqu'à 30,000,000, connaissent les arts et les sciences, cultivent la littérature et la poésie, portent en un mot tous les caractères d'un peuple fort ancien comme nation. Ils font remonter l'histoire authentique et non interrompue de leurs Souverains héréditaires jusqu'à un siècle avant l'ère chrétienne. Par ses habitans et par son gouvernement le Japon ressemble à la Chine. La langue Chinoise y est même la langue savante. On représente cependant les Japonais comme très supérieurs aux Chinois par leur civilisation. Un empereur ecclésiastique, sous le nom de DAÏRI ou DAYRO-SOMA, les a gouvernés jusqu'en 1585, qu'il a été dépossédé par un empereur séculier appelé KUBO ou KOUBA, lequel ne lui a laissé qu'une existence religieuse.

et honorifique. Le Daïri est un personnage sacré qui partage les honneurs que l'on rend aux dieux. La religion du Japon est divisée en deux sectes principales, celle de SINTO et celle de BOUDSDO ou BOUDHOU. Le culte de Boudhou, quoiqu'introduit postérieurement à celui de Sinto, qui paraît être venu du Thibet ou de l'Inde, compte le plus grand nombre de prosélytes. Les temples du Japon sont très nombreux. Kempfer en porte le nombre à 27,700, desservis chacun par une multitude de prêtres. Le plus célèbre des temples du Japon est celui d'Jsie, consacré à TENSIO-DAÏ-SIN, le plus grand, le plus ancien des dieux de l'empire, et le père du Daïri et même des Japonais. Chaque Japonais doit le visiter au moins une fois dans sa vie, et l'Empereur lui-même ne peut s'en dispenser qu'en y envoyant un représentant chaque année. La plupart des idoles des Japonais sont d'une figure révoltante et d'une grandeur colossale C'est ainsi que dans un temple de Méaco on remarque la statue de Daibouts dont la grandeur est telle que six hommes peuvent s'asseoir sur la paume de sa main; dans un autre temple la statue de Quanwou est environnée de 3,333 divinités inférieures pour indiquer le nombre de ses attribus. A l'arrivée des Portugais, les Jésuites prêchèrent le Christianisme au Japon, avec beaucoup de succès; mais ayant voulu mêler les intrigues du gouvernement au zèle de la religion, ils amenèrent deux massacres des convertis et la proscription perpétuelle de leur croyance,

VILLES PRINCIPALES. — JEDDO OU EDO, dans l'île de Niphon (1,000,000 d'habitans), capitale de l'empire est la résidence du Kouba et la première place de commerce de l'empire. Le palais de l'Empereur y a dit-on 5 lieues de circuit.

MEACO (1,000,000 d'habitans), dans la même île, est la résidence du Daïri-Soma.
Les revenus de cette grande ville et de ses dépendances sont assignés pour l'entretien de la Cour de cette espèce de pape.

NANGASAKI port de mer de l'île de Ximo ou KIUSIU, le seul endroit où il soit permis de faire le commerce aux Hollandais, qui ont leurs magazins dans la petite île de DÉSIMA, qui est jointe à la ville par un pont.

TOKA est la capitale de Sikokof, la plus petite des 4 située entre Niphon et Kiusiu.

L'île de Jesso au N. de Niphon n'est séparée que par le détroit de Mats-maï. C'est dans la baie de ce nom, qui renferme ce détroit, que les Japonais ont formé leur établissement le plus considérable. Les naturels de la longue île de Saghalien ou Tchoka sont la même race que les AÏNOS de Jesso. Les Japonais appellent cette île Karafuto. La chaîne des grandes Kouriles, dont les Japonais et les Russes se partagent la possession, est en partie peuplée par la race des Ainos, ou par les indigènes de Jesso et de Saghalien.

ETHNOGRAPHIE DES JAPONAIS.

Les Japonais sont bienfaits, alertes, forts et vigoureux. Leur teint varie du jaune au blanc. Leurs yeux sont enfoncés et d'une forme oblongue, comme ceux des Chinois, leurs cheveux sont noirs et épais, leur nez gros et aplati. A leurs traits on croit reconnaître le mélange d'une race Chinoise avec une tribu Mongole ou Mantchourienne. Les femmes sont très blanches, mais elles ont la mauvaise habitude de mettre beaucoup de rouge. Les jeunes filles ne se rougissent que les lèvres, et on les distingue facilement des femmes mariées, qui se noircissent les dents. Le costume Japonais est le même pour toutes les classes de la société, et il subsiste depuis 2000 ans sans altération. Il consiste en une robe d'étoffe de coton pour les pauvres et de soie pour les riches, tombant jusqu'au milieu de la jambe, et fermé avec une ceinture; les manches d'une empleur démesurée, à demi-fermées à leur extrémité, forment aussi un sac ou plutôt une poche. Les gens riches portent quelquefois une robe de soie de la plus grande finesse et plus courte que celle de dessous, et des pantalons de toile de chanvre, ouverts de côté dans les deux tiers de leur longueur. Pour se garantir de la pluie, ils se servent d'un manteau de papier d'écorce de murier, huilé; le papier fin et blanc sert à faire des mouchoirs et les femmes le transforment en robe. La plupart des étoffes sont fabriquées dans le pays, de même que les bijoux, agrafes et boucles qui entrent dans l'habillement des femmes. La chaussure des Japonais, ne consiste qu'en une semelle de paille tressée que l'on fixe au pied avec des cordons. Leur tête est rasée comme celle des Chinois. Les prêtres et les médecins ont la tête entièrement nue. Les robes des femmes un peu plus longues que celles des hommes, sont attachées par une ceinture plus large que les filles portent nouées derrière le dos, et les femmes devant. Les maisons des particuliers sont de bois, mais peintes en blanc, de manière qu'elles semblent être en pierres; l'étage supérieur sert de garde-meuble et de grenier; le rez-de-chaussée n'est composé que d'une grande pièce, qu'on peut diviser à volonté en divers appartemens, par des cloisons à coulisses. On n'y fait usage ni de sièges ni de tables; on s'assied sur des nattes; même l'Empereur pour donner audience, ne s'assied que sur un tapis. L'intérieur des maisons est orné de peintures et de papiers dorés ou peints; les meubles brillent d'un vernis éclatant et durable. Les lits des Japonais consistent en de grandes couvertures qui sont de soie ou de coton, suivant la fortune des personnes. Elles sont ouatées de deux doigts d'épaisseur; on ôte la ouate pour les laver. Les Japonais ploient ces couvertures en double et les étendent sur le plancher, qui dans toutes les maisons, même dans les cabanes, est fait de nattes de paille, jolies et souples; quand ils se couchent, ils s'enveloppent d'une grande robe de chambre à manches larges et courtes, qui est aussi de soie ou de coton, et fortement ouatée. La nouvel an est la principale fête du calendrier des Japonais qui ont conservé l'année lunaire. Elle dure quinze jours pendant lesquels les tribunaux sont fermés, les travaux de tous genres suspendus. On ne s'occupe que de visites et de bonne chère. On se donne, à cette occasion, des habits neufs. L'usage veut que l'on rende visite à toutes ses connaissances et que l'on écrive des lettres de complimens et de félicitations à celles qui sont éloignées. Les voyageurs admirent les lois du Japon. Cependant les peines, dans le 17e. siècle, y portaient le caractère de la plus grande cruauté. La civilisation des Japonais parait stationnaire comme celle de la Chine. Mais des germes de perfectibilité laissent encore auī Japon la perspective d'une révolution morale. Un caractère plus mâle et un plus haut degré de liberté politique rapprochent plus des Européens le brave et intelligent Japonais.

La planche LXV destinée à représenter le costume national, offre dans le personnage à gauche un marchand de chair de balcine, seule nourriture du pauvre, portant en outre dans ses paniers une balance, un couteau, un croc et un parapluie. Il a comme tous les Japonais une ceinture, à laquelle sont suspendues sa pipe qui est de bambou verni, et sa bourse à tabac. A côté de lui on remarque un officier civil, avec ses deux sabres au côté, dont l'un plus long que l'autre prodit un effet grotesque, en relevant la robe du personnage par l'effet de l'attitude fortement inclinée qu'il prend en saluant un seigneur Japonais, qui a à sa gauche une dame dont la coëffure ressemble assez à celle qui était autrefois en usage en France. Ses cheveux sont ornés de fleurs artificielles et d'épingles, qui sont ou d'or ou d'argent, selon la qualité des personnes. Les Japonais de l'un et de l'autre sexe portent généralement des habits de couleur noire ou bleue. Comme ils ôtent le plus souvent leur habit de dessus, ils ont coutume d'y imprimer les armoiries de la famille, afin de le reconnaître. La dame et le seigneur Japonais sont suivis d'un domestique portant un enfant emmaillotté à la manière du pays, et d'un soldat tenant en main la marque de distinction de son maître, laquelle est couverte d'un étui.

V. *REVERS SEPTENTRIONAUX.*

LA SIBÉRIE OU RUSSIE D'ASIE

ETENDUE. — 700,000 lieues carrées.   POPULATION. — 4,000,000 d'habitans.

La division septentrionale de l'Asie se trouve remplie en entier par la RUSSIE ASIATIQUE, qu'on a nommée aussi SIBÉRIE. Cette grande portion du continent asiatique surpasse en superficie l'EUROPE entière de deux septièmes, et renferme au plus 4 millions d'habitans; elle présente 1,100 lieues de contact avec l'empire Chinois, le premier sans doute quant à la population qui est peut-être un quart de celle de toute la terre. La Sibérie s'étend des monts ouraliens à l'Océan oriental, et des bords de la glaciale aux cimes de la Chaîne altaïque. Cet immense terrain se fait surtout remarquer par les vastes déserts marécageux, couverts d'une neige presque perpétuelle, et entrecoupés par des grands fleuves, qui, sous des masses de glaces poursuivent leurs cours solitaires jusqu'à l'Océan arctique; à leur entrée dans cette division, quelques uns de ces fleuves ont déja acquis la grandeur du RHIN et du DANUBE et offrent une longue et facile navigation. En général, les grandes plaines du nord, entièrement nues, contrastent avec les épaisses forêts du midi, qui projettent sur les rivières un ombrage triste et sombre. Dans les steppes découverts et fertiles, errent différents peuples nomades avec leurs nombreux troupeaux. Les environs de la mer de BAIKAL présentent des vues majestueuses et pittoresques, des champs cultivés, des jardins et toutes les traces de l'industrie humaine, qui étonnent par leur aspect enchanteur, celui qui a traversé les affreuses régions situées entre les embouchures de l'OBY et du JENISSEI: là une boue marécageuse, presque toujours gelée, ne produit que des joncs de toute espèce, mélangés de petits buissons ou de saules rampans, de bouleaux nains à grandes feuilles, de cistes de marais, d'andromèdes, d'arbousiers des Alpes; on y voit de grands espaces entièrement nus, et couverts de tapis de mousse, sous lesquels on trouve en tout tems la glace pure. A l'extrémité orientale, la sauvage presqu'île de KAMTSCHATKA nous offre ses monts volcaniques, ses nombreuses cascades et ses sources minérales. Cependant deux villes, situées à une grande distance l'une de l'autre, s'élèvent au milieu de ces solitudes: TOBOLSK, la plus près de l'Europe, au confluent d'une rivière qui porte son nom, et de l'IRTICH, s'annonce de loin par ses dômes et ses clochers, qui lui donnent un aspect assez magnifique; on y compte environ 17,000 ames. A 16 werstes de cette ville, et sur la rivière SIBIRCKA, sont les ruines de l'antique SIBIR, obscure capitale d'un peuple dont l'histoire nous est inconnue. JAKOUTSK, sur l'ANGARA, non loin de la mer BAÏKAL, est plus avantageusement située, et possède 30,000 habitans; elle est le centre du commerce de la RUSSIE ASIATIQUE avec la Chine; mais c'est à KIACHTA, au sud du lac BAÏKAL, et sur la frontière de ces deux grands empires, que se font les échanges. TOMSK, KHOLIVAN, JAKOUTSK, JENISEISK, TOUROUKSANSK, sont placées au rang des villes dans ces contrées; mais en Europe on ne les considère que comme des villages. La RUSSIE, par le moyen de ces déserts, où elle a étendu sa domination sans aucun obstacle, se met au contact, pour le commerce, avec l'ASIE et l'AMÉRIQUE. Les fourrures sont les principaux objets d'exportation de ce pays. Cette communication continuelle des déserts du nord de l'ASIE avec une puissance Européenne, peut donner l'espérance de voir un jour policer des contrées qui s'emblaient vouées à une éternelle barbarie, et dont les anciens ont à peine soupçonné l'existence.

LES KAMTSCHADALES (Pl. LXIV).

Parmi les nombreuses peuplades de la Tartarie Russienne, celle qui se trouve dans la présqu'île du Kamtschatka nous servira à donner une idée des autres.

Selon Monsieur Storch, la taille des KAMTSCHADALES, est de quatre à cinq pieds; ils ont les épaules fortes, la tête grosse, le visage long et plat, de petits yeux, les lèvres minces, et peu de cheveux. La taille des femmes est mieux proportionnée; on fait l'éloge de la finesse de leur peau et de sa douceur. Le poisson, surtout la morue, la truite, le saumon et le hareng sont les principaux alimens des Kamtschadales. Mais le mets le plus recherché est une espèce de saumon, qu'ils enterrent dans une fausse après l'avoir pris. Ils l'oublient dans cet étrange garde-manger, jusqu'à ce qu'il ait eu le tems d'y pourrir complètement. C'est alors que le Kamtschadale se délecte à manger toute crue cette chair putréfiée. Ils mangent aussi une plante appelée herbe douce (SPONDILIUM FOLIOLIS PINNATIFIDIS LINNEI), et ils en font une eau-de-vie qu'ils appellent RAKA. Les Kamtschadales font fondre la graisse dans des vases de bois, par le moyen des pierres rougies au feu. Quand un Kamtschadale veut recevoir un ami, il commence par bien chauffer sa jourte ou cabane, et apprête les mets qu'il croit les meilleurs: il en prépare pour dix personnes. Quand le convié est entré, il se déshabille tout nu ainsi que le maître de la maison; celui-ci lui sert à manger, et verse du bouillon dans une grande écuelle; il verse aussi de l'eau sur des pierres rougies au feu, pour augmenter la chaleur et la rendre insupportable. Le convié de son côté fait ses efforts pour manger ce qu'on lui a servi; mais le maître ne perd rien pendant le repas, et a la liberté de sortir de la jourte quand bon lui semble. Le convié ne le peut qu'après qu'il s'est avoué vaincu, et quand il a vomi pendant son repas jusqu'à dix fois. Les KAMTSCHADALES aiment à contre faire dans leurs danses les différens animaux qu'ils prennent à la chasse, tels que la perdrix, l'ours: au commencement de l'hiver ils chassent la Zibeline. C'est la saison où son poil est le plus beau. La plus belle vient d'Jakoutsk près des bords du Lena. La blanche est très rare. L'hiver et le printems sont les saisons les plus favorables pour la chasse des renards, dont les noirs sont les plus rares et les plus chers. La chasse des renads se fait pendant l'hiver; celle des argalis (animal semblable au cerf) dans l'automne. La chasse de l'ours se fait dans toutes les saisons, excepté lorsque la neige couvre les campagnes. L'ours du Kamtschatka est noir et fort doux. Dès qu'un Kamtschadale en aperçoit un, il le salue, et lui parle avec civilité. Si un de ces animaux approche les femmes, c'est pour manger ce qu'elles ont dans la main. La graisse de l'ours est une nourriture très saine et de très bon gout. De la peau de cet animal, ils en font des lits, des couvertures, des bonnets, des gants et des colliers pour les chiens qu'ils attèlent à leurs traineaux, et qui sont leur seul animal domestique. Les chiens abondent au Kamtschatka; ils sont aussi employés comme bêtes de trait par les Samoïèdes Sibériens, les Tongouses et quelques hordes de Tartares Mantchous. Les chiens du Kamtschatka passent pour être les meilleurs coureurs et les plus vigoureux de toute la Sibérie. Ordinairement quatre chiens attelés à un traineau, tirent avec la plus grande légèreté un homme, avec cinquante livres de bagage. La charge ordinaire est de 5 à 6 ponds, c'est-à-dire de 200 à 240 livres. Un seul homme peut faire aisément, par de mauvais chemins, 30 ou 40 verstes (8 à 10 lieues communes de France), et quand les chemins sont beaux, 20 à 25 lieues. On leur donne pour toute nourriture des poissons marinés ou séchés. L'été, ces animaux jouissent d'une entière liberté; personne ne s'inquiète d'eux; ils vont épier le poisson sur les bords des fleuves, et savent les prendre avec beaucoup d'adresse. Ce tems de repos ne dure pour eux que jusqu'au mois d'octobre. Dans l'été les Kamtschadales ont leurs canots; mais la première neige est pour les chiens le signal des travaux. Chaque propriétaire assemble alors les siens, et les tient à l'attache auprès de son habitation. Ces animaux diffèrent peu, pour la grosseur et la figure, des grands chiens de Russie; ils sont hauts sur jambes, ils ont les oreilles longues, le museau pointu, la tête grosse, les reins larges et un air très-vif; ils sont d'excellens guides pendant la nuit et au milieu des orages les plus affreux. Cependant à peine cet animal a-t-il atteint l'âge où il n'est plus propre au trait, que son maître impitoyable exige sa peau; traité en esclave par son tyran pendant une vie courte et pénible, souvent il lui a communiqué sa chaleur; il faut encore qu'après sa mort il lui rende le même service. Les Kamtschadales font de grands festins lorsqu'il se fait quelque mariage, quelque grande chasse ou des pêches considérables. Ces festins consistent à manger avec avidité, à danser et à chanter. Leurs femmes sont sobres. Ceux qui sont chauves portent des perruques qui pèsent jusqu'à 10 livres; leur tête ressemble alors à une botte de foin. Ils ignorent leur âge; ils comptent néanmoins jusqu'à cent, mais avec tant de difficulté qu'ils ne peuvent aller jusqu'à 5 sans le secours de leurs doigts. Les jeunes gens ont presque tous adopté la religion chrétienne et les costumes russes. Il y a aussi des écoles; ainsi il y a toute apparence qu'on parviendra bientôt à faire sortir ces peuples de leur ignorance et de leur barbarie. Les plus riches d'entr'eux construisent aujourd'hui des IBAS ou maisons de bois, à la manière des Russes: elles ont absolument la même forme que les chaumières de nos paysans; elles sont divisées en 3 petites chambres; un poêle en brique les échauffe, et y entretient une chaleur de plus de 30 degrés, insupportable aux personnes qui n'en ont pas l'habitude. Les autres passent l'hiver, comme l'été, dans des BALAGANS OU BALAGANES, qui sont des espèces de colombiers de bois couverts en chaume, élevés sur des piquets de 12 à 13 pieds de hauteur, où les femmes ainsi que les hommes, montent par des échelles très-difficiles. Mais bientôt ces derniers bâtimens disparaîtront; les Kamtschadales ont l'esprit imitatif, ils adoptent presque tous les usages de leurs vainqueurs; les femmes sont déja coëffées et presque entièrement vêtues à la manière des Russes, dont la langue prévaut dans tous les ostrogs, c'est-à-dire villages; ce qui est fort heureux, parce que chaque village Kamtschadale avait un jargon différent, et les habitans d'un hameau n'entendaient pas ceux du hameau voisin. On peut dire à la louange des Russes, que, quoiqu'ils aient établi dans ces âpres climats, un gouvernement despotique, il est tempéré par des principes de douceur et d'équité qui en rendent les inconvéniens nuls. L'impôt qu'ils lèvent sur les Kamtschadales est si léger, qu'il ne peut être considéré que comme un tribut de reconnaissance envers la Russie; et le produit d'une demi-journée de chasse acquitte l'impôt d'une année.

CINQUIÈME PARTIE DU MONDE.

OCÉANIE OU MONDE MARITIME.

Entre le 35°. de latitude N., et le 50°. de latitude S., le 95°. de longitude E., et le 102°. de longitude O.

Si l'on joint les deux hémisphères de manière a reproduire l'arrondissement du globe, on verra le nouveau monde à droite et l'ancien à gauche, un immense océan égal en surface au reste du globe. Vers le milieu et des deux côtés de la ligne surnagent d'innombrables îles, dont l'ensemble a mérité des géographes modernes le titre de CINQUIÈME PARTIE DU MONDE. Les uns veulent que ce soient les débris d'un monde englouti; d'autres, au contraire, un monde naissant qui s'élève du sein des eaux. L'esprit s'égare sur la mystérieuse existence de ces îles comme sur le vaste océan qui les environne. Il faut donc laisser les systèmes qui ne sont trop souvent que les chimères de la science, et ne s'arrêter qu'aux faits qui seuls en sont la réalité.

L'océan pacifique, dont le nom exprime si bien la douce tranquillité, baigne les bords de ces îles fortunées; un léger zéphir y tempère sans cesse les ardeurs brûlantes du soleil des tropiques. La végétation la plus riche les couvre de fleurs, de feuilles et de fruits. A chaque pas, une verdure éternelle, des sources jaillissantes, des ombrages délicieux y multiplient les sites enchanteurs. Là sont des nuances cuivrées; une belle population déploie gaiement des formes et des traits qui ne le cèdent en rien à ceux de notre continent. Au milieu d'elles croissent partout et sans culture, l'igname, le coco, la banane, l'arbre à pain et mille autres fruits nourrissans. La nature en fait tous les frais, et l'heureux habitant nourri sans travail, n'est pas réduit à chercher à la sueur de son front le soutien d'une pénible existence. Que lui manque-t-il pour être encore dans l'âge d'or. Hélas! il a ses fureurs, ses guerres, ses maladies. Car, où pénètre l'homme qu'il n'y soit suivi de ses passions et de ses maux! En effet sur presque toutes les îles du grand océan, la population se trouve divisée en plusieurs tribus commandées par des chefs envieux presque toujours armés pour leurs querelles particulières.

L'Angleterre en profite pour asseoir sa domination sur ces nombreux archipels qui, des côtes de la Nouvelle-Galles du sud, s'avancent dans le grand océan jusqu'aux rivages occidentaux de l'Amérique, et qui, d'après le fameux acte de possession, doivent être successivement occupés à mesure que les circonstances pourront l'exiger ou le permettre. Ce que vancover a fait pour l'archipel des îles Sandvich, dont une (owayhée) a été cédée à la Grande-Bretagne, se renouvelle chaque jour au milieu de ces vastes régions; et l'on pourrait assurer que la moitié des îles du grand océan, est déja, ou sera bientôt plus ou moins directement, sous la domination de l'Angleterre.

A mesure que de groupe en groupe on approche de l'Asie, il semble que le voisi-nage de l'ancien monde détruise et gate un si beau tableau. Les îles qui les bordent sont couvertes de volcans sans cesse en fureur: des ouragans affreux règnent aux Phi-lippines, le poison le plus terrible à Célébes, un air infecté désole Java. La misère la plus affreuse assiège les Zéelandais, et des écueils sans nombre embarrassent les para-ges de la Nouvelle-Hollande. Dans ce dernier pays la nature semble avoir pris plai-sir à rassembler les animaux les plus bizarres. C'est la Kangourou aux pattes inégales, le chien au bec de canard, le poisson aux nageoires élastiques; sautant sur la terre, etc. (voy. la note 23, page 63). Avec cette île immense, les Hébrides et la Guinée, finit la belle race Malaie et commence la race nègre. On se demande par quelle bizarrerie celle de Ma-lakka n'est pas parvenue dans les lieux voisins; par quel phénomène s'y trouve celle d'Afri-que en dépit de l'éloignement et des vents toujours contraires. C'est aux nouvelles obser-vations des voyageurs à nous en apprendre d'avantage.

Pour étudier les détails de ce vaste tableau qui, sur une ligne de 3000 lieues, dé·veloppe un labyrinthe d'îles, un immense archipel, au milieu duquel nous distinguons une vingtaine de grandes terres, dont la principale semble égaler même l'Europe en-tière en étendue, il faut le décomposer en plusieurs groupes ou divisions. Le tableau synoptique ci-dessous est destiné à cet usage.

La POPULATION de l'Océanie est difficile à évaluer; quelques géographes la supposent de 16 millions; elle se compose de trois races, de MALAIS, à demi-civilisés, de COLONS civilisés, originaires d'Europe, ou d'INDIGÈNES de l'intérieur, presque partout entièrement sauvages. (voyez page 73 et suivantes). Quelques îles n'ont d'autre RELIGION qu'un gros-sier fétichisme; d'autres ont reçu du continent, par les Malais, ou d'autres étrangers, les dogmes du Mahométisme (voyez page 80 et suivantes).

LES MERS INTÉRIEURES sont celles de JAVA, entre les îles de la Sonde et celle de Borneo; de CÉLÈBES, entre l'île de ce nom, Borneo et les Philippines ; de MINDANAO, entre les Philippines et Borneo.

LES GOLFES et BAIES sont le golfe de CARPENTARIE, entre la Nouvelle-Hollande et la Nouvelle-Guinée, le golfe Spencer (ou Bonaparte), sur la côte sud-ouest; la baie DES CHIENS MARINS, à l'ouest de la terre d'Eudracht et de la terre d'Edels; la baie du GÉO-GRAPHE à l'ouest de la terre de Leuwin; celles de HALIFAX et de HERVEY sur la côte orientale; — dans la Nouvelle-Zéelande, la baie de PLENTY, au nord-ouest de l'île Eaheinomawe; celle de GEELWINK au nord de la Nouvelle-Guinée, etc.

LES DÉTROITS sont, dans la Notasie, ceux de la SONDE, entre Sumatra et Java; de MACASSAR, entre Borneo et Célèbes; — dans l'Australie, ceux de DAMPIER, entre la Nouvelle-Guinée et la Nouvelle-Bretagne; de TORRES entre la Nouvelle-Guinée et la Nouvelle-Hollande; de BASS et de BANKS entre la Nouvelle-Hollande et la terre ou l'île de Diemen, séparés entre eux par les îles Fourneaux et autres; de LACÉPÈDE, entre la côte sud-ouest et l'île des Kangourous que les Français ont seuls reconnue en entier. Elles parait inhabitée; les Kangourous en sont les véritables possesseurs ; ils y forment de nombreux troupeaux, et c'est là qu'on a trouvé les plus grandes espèces de ce singulier genre de quadrupèdes, du genre des didelphes ou sauteurs. Il y en a qui pèsent 149 livres; la chair en est tendre et très bonne à manger. Quand la femelle est blessée, elle témoigne un courage admirable, et une sollicitude vraiment touchante pour sauver ses enfants, qu'elle porte dans une poche située entre ses cuisses. On a remarqué que ses derniers efforts étaient donnés à la conservation de ses petits. — Le détroit de COOK, entre les deux îles que forme la Nouvelle-Zéelande, etc.

LES CAPS sont, dans la Nouvelle-Hollande, ceux de YORK, au N. de la terre de Carpentarie ; de LÉOBEN, au N. O. de la terre d'Arnheim ; de WILLIAM, à l'O. de la terre d'Eudracht; la POINTE ESCARPÉE, à l'entrée de la baie des chiens marins ; le cap du NATURALISTE (Gosselin), à l'entrée de la baie du Géographe; la pente d'ENTRECASTEUX, au S. de la précédente; le cap DESAIX, au S. en face de l'île King; le CAP SUD, au midi de l'île de Diemen; le cap HOWE, au S. E. de la Nouvelle-Galles du sud; le cap DES SABLES, au-dessous du Capricorne; — dans la Nouvelle-Zéelande, le CAP SUD, dans l'île Tavai-Poenammoo; dans l'île Eaheinomawe, le cap NORD , etc.

TABLEAU SOMMAIRE DE L'OCÉANIE ou MONDE MARITIME.

L'archipel de NOTASIE, qui embrasse			
	ILES PHILIPPINES. (1) Cet archipe est un groupe triangulaire, qui s'allonge vers le N., entre Bornéo et Formose,	Grandes.	Luçon. (2) Mindanao. (3) Palavan.
		Moyennes ou archipel des Bissayes.	Mindoro. Négros. Leyte. Mactan. (4) Zébu. Panay. Samaw.
		Petites.	Marindique. Masbate. Tablas. Ticao. Burias. Bohol.
	Iles SUMATRIENNES ou îles de la Sonde. (5) Cet archipel décrit de l'O. à l'E. une ligne courbe entre la côte occidentale de Malakka et la grande terre des Papous.		Sumatra. (7) Java. (8) Madura. (8') Bally. (9) Lumbock. Sumbava. (10) Sumba. Ende ou Flores. Sandel-bosch. Timor. (11) Timor-Laut. Arrou.
	Iles BORNÉENNES. Cet archipel s'étend parallèment à celui des îles		Bornéo. (12) Mangola. Célèbes. (13) Oby. Gicolo. (14) Mysol. Mortay. Bouro. Xulla. Céram. (15)

LE MONDE MARITIME ou l'OCÉANIE, qui comprend . . —

L'AUSTRALIE, qui embrasse . . . .

SUMATRIENNES, entre Sumatra et la terre des Papous.

Moluques proprement dites, ou îles aux épices (16).
— Ternate. (17)
— Tidor.
— Motir.
— Makian. (18)
— Batschian. (19)
— Amboine. (20)
— Banda. (21)
— Waigion. (22)

La Nouvelle-Hollande ou Notasie. (23)
L'île des Kangourous. King. (24)
L'île de Diemen ou la Tasmanie. (25)
La N^e.-Guinée ou terre des Papous. (26)
La Louisiade. (27)
La Nouvelle-Zéelande. (28) — Eaheinomawe. Tavai-Poenammo.
L'île Chatam etc. (29)

La POLYNÉSIE, qui se subdivise en . . .

Septentrionale, au-dessus de l'Equateur.

Les îles Pelews ou Palaos (30) . . . . — Pelews. Boubeltonap.

Les Mariannes (îles des Larrons) (31).
— Guan.
— Tinian.
— Scypan etc.
La femme de Loth. (31')
Les îles d'or, les îles d'argent, les jardins.
Les Mulgraves, formant 10 groupes. (32) — Kingsmill au S. des Piscadores, et les Muskittos, au N.

Les îles de Sandwich (33) au nombre de 14 . . . .
— Owyhée, cédée à l'Angle., en 1794 par le roi Tamahama entre les mains de Vancouver.
— Movi. (34)
— Marotoï.
— Voahou. (35)

Les Carolines ou Nouvelle-Philippines (36) . . . .
— Yap à l'O.
— Hogolen.
— Moa dans l'intervalle.

Méridionale, au S. de l'Equateur.

Les îles de l'Amirauté (37) . . . .
— L'amirauté.
— Les îles des Hermites.
— Les îles Basses de Bougainville.

L'archip. de la N^e.-Bretagne (38) . .
— La Nouvelle-Hanovre.
— Les îles de la N^e.-Jrlande (39)

Les îles de Salomon (terre des Arsacides de Bougainville. (40)

Les Nouvelles-Hébrides. (42)
— Tanna. Mallicola.
— La terre du S.-Esprit.

L'archipel de Santa-Cruz . . . . — L'île S^e.-Croix ou d'Egmont (43)

La Nouvelle-Calédonie. (44)

Les îles des Amis. (45) . . . . . .
— Tongatabou.
— Les îles Fidji (tributaires)

L'île Vasquez. (46)
Les îles des Navigateurs (ou mieux archipel de la Pérouse). (47)
— Oteewhy ou Pola.
— Oatouah ou Oyolava.
— Maouna. (48)

Iles de la Société (49) . . . .
— Otahiti. (50)   Huaheine (52)
— Ulietea. (51)   Borabora. (53)

Longue chaîne d'îles au S. O et au S.E. de 'archipel de la Société, qui s'étend depuis l'île de Palmerston jusqu'à celle de Paques.
— Palmerston. Watteo. Mangia.
— Toobouai. Ohiteroa. High
— Glocester. Conversion-de-S. Paul.
— Michael, etc.
— Oparo. Pitcairn. Ducie,

L'île de Paques. (54)

L'archipel de Roggewyn. (55) . . . . .
— Bauman. Tienhoven.
— Grouingue.

L'archipel Dangereux. (56)

L'archipel de la mer Mauvaise.

Les Marquises de Mendoce. (57) .
— Noukaïwa.
— Chanal.
— La Dominique.

NOTES RÉLATIVES AU TABLEAU.

(1) Les PHILIPPINES ont été découvertes par Magellan en 1521, et nommées d'abord îles de S.-Lazarre. On leur donna ensuite le nom de PHILIPPINES, en l'honneur de Philippe II., roi d'Espagne, elles appartiennent aux Espagnols. On en compte 10 grandes, 10 moyennes et beaucoup de petites. Plusieurs ont des volcans et sont exposées à des ouragans furieux et périodiques; cependant elles sont extrèmement fertiles. Leurs principales productions sont le riz, des fruits, du coton, de l'indigo, du tabac, de la casse, du café et des cannes à sucre, lesquelles viennent sans culture. On y fait jus_ qu'à dix récoltes de soie par an. Il y a beaucoup de gibier et de volaille, des buffles, des singes. Les eaux sont poissonneuses; les montagnes renferment des mines d'or et d'argent. Vingt de ces îles sont habitées et leurs habi_ tans Malais d'origine, se montent à près de 3 millions. Ils cultivent la terre et exercent les arts mécaniques avec beaucoup d'adresse et d'intelligence. Leurs maisons sont construites de bambous; ils vivent de riz et de poissons. Les Malais aiment le pillage et s'exposent aux plus grands hazards pour satisfaire ce penchant. Les naturels sont en général mahométans ou idolâtres. Dans les établissemens espagnols, la religion catholique est dominante.

(2) Aux Espagnols; la capitale est Manille, de 40,000 habitans; c'est une des villes les mieux bâties de toutes celles que l'on trouve dans l'archipel de Notasie.

(3) L'île de MINDANAO a 30 lieues de long sur 70 de large; elle a un volcan qui ne cesse de jeter des flammes, et qui par ce moyen fait les fonctions de fanal. Cap: MINDANAO, avec un port fortifié.

(4) Où fut tué en 1521 MAGELLAN qui a laissé après sa mort une réputation que rien ne peut éffacer, pour avoir découvert le détroit qui porte son nom, et avoir, en quelque manière, fait, le premier de tous les hommes, le tour du monde.

(5) Le détroit de la SONDE OU SUNDA, ainsi que celui de SINDANA, que porte le Cap Oriental de Java, rappellent la dénomination de SINDÆ INSULÆ, donnée dans Ptolémée, à 3 îles situées au midi de la CHERSONÈSE d'OR, ou de MALAKKA, et ce rapprochement semble confirmer l'opinion énoncée par quelques géographes modernes que dans le milieu du deuxième siècle de l'ère chrétienne, on avait acquis par le commerce, des notions confuses sur les îles les plus occidentales du monde maritime.

(7) SUMATRA est la plus grande et la plus importante des îles de la Sonde Elle a un climat beaucoup plus tempéré que celui du Bengale et dans l'intérieur les habitans sont obligés d'allumer du feu le matin pour se chauffer. Le mont OPHIR est le sommet le plus élevé (2027 toises au-dessus du niveau de l'Océan) de la chaîne de montagnes qui traverse cette île du S. au N. et qui présente plusieurs volcans en activité. Les plus grands animaux de l'Asie (l'éléphant, le rhinocéros, l'hippopotame, le tigre royal etc.), se trouvent dans cette île. Le poivre est le principal article de culture. Les lieux les plus remarquables de l'île sont ACHIN, à l'extrémité N., qui a un excellent port, et est la capitale d'un royaume Malai; ensuite PADAN et BENCOLEN, deux établissemens européens, le premier formé par les Hollandais, le second par les Anglais. L'ARBRE A PAIN commence à se montrer à Sumatra, et de là s'étendant au sud, à l'est et à l'ouest, cet utile végétal répand ses bienfaits dans le grand Océan et dans l'océan Indien. Cet arbre nourricier des peuples Océaniens s'élève à la hauteur de 40 pieds. Son tronc atteint la grosseur d'un homme. Son fruit devient gros comme la tête d'un enfant; récolté avant d'être mûr, et cuit sous la cendre, il donne un aliment très sain, dont le goût ressemble à celui du pain de froment. Pendant 8 mois de suite, cet arbre prodigue ses fruits avec une telle largesse, que trois suffisent pour nourrir un homme pendant un an. Ce n'est pas son seul mérite; son écorce intérieure sert à fabriquer une étoffe. Son bois

est excellent pour la construction de cabanes et des pirogues. On emploie ses feuilles en guise de nappes ; la sève glutineuse et laiteuse fournit de bon ciment et de la glu. Cet arbre répandu jusqu'à la Nouvelle-Zéelande, a suivi évidemment la civilisation et les émigrations de la race Malaie.

(8) JAVA a 200 lieues de long sur 50 de large. On évalue sa population à deux millions d'habitans. Les Hollandais ont bâti BATAVIA sur la côte N. O. de cette île, et avaient fait de cette ville, une des plus insalubres du monde entier, la capitale de leurs possessions dans l'Orient.

Aussi JAVA est-elle une des îles les mieux connues du grand archipel de Notasie.

SAMARANG, chef-lieu de la côte Orientale, en comptait 30 mille. SOURABAYA était ensuite l'établissement européen le plus important. Dans la saison des pluies, et surtout en février, les torrens se précipitent de la chaîne de montagnes qui traverse Java dans toute sa longueur; ils inondent les grandes plaines qui sont à leurs pieds, et alors on ne peut plus les traverser qu'en bâteau. Ces inondations rendent le sol de cette île très-propre à la culture du riz, qui y croît en si grande abondance, qu'on surnomme JAVA, le grenier de l'orient; mais ce genre de culture corrompt la pureté de l'air; cependant sur les hauteurs le climat est tempéré et salubre; on prétend même qu'à l'exception de la ville de Batavia, et de quelques lieux situés sur la côte du N. l'île de JAVA est aussi salubre qu'aucun autre pays situé entre les tropiques. Le volcan de JAVA parait avoir fait sa première éruption en 2586.

(8') MADURA est la plus grande des petites îles qui entourent Java. Elle est séparée de Java par un détroit, qui dans sa moindre largeur, n'a qu'un mille. Il forme le port important de Sourabaya. MADURA semble n'être qu'une prolongation de Java; comme elle a toujours été soumise au même gouvernement, on l'a jusqu'ici considéré comme une dépendance de cette île.

(9) Ses habitans passent pour les guerriers les plus braves de l'archipel Austral. Ils sont nègres et idolâtres. L'île abonde en riz et en toute sortes de fruits; elle produit aussi du coton, du gingembre, des noix de cocos, etc.

(10) En 1815, elle a été bouleversée par une violente éruption du volcan de la montagne Tomboro, dont les effets furent ressentis à la distance de 1000 milles.

(11) TIMOR a 55 lieues de long sur 15 de large. Les Hollandais y ont un fort et les Portugais quelques établissemens. La capitale est TIMOR, résidence du Souverain. Les productions sont la canne à sucre, les épices, le bois de Sandal, et la paillettes d'or.

(12) BORNÉO est une des plus grandes îles du globe ; elle a 230 lieues de long, sur 180 de larges ; on en connait peu l'intérieur; les côtes surtout au nord, sont marécageuses et couvertes de forêts; elle sont divisées en royaumes qui présentent une population de 5 à 6 millions d'ames. Celui de BORNÉO, qui donne son nom à l'île est sur la côte N. O. Celui de LAVA est au centre, où se trouvent de hautes montagnes volcaniques. Les tremblemens de terre y sont très fréquens. Les indigènes de l'intérieur paraissent Malais d'origine; ils sont grands, d'un naturel féroce et sanguinaires, et ont le teint plus clair que les Malais. Les TEDONGS, sur la côte N. O. sont une race différente, qui semble originaire des îles Philippines. Les Anglais possèdent plusieurs points sur les côtes, et surtout POULO-CAYA, vers l'extrémité nord, qui a un excellent port. Outre l'or, les diamans, les perles et le camphre, qui sont les principaux produits de cette île si grande et si riche, on exporte encore du poivre, du girofle, de la muscade, du benjoin, du sang de dragon, du bois de calambac, du bois d'aigle, des bambous, du fer, du cuivre, de l'étain etc. Les singes et les grandes espèces d'orangs-outangs, y sont communs. Le climat de Bornéo a beaucoup d'analogie avec celui de Ceylan.

(13) CÉLÈBES a 160 lieues de long sur 70 de large et est divisée en 6 districts ou royaumes. On donne le nom de Célèbe à la partie Orientale de l'île et celui de Macassar à la partie Occidentale. Le CLIMAT est tempéré, les montagnes, les collines et les vallées qui partagent son sol, les fortes pluies qui y tombent, les golfes nombreux et profonds qui la pénètrent dans tous les sens, garantissent cette île contre les chaleurs excessives. Ses PRODUCTIONS

sont à peuprès les mêmes que celles de Bornéo, et l'on en exporte de l'or, des perles, du riz, d'une qualité supérieure, du bois de Sandal, du coton, du camphre, du gingembre, du poivre long, de la cire, etc. C'est à CÉLÈBES que croît cet arbre fameux, le redoutable UPAS, dont le suc vénéneux sert aux MACASSARS et aux BOUGUIS pour empoisonner leurs flèches. Les CÉLÉBÉZIENS, sont supérieurs aux Malais par leur courage; la plupart d'entre eux sont féroces; il est douteux qu'ils soient anthropophages. La ville de MACASSAR, où les Hollandais avaient formé un établissement, est au sud-ouest. BONI a été conquis par les Anglais en 1814. Les diverses îles qui entourent CÉLÈBES sont bien peuplées.

(14) Au N. E. de Célèbes, produit du riz, du sagou, du girofle et de la muscade, et nourrit des buffles, des cochons, des chèvres, des daims, quelques brebis et des tortues énormes. Les Hollandais y ont des forts. Le territoire est partagé entre les rois de Ternate et de Tidor. TATANAY est une des principales villes de cette île.

(15) CÉRAM, au S. E. de GILOLO, est, après cette dernière, la plus grande des Moluques. Elle est traversée de l'ouest à l'est par plusieurs chaînes de montagnes parallèles et fort élevées. Dans les forêts de ses côtes méridionales, on trouve le Casoard, qui est, parmi les oiseaux du MONDE MARITIME, ce que l'autruche est à l'ANCIEN MONDE.

(16) Les MOLUQES furent originairement découvertes par les Portugais; les Espagnols les leur disputèrent, mais sans succès. Au commencement du 17e. siècle, les Hollandais s'en emparèrent; la plupart de ces îles leur sont encore soumises aujourd'hui, les rois qui les gouvernent étant dans leur dépendance. On prétend même qu'ils ont forcé ceux de Tidor et de Ternate d'arracher les muscadiers et les girofliers de leur île, pour s'approprier exclusivement dans celle d'Amboine, le commerce du girofle, et à Banda celui du muscadier. Ces îles sont à peuprès au nombre de 50, et paraissent être sorties du sein de la mer par la violente exploission de quelques volcans; plu-

sieurs jettent encore des flammes. Les aérolites ou pierres tombées du ciel sont très-fréquentes dans l'archipel volcanique des MOLUQUES : ce qui donnerait à penser que les volcans contribuent à la formation de ces corps.

(17) TERNATE est la plus importante des petites Moluques. Elle est gouvernée par un roi ou Sultan qui est très puissant, mais que de fortes garnisons Hollandaises tiennent en respect. Des pics s'y perdent dans les nues. Elle a aussi un volcan. Les charmans oiseaux de paradis, quittant la terre natale des Papous, portés par leurs ailes légères, semblent nager dans l'air aromatique de toutes les îles aux épices, et viennent se reposer dans leurs forêts enchantées, où on les prend en grand nombre.

(18) MAKIAN s'élève sous la forme d'une haute montagne conique: en 1646 cette montagne se fendit à la suite d'un violent tremblement de terre; des feux sortirent de cette fente, et consumèrent plusieurs négreries. Cette île était avant AMBOINE, le chef-lieu des établissemens Hollandais dans ces contrées.

(19) BATCHIAN la plus grande des petites Moluques, est regardée comme le lieu le plus éloigné vers l'Orient où se professe la religion mahométane.

(20) L'aspect d'AMBOINE présente un beau paysage, mêlé de montagnes boisées, de vallées verdoyantes, bien cultivées, et couvertes de nombreux hameaux; une très-grande baie divise cette île en deux presqu'îles, et lui donne presque la forme d'un croissant. Les Hollandais y ont une garnison et sept forts; ils en avaient été dépossédés par les Anglais en 1796; mais elle leur a été rendue à la paix. Indépendamment du giroflier, qui fait sa richesse, Amboine récolte du café, du sucre et des fruits, surtout le délicieux mangoustau.

(21) Groupe d'une dizaine de petites îles au S. de Ciram, la principale qui se nomme LANTOOR, appartient aux Hollandais.

La principale culture est celle du muscadier.

(22) Cette île est près de l'extrémité occidentale de la terre des Papous; elle compte plus de 100,000 habitans.

(23) La nouvelle-hollande, est la plus grande des îles connues, ou si l'on veut le plus petit des continens. Sa longueur du l'E. à l'O., est d'environ 900 lieues, et sa plus grande largeur de 700 ; sa superficie est évaluée à 384, 375 lieues carrées, c'est-à-dire un cinquième de moins que l'Europe. Il paraît certain qu'elle a été vue, par les Portugais, lors de leur arrivée dans l'Inde, perdue depuis, retrouvée par les Hollandais, vers 1620, et enfin visitée et en quelque façon découverte de nouveau par Cook, en 1774. On n'a aucune connaissance de l'intérieur. Jusqu'ici, on n'a découvert que des rivières peu considérables. Ils est probable néanmoins qu'il existe quelque grand fleuve qui prend ses sources principales dans les flancs occidentaux de la grande chaîne de montagnes qui s'étend à peu de distance des côtes orientales. Le caractère de monotonie et de stérilité empreint sur toutes les côtes de la Nouvelle-Hollande, présente un triste contraste avec le luxe de verdure et la fécondité extraordinaire des côtes de l'archipel de Notasie et des îles Australiennes qui l'entourent, sans excepter la terre ou l'île de Diemen.

Par une conséquence de sa position au midi de l'équateur, la Nouvelle-Hollande a des saisons qui répondent à celles de la partie méridionale de l'Afrique et de l'Amérique ; elles sont l'inverse de celles de l'Europe. L'été correspond à notre hiver et le printems à notre automne. Le climat est très-salubre et très-favorable à la multiplication de l'espèce humaine.

Les grains, les légumes et les arbres fruitiers de l'Europe ont obtenu un grand succès sur cette terre australe. Les pêchers, les citronniers, les orangers, les pamplemoussiers, les manguiers, et d'autres arbres de l'Inde, y donnent de grandes espérances, de sorte que l'on verra bientôt réunis sur ce sol, comme au cap de Bonne-Espérance tous les fruits de l'Europe et de l'Asie. Le coton, le café, la canne à sucre paraissent devoir y réussir, ainsi que la vigne. Le chanvre et le lin se cultivent avec succès au port Jackson. Les mines de charbon de terre découvertes aux environs d'Hawkesbury, fournissent déjà à l'Angleterre un important objet d'exportation pour le Bengale et le cap de Bonne-Espérance. On a trouvé de la terre à porcelaine, d'une très bonne qualité aux environs de Sydney, du sel gemme, des indices de plomb, de fer et de cuivre, de la chaux, des topases. La mauvaise qualité du bois ne permet de l'employer qu'à la construction des petits bâtimens pour la pêche des phoques et des baleines.

Le chien est le seul animal domestique qui soit indigène. Cet animal n'aboie presque jamais. Le Kangourou est un quadrupède quelquefois de cinq pieds de long et qui tue un chien de chasse d'un coup de sa queue. Le wombat, espèce de dipelphe, qui a quelque chose de l'ours, la souris bourse (phascotomys), l'écureuil volant. Parmi les oiseaux qui sont très abondans en espèces et en individus, on remarque les aigles, les faucons, les perroquets, les corbeaux, les martins-pêcheurs, le casoar le plus grand oiseau qui a, dit on 7 pieds de long, propre à la Nouvelle-Galles du sud, Il donne des œufs de la grosseur de ceux de l'autruche, mais de beaucoup meilleur goût. La moenura superba, qui se rapproche du faisan et du paon ; il porte une queue en forme de lyre, toute brillante de teinte d'orange et d'argent ; le héron, le pélican gigantesque, le cygne noir, etc. — Les tortues vertes, le crabe bleu, d'une rare beauté, des lézards, des serpents, des papillons qui brillent des plus belles couleurs, le poisson sautant comme la grenouille à l'aide de ses fortes nageoires, les phoques, les baleines, dont la pêche est d'un grand rapport à la colonie Anglaise vend les fourrures aux Chinois, et transporte en Europe les huiles excellentes que ces animaux fournissent. Toutes les eaux qui avoisinent la terre des états, la terre de Kerguelen, la Nouvelle-Zéelande, les îles Falkland, la terre de Sandwich sont pleines de ces cétassés. Sur quelques points de la côte de la Nouvelle-Hollande, on en trouve aussi, en certaines saisons, d'innombrables troupeaux. La baie des chiens marins, la terre d'Endracht, par exemple, en fourmillaient lorsque les Français y mouillèrent pour la première fois. A peine, pour ainsi dire, osait-on en mettre les embarcations à la mer, tant le nombre de ces animaux était grand. — Le gros et le petit bétail qu'on a transporté d'Europe dans la Nouvelle-Hollande, y réussit parfaitement. La laine de race australe surpasse en longueur et en finesse celle de race espagnole. A l'égard des cochons, ils sont partout très multipliés. Ces animaux, pour la plupart, sont de l'espèce que l'on trouve dans les îles du grand Océan équatorial, lesquels ont une chair bien supérieure à celle des cochons de nos climats.

Les côtes de la Notasie qui ont été visitées par les voyageurs Hollandais, Anglais et Français; offrent quatre expositions principales, à l'est, à l'ouest. au nord et au sud.

La côte du nord comprend la TERRE DE CARPEN-TARIE et celle d'ARNHEIM, la côte de l'est, la terre de WITT, d'ENDRACHT, d'EDELS et de LEUWIN; la côte du sud, celle de NUYT et la côte du SUD-OUEST. Toute la côte de l'est a été comprise sous la dénomination de NOUVELLE-GALLES DU SUD. La partie la mieux connue de cette côte, qui a 675 lieues, est celle où se trouve la colonie Anglaise entre 32 et 36°. de latitude, fondée en 1778, d'abord dans un endroit que le célèbre Cook avait nommée BOTANY-BAY (la Baie botanique) et ensuite au PORT JACKSON, dont le local parut plus convenable. Cette colonie déja très florissante, compte plusieurs villes; celle de SIDNEY, avec l'excellent port de JACKSON; cette ville, a 250 maisons, en partie construites en pierres, et divers établissemens; PARAMATA autre ville naissante où l'on arrive à travers des champs de maïs et des plantations de melons encloses de haies odorantes de géranium; HAWKESBURY, TOWNGABBE, et le village de BLICKFIELD où sont des manufactures de porcelaine. En 1815 les Anglais ont commencé un établissement des plus importans à l'O. des montagnes Bleues. Après des peines inouies ils sont enfin parvenus à franchir cette barrière qui paraissait inacessible. Le sol au-déla, dit le gouverneur MACQUAIRE dans sa rélation, est d'une rare fertilité, bien arrosé, riche en gibier de toute sorte et en excellens et gros poissons. C'est là que sur un point élevé, doit être bâtie la ville de BAT-HURST, par 33°. 24'. 30". de latitude S. et 147°. 17'. 30". de longitude à l'est de Paris. La POPULATION du territoire occupé par la colonie unglaise qui porte le nom de Comté de CUMBERLAND se montait en 1802 à 1,000 ames. Depuis ce tems-là elle s'est beaucoup augmentée surtout par les déportations de près de 6000 Jrlandais, tant hommes que femmes, transportés en 1813, pour causes politiques au port Jackson, qui est devenu un lieu de déportation ou plutôt d'exil pour les fautes d'une nature différente de celle qui seules

pouvaient y conduire primitivement, (la flétrissure pour les crimes les plus odieux).

(23') l'île de NORFOLK a 5 lieues de tour: la colonie déja nombreuse et florissante que les Anglais y ont placée, y a porté les blés, les fruits et les animaux domestiques de l'Europe,

HOWE est située entre Norfolk et la Nouvelle-Hollande, présente de belles colonnes basaltiques.

ETHNOGRAPHIE
DE LA NOUVELLE-HOLLANDE.
(P. LXVIII.)

La Nouvelle-Hollande parait offrir au moins trois variétés indigènes d'habitans, quoique tous appartenant à la race des nègres — Océaniens. Il n'y a peut-être pas de peuple sur la terre qui ait fait moins de progrès vers la civilisation. Ils sont simplement divisés par familles ou par tribus. Les traits des femmes ne sont pas absolument désagréables. Une barbe noire et épaisse, et les os dont ils se parent le cartilage du nez, donnent aux hommes un aspec dégoûtant auquel se joint la puanteur de leur peau frottée d'huile de poisson, pour les défendre des injures de l'air et des moustiques. Ils se colorent la figure en blanc ou en rouge. Les femmes sont distinguées par la perte des deux premières phalanges du petit doigt de la main gauche; il est vraisemblable que cet usage. ainsi que l'extraction d'une dent aux jeunes garçons, sont des épreuves destinées à leur apprendre à supporter la douleur avec courage. Quelques-uns sont aussi noirs que les nègres d'Afrique, tandis que d'autres sont couleur de cuivre; ils ont les cheveux longs sans être laineux comme ceux des Africains; le nez aplati, les narines larges, les yeux creux, les sourcils et les lèvres épaisses, avec une bouche d'une longueur démésurée, mais les dents blanches et éga es. Leurs bras, leurs jambes, leurs cuisses sont d'une maigreur extrême, sans doute à cause de leur mauvaise nourriture. Ceux qui habitent les côtes ne vivent que de poissons, tandis qu'un petit nombre subsiste, dans les bois, d'animaux qu'ils peuvent attraper, ou grimpent sur les arbres pour manger le miel et prendre les écureuils volans et les oposum. Ils font aussi une guerre active aux grenouilles, aux lézards et au serpens qu'ils mangent. Pendant les orages fréquens qui interdisent la pêche, lors des émigrations périodiques des poissons, des famines cruelles se manifestent sur ce vaste continent ; alors on voit errer les malheureux naturels réduits à un état de maigreur effrayant, et semblables à autant de squelettes. Des herbes sauvages sont leur principale ressource; ils rongent aussi l'écorce nouvelle des jeunes arbres ; rassemblant les araignées, les fourmis et les chenilles communes dans ces climats, ils les pétrissent avec des racines de fougère réduites en pâte, et assouvissent leur faim dévorante avec ce mets horrible. Les huttes grossièrement construites avec l'écorce d'arbre, ont la forme d'un four ; le feu est placé à l'ouverture, tandis que la fumée et les ordures restent dans l'intérieur. Les javelots de 12 à 14 pieds de longueur lancés avec beaucoup d'adresse peuvent être redoutables même aux Européens. Ils tuent les poissons avec une espèce de fourche ; quelques-uns tendent des filets aux kangourous, ou leur lancent leurs javelots. Leurs canots sont faits d'écorce d'arbre attachée à un chassis de bois. Une tribu nombreuse et robuste a le singulier privilège, d'arracher une dent aux jeunes gens des autres familles, seule marque de gouvernement et de subordination. Le tribut de dents semble avoir lieu tous les 4 ans. Les Notasiens n'ont qu'une foible idée d'une existence future, et croient qu'à leur mort ils retournent aux nuages d'où ils sont originairement descendus. Ils sont aussi esclaves de la superstition; ils croient à la magie, aux sortilèges, aux spectres. Les jeunes gens sont ensevelis ; mais les guerriers qui ont passé l'âge moyen sont brûlés. Un horrible usage ordonne d'enterrer vivant dans la tombe de la mère l'enfant qui, étant à la mamelle, perd celle qui lui a donné le jour. La polygamie est généralement répandue parmi les Nouveaux-Hollandais. Rien de plus malheureux que le sort des femmes de ces contrées. (Pl. LXVIII.)

---

(24) L'île de KING se trouve à l'entrée occidentale du détroit de Bass, comme l'île FURNEAUX à l'entrée orientale. La longueur de l'île King est d'environ 40 milles. Il n'y avait point d'habitans, lorsque les Français y abordèrent; mais la multitude d'amphibies qui la fréquentent l'a rendue l'objet d'un commerce intéressant. Les Wombats et les Kangourous y abondent, ainsi que le Casoar.

(25) La Terre de DIÉMEN fut découverte par Tasman qui lui donna ce nom en l'honneur de VAN DIÉMEN, gouverneur général des Indes Orientales. Elle est au S. de la Nouvelle-Hollande, dont elle n'est séparée que par le détroit de Bass ; on a même cru long-tems qu'elle en faisait partie. Le sol y est très élevé et diversifié d'une manière agréable. Elle est couverte d'épaisses forêts et a deux rivières principales la Derwent et l'Esk ; c'est sur cette dernière que les Anglais ont fondé, en 1804, une colonie dans un lieu nommé LAUCESTON; depuis ils en ont établi une autre sur la Derwent, à HOBART-TOWN. Le climat est plus froid que celui de la Nouvelle-Hollande ; mais le sol paraît plus fertile. La surface de l'île excède 3000 lieues carrées. Les naturels sont noirs, d'une taille moyenne, et ont les cheveux laineux. Ils peignent de rouge leur cheveux, leur barbe et leur visage. Leurs cabanes ressemblent à celles des habitans de la Nouvelle-Hollande.

(26) La NOUVELLE-GUINÉE ou TERRE DES PAPOUS est séparée de la Nouvelle-Hollande par le détroit de Torrès. Les NÈGRES OCÉANIENS paraissent former la grande majorité des naturels. Leurs maisons sont construites au-dessus de l'eau, sur des pieux. Le pays est extrêmement fertile. Le cocotier s'y trouve en abondance. Elle est surtout célèbre comme la terre natale de ces charmans oiseaux de paradis, que les naturels tuent avec des flèches émoussées, ou qu'ils prennent au lasset ou à la glue, afin d'obtenir leurs précieuses plumes dans toute leur beauté ; ils les transportent ensuite à BANDA, où ils les échangent pour des clous, des morceaux de fer, et des ustensiles de ménage, ou

ils les vendent aux Chinois, avec de l'ambre gris, de l'écaille de tortue et de petites perles. Cette île a été découverte en 1528 par Saavedra, Espagnol. Il n'y a point encore d'établissement européen. Son étendue peut égaler celle de Bornéo.

(27) Au sud-ouest de la Nouvelle-Guinée. Cet archipel parait être très peuplé. Les côtes des îles sont ombragées par des cocotiers et des bananiers, et l'air embaumé qu'elles exhalent, charme les navigateurs qui s'en approchent.

(28) La NOUVELLE-ZÉELANDE est à l'extrémité S. E. de l'Australie; Tasman la découvrit en 1642, mais elle ne fut bien reconnue que par Cook en 1770. Il vérifia qu'un détroit de 5 lieues de large auquel l'on a donné son nom la divisait en deux grandes îles; toutes deux sont habitées et jouissent d'une température à peu près semblable à celle de la France, dont la Nouvelle-Zéelande forme presque les antipodes. La plus septentrionale de ces îles est appelée par les naturels du pays EAHEINOMAUWE, et la plus méridionale, TAWAI-POENAMMO. La première, quoique remplie de collines et de montagnes, offre un sol fertile. La seconde de 200 lieues de long neprésente que des montagnes stériles et couvertes de neiges. La plus élevée des montagnes qui traversent les deux îles se nomme PIC D'EGMONT, de 14,370 pieds de hauteur, dans Eaheinomawe; il est couvert de neige, même en Décembre et en Janvier, qui sont les mois les plus chauds de l'année dans ces contrées. On y remarque aussi la magnifique cascade de CURA dans la baie de Dusky, qui tombe de 900 pieds de hauteur, et offre une nappe d'eau de 30 pieds de diamètre. Le climat ne permet plus aux palmiers qu'on trouve jusque dans la Nouvelle-Calédonie, d'orner les îles de la Nouvelle-Zéelande. La taille du Nouveau-Zéelandais est à peu près la même que celle de l'Européen. Son corps est bien proportionné à l'exception de ses jambes, qui sont un peu grêles. La vigueur accompagne ses mouvemens, et la vivacité les caractérise. Son teint est brun ou olivâtre; ses traits mâles annoncent le courage et l'énergie. Les traits des femmes, sans être desagréables, manquent de délicatesse; et leur habillement presque semblable à celui des hommes, empêcherait, quelquefois, qu'on ne les distinguât de ceux-ci, si l'extrême douceur de leur voix ne décélait leur sexe. (Voyez Pl. LXIX).

Le vêtement du Nouveau-Zéelandais consiste ordinairement en une natte grossière ou un manteau formé avec les longues fibres du beau lin soyeux de la Nouvelle-Zéelande, embellies par d'élégantes bordures noires ou rouges. D'autres sont recouvertes de peaux de chiens qui, avec les rats, sont les seuls quadrupèdes du pays. Une ceinture d'herbes nattées entoure leurs reins par-dessus le manteau, qui descend quelquefois jusqu'à mi-jambe. D'autres fois, ils portent une seconde pièce d'étoffe qui enveloppe la partie inférieure de leur corps. Leurs cheveux huilés, sont attachés sur le sommet de la tête, et garnis de plumes flottantes. Ceux des femmes sont très-courts. Les hommes portent des morceaux de bois, des ossemens, des bouquets de plumes blanches dans leurs oreilles. Par le moyen du tatouage, coutume dont il sera parlé à l'article des îles Marquises, ils se couvrent le corps de tâches noires et ils tracent sur leur visage des lignes noires, ou plutôt des sillons contournés en spirales, qui leur donnent un aspect effrayant. Ils se peignent en outre le corps avec de l'ocre rouge. Leurs habitations ne sont que de misérables huttes couvertes de feuilles sèches, et dont la porte est si basse qu'on ne peut y entrer qu'en rampant. La guerre semble être l'élément des Nouveaux-Zéelandais. Des hostilités continuelles règnent entre les diverses peuplades de cette nation leur manière de faire la guerre annonce un peuple cruel et féroce. La mort de ses ennemis n'assouvit point sa vengeance; il l'étend jusqu'au delà du terme de la vie.

Persuadé que l'ame d'un homme dévoré par son ennemi, est dévouée à un éternel supplice, il prend un plaisir barbare à couper par morceaux les corps palpitans de ses victimes, et il les dévore avec avidité après les avoir fait griller. Une coutume si atroce décèle un caractère éminemment vindicatif. La pêche, outre quelques végétaux, le petit nombre d'oiseaux qu'ils peuvent attraper, et la chair des chiens, forment la seule ressource des habitans des côtes. Les Européens leur ont fait connaître la pomme de terre et d'autres plantes utiles. Les principes religieux des Nouveaux-Zéelandais correspondent à ceux des Otaïtiens. Ils ne lèvent aucun temple à la divinité, mais ils ont des prêtres. Ils admettent l'immortalité de l'ame. Dans les parties septentrionales de la Nouvelle-Zéelande, on enterre les morts, tandis que dans les parties méridionales, ils ont la mer pour sépulture.

(29) CHATAM a environ 12 lieues de long, elle est fertile et peuplée. A quelque distance se trouve l'île de BOUNTY, la terre la plus rapprochée des antipodes de Paris, dont elle n'est éloignée que d'une cinquantaine de lieues.

(30) Les îles PELEW sont au nombre de 30; mais on n'en connait que sept principales. L'île PELEW qui donne son nom à tout l'archipel, est dans la partie méridionale. La plus grande se nomme BAUBEL-THON-UP; entre cette île et la première sont OROULONG, où le capitaine Wilson, qui a le mieux fait connaître ce groupe, aborda, après son naufrage de 1783, et COROURA, où résidait alors le roi ABA-THULE, qui confia aux Anglais son fils, afin qu'instruit dans les arts de l'Europe, il vint un jour en enrichir sa patrie. On sait que bientôt après ce jeune prince arrivé en Angleterre, y fut moissonné par une maladie cruelle. Ces îles sont d'une élévation moyenne, des bois épais, dans lesquels croissent l'ébénier, le cocotier, l'arbre à pain, les couvrent de leur ombrage; la canne à sucre et le bambou s'y trouvent en abondance; la population de toutes les îles est d'environ 6000 habitans. Le naufrage du paquebot l'ANTELOPE, commandé par le capitaine Wilson, nous a procuré la connaissance de ces îles. Les habitans firent l'accueil le plus honnête et le plus amical aux malheureux naufragés: la générosité et la délicatesse caractérisèrent tous leurs procédés. Rien dans leurs manières n'annonçait cette barbarie qui deshonore le nom de sauvage. Ce sont des hommes robustes et d'une taille au-dessus de la moyenne. La couleur de leur peau est bronzée et ils ne voilent aucune partie de leur corps. Le seul vêtement des femmes consistait en deux tabliers ou pagnes formés de franges épaisses. Elles portaient des boucles d'oreilles d'écaille de tortue. Les deux sexes avoient la cloison du nez percée, et ils y plaçaient des fleurs. Les hommes se tatouent la partie inférieure des cuisses, et ils s'arrachent la barbe. Leurs armes consistent principalement dans la lance et le dard; leurs habitations, construites avec autant de goût que de solidité, sont formées avec des pièces de bois. L'industrie de ce peuple se manifestait principalement dans leurs ustensiles. Ils connaissent l'art de fabriquer les vases de terre. Leur nourriture était extrêmement simple. Aux fruits du cocotier, du bananier et aux ignames, ils joignaient le poisson. Le lait de cocos était leur breuvage ordinaire. Ces îles ne contiennent d'autres quadrupèdes indigènes que des rats de bois. Le roi de Pelew dominait aussi sur plusieurs autres îles voisines de celles de Pelew.

Les habitans de Pelew admettent la pluralité des femmes, mais en général ils n'en ont que deux. Le roi en avait cinq, et elles vivaient séparées. Les funérailles étaient accompagnées de peu de cérémonies. Les Anglais ne virent chez ce peuple aucune trace d'un culte rendu à la divinité; cependant diverses circonstances les portèrent à croire qu'il avait des principes religieux, et qu'il croyait à l'existence d'une être suprème.

(31) Elles sont au nombre de 15. Les plus connues sont celles de GUAM, de TINIAN et de SAYPAN; les Espagnols ont formé un établissement dans la première, et y ont introduit la culture du coton, de l'indigo, du cacao et de la canne à sucre. TINIAN est devenue célèbre par la brillante description qui en a été faite dans la relation du voyage d'Anson; mais cette île a trompé l'espérance des navigateurs qui l'ont visitée depuis cette époque. Le mangoustan, l'ananas, la goyave, le cocotier, l'oranger, le limonier, l'arbre à pain abondent dans ces îles. Elles furent découvertes par M. GELLAN, en 1521, et nommées par lui ILES DES LARRONS, parceque les habitans lui parurent avoir un grand penchant à dérober, et beaucoup d'adresse dans

l'exécution des vols quils projetaient. Le nom de MARIANNES, leur fut donné sous Philippe IV, en l'honneur de Marie d'Autriche. C'est à l'est de ces îles que se trouve l'énorme rocher nommé par les marins FEMME DE LOTH; il s'élève presque perpendiculairement en forme de pyramide à la hauteur de 350 pieds; il est sans cesse battu par les flots, qui se brisent contre lui avec fureur, et se précipitent avec un bruit épouventable au fond d'une caverne creusée dans un de ses flancs qui regarde le sud-est.

(31') Voyez la note 31.

(32) Les MULGRAVES ont été découvertes en 1788 par le capitaine Anglais MARSHALL; elles sont en très grand nombre, mais toutes fort petites et très basses; elles produisent des cocotiers, des oranges et des choux-palmistes.

(33) Les îles SANDWICH ont été certainement vues par les Espagnols, avant que Cook en eut enrichi la géographie en 1778. Cet archipel situé à l'extrémité nord de la POLYNÉSIE, est à la fois le mieux connu, et le plus isolé de tous ceux que renferme cette partie du globe; il se compose de 14 îles, parmi lesquelles on en compte 5 principales: leur population est d'environ 300,000 ames. OWYÉE, (100,000 habitans), au sud, non seulement est la plus grande de toutes les îles de cet archipel, mais encore de toute les Polynésie; ses montagnes sont très élevées, surtout le sommet aplati de MOWUA-ROA (2575 toises de haut). Les habitans de cette île sont déja bien familiarisés avec le commerce de la côte N. O. d'Amérique. TAMAHAMA a fait construire plusieurs navires, dont un est du port de 70 tonneaux. En 1802, il en avait déja une vingtaine de 25 à 60 tonneaux, dont quelques-uns doublés de cuivre. Son palais, bâti à l'européenne, est défendu par une batterie de 10 pièces de canon. Son arsenal contient des armes pour 2000 hommes. Il a aussi un corps de 200 soldats disciplinés, pris parmi ses sujets, qui fait nuit et jour un service régulier auprès de sa personne. Aujourd'hui (1818), les habitans des îles Sandwich envoient des navires en Chine. La marche rapide de ce peuple vers la civilisation, est véritablement prodigieuse.

Les habitans des îles Sandwich paraissent tirer leur origine des Malais, à en juger par l'affinité de leur langage. Leur taille est moyenne et leurs membres bien proportionnés. La couleur de leur peau est olivâtre. Les femmes sont moins brunes que les hommes, et leur figure est en général assez agréable. Ce peuple est bienveillant, doux, susceptible d'attachement et de fidélité; il est gai, vif, adroit et ingénieux; constant dans ses entreprises, il les poursuit avec application. Il est facheux que ces belles qualités soient obscurcies par son penchant au vol. Toutes les peuplades des îles Sandwich n'ont point en partage ces vertus hospitalières. Les habitans de WOAHOU ont été signalés par tous les voyageurs comme des hommes aussi féroces que perfides. Les deux sexes sont presque nuds; l'unique vêtement des hommes consiste dans une espèce de ceinture qui suffit à peine pour voiler ce que la pudeur ordonne de cacher. La ceinture des femmes, un peu plus large, descend jusqu'au milieu des cuisses. Les cheveux de celles-ci, disposés en toupet, sont recouverts d'un mélange de chaux et d'huile de cocos, et elles ornent leur front d'une guirlande de fleurs placée avec goût. Les chefs portent des manteaux décorés avec autant de goût que de richesse; les plumes de diverses couleurs qui les forment sont fixées sur un réseau, et rapprochées avec un tel art, qu'elles offrent l'apparence d'un velours magnifique. Leurs bonnets, dont la forme est absolument semblable à celle d'un casque, sont également garnis de plumes. (voyez planche XXV., tome 1.)

Le TABOO, coutume singulière de ces îles, est une espèce d'interdiction mise sur un objet quelconque; alors il devient sacré, et celui qui oserait en approcher serait promptement puni de mort. Ce sont les prêtres qui imposent ordinairement le TABOO, ils entourent le lieu taboué d'une quantité de baguettes, dont le sommet est garni d'une touffe de poils de chien. C'est ainsi que l'équipage des capitaines Portlock et Dixon virent tabouer les sources où ils comptaient remplir leurs futailles.

Selon Lapérouse et M⁰. de Fleurieu, les îles de Sandwich étaient connues des Espagnols bien avant le troisième voyage de Cook, qui a eu pourtant la gloire de cette découverte.

C'est dans l'île d'Owhihée qui périt ce célèbre navigateur. Le 14 février 1779. (Voyez Pl. LXX). Après son débarquement, il s'était rendu avec son lieutenant et neuf soldats au village de Kawrowa, où il fut reçu avec respect. Les habitans se prosternèrent, et lui offrirent de petits cochons. Les deux fils du roi s'y trouvaient, et le conduisirent dans la maison où le père était couché; ils le trouvèrent encore à moitié endormi. Le capitaine l'invita à venir passer la journée sur le vaisseau, et il accepta, sans balancer, la proposition. Tout annonçait un heureux succès; déja les deux fils du roi étaient dans la pinasse, déja le roi était sur le rivage, lors qu'une vieille femme appela à haute voix la mère de ces jeunes princes, épouse favorite de Terrecoboo: elle s'approcha de ce chef, et le conjura, en versant des larmes, de ne pas aller au vaisseau. Deux autres chefs arrivèrent, le retirèrent et le firent assoir. Les insulaires se rassemblaient en foule, effrayés des coups de canon qu'ils avaient entendus, et des préparatifs qu'ils voyaient faire. Le lieutenant des soldats de marine voyant qu'ils étaient pressés et qu'ils ne pourraient se servir de leurs armes, s'il fallait y avoir recours, proposa de les mettre en ligne vers les rochers au bord de la mer, et le capitaine y consentit. Durant cet intervalle, le roi effrayé, assis par terre, paraissait disposé à se rendre aux instances du capitaine; mais les chefs employèrent même la violence pour le retenir. Alors le capitaine Cook s'aperçut bien que l'alarme était trop générale pour espérer de réussir dans son projet; il dit au lieutenant que s'il s'obstinait à vouloir conduire le roi à bord, il s'exposait à la nécessité de tuer beaucoup de monde, et qu'il fallait l'éviter. Il n'était point en danger lui-même encore; mais un accident qu'il ne pouvait prévoir l'y précipita. Les canots placés en travers de la baie, ayant tiré sur les pyrogues qui cherchaient à s'échapper, tuèrent malheureusement un chef du premier rang. Cette nouvelle arriva au village où se trouvait le capitaine, au moment qu'il venait de quitter le roi, et qu'il marchait tranquillement vers le rivage. La rumeur, la fermentation que cette mort excita, furent violentes; les hommes renvoyèrent les femmes et les enfans, se vêtirent de leur natte de combat, et s'armèrent de piques et de pierres. L'un d'eux qui tenait une pierre et un long poignard de fer, s'approcha de Cook, le défia en brandissant son arme, et le menaça de lui jeter sa pierre. Le capitaine lui conseilla de cesser ses menaces; son ennemi en devint plus insolent encore, et alors il lui tira son coup de petit plomb: l'insulaire n'en fut point blessé; sa natte fit tomber le plomb mort à ses pieds, et il en devint plus insolent et plus audacieux. Cependant on jetait des pierres aux soldats de marine, et l'un des Erées essaya de poignarder celui qui les commandait. Il n'y réussit pas, et reçut un coup de crosse de fusil. Le capitaine se vit dans la nécessité de se défendre; il fit feu sur l'insulaire qui s'approchait, et l'étendit mort sur le carreau. Alors les insulaires formèrent une attaque générale, et les soldats de marine, les matelots leur répondirent par une décharge de mousqueterie: les insulaires n'en furent point ébranlés, ils soutinrent le feu, et se précipitèrent sur le détachement en poussant des cris et des hurlemens épouvantables, et avant que les soldats eussent le tems de recharger. Quatre soldats de marine environnés de toutes parts, périrent sous les coups de leurs adversaires; trois furent dangereusement blessés: le lieutenant, déja blessé entre les deux épaules, allait être immolé par un second coup de poignard lorsqu'il se retourna et tua son adversaire. Le capitaine se trouvait alors au bord de la mer; il criait aux canots de cesser leur feu et de s'approcher du rivage, afin d'embarquer la petite troupe: aussi long-tems qu'il regarda les insulaires en face, aucun d'eux ne se permit de violence contre lui; mais au moment qu'il se tourna pour donner ses ordres aux canots, il reçut un coup de pique qui le fit chanceler et tomber. Comme il se relevait, il reçut un coup de poignard sur le cou, et il tomba dans un creux de rocher rempli d'eau; il se débattit encore avec vigueur, éleva la tête, et semblait des yeux appeler du secours; les insulaires le replongèrent dans l'eau; il éleva cependant encore la tête; il se rapprochait du rocher, quand un second coup de pique lui donna la mort. Ils traînèrent son corps sur le rivage, et s'enlevant les poignards les uns aux autres, chacun d'eux, avec une brutalité féroce, voulut lui porter des coups lors même qu'il ne respirait plus. Telle fut la fin déplorable du capitaine Cook, dont les talens n'avaient jamais été égalés; qui, guidé par la philantropie, brava le brulant équateur et les rigueurs du pôle antarctique, et excita par ses travaux la noble émulation des Lapérouse, des Langle, etc. (voy. notes 44 et 46).

(34) Mowi a environ 46 lieues de tour; les flancs déchirés de ses montagnes semblent attester une origine volcanique; elle surpasse toutes celles de ce groupe par sa fertilité et ses aspects enchanteurs.

(35) Woahou est une des îles des plus belles et les plus productives de tout cet archipel.

(36) Cet archipel qui renferme plus de cent îles, est un des plus intéressans de toutes la Polynésie et un des moins connus. Elles furent nommées Carolines, en l'honneur de Charles II, roi d'Espagne. Elles occupent une ligne de près de 700 lieues de longueur. Les habitans de celle d'ULOA sont les plus civilisés.

(37) Les ILES DE L'AMIRAUTÉ au N. E. de la Nouvelle-Guinée ont été découvertes et nommées ainsi par le capitaine Carteret; elles sont au nombre d'environ vingt, et jusqu'ici peu connues. La plus considérable porte particulièrement le nom d'île de l'AMIRAUTÉ. Plus loin, au N. O. les îles des HERMITES, les îles Basses de BOUGAINVILLE, et d'autres petits groupes dont on ne connait encore que la position, paraissent devoir se rattacher à l'Archipel de l'Amirauté.

(38) L'archipel de la Nouvelle-Bretagne comprend trois îles remarquables, la NOUVELLE-BRETAGNE, qui a donné son nom à tout l'archipel On y trouve le muscadier, le cocotier l'igname et le gingembre. Les habitans ressemblent à ceux de la Nouvelle-Guinée.

(39) La Nouvelle-Irlande qui a été découverte par le capitaine Carteret; les habitans appartiennent à la race Malaie ou polynésienne. On y trouve le poivrier, l'arbre à pain et une espèce d'arequier, dont la tige, quoique très mince, s'élève à plus de 140 pieds etc. Le centre de l'île de la NOUVELLE-HANOVRE est très montagneux.

(40) On croit qu'elles ont été découvertes par l'Espagnol MENDANA, en 1575. Les naturels paraissent être de deux races, de Polynésiens et de nègres océaniens. Bougainville, qui a reconnu cet archipel, l'avait nommé TERRE DES ARSACIDES. DENTRECASTEAUX envoyé à la recherche de l'infortuné Lapérouse, a complété la découverte de cet archipel.

(42) L'archipel DES NOUVELLES-HÉBRIDES est nommé aussi TERRE DU SAINT-ESPRIT OU DEL SPIRITU-SANTO. La plus septentrionale de ces îles, qui porte plus spécialement le nom de TERRE DU SAINT-ESPRIT, déploie sur la côte occidentale une chaîne continue de montagnes qui, comme de vastes murailles, s'élèvent du sein des flots à une grande hauteur. L'île de MALLICOLO, la seconde en grandeur de cet archipel, possède un sol fertile et de belles forêts. C'est dans l'archipel des Nouvelles-Hébrides ou du Saint-esprit, que s'est opéré le mélange de toutes les races sauvages du MONDE MARITIME.

(43) L'île de SANTA-CRUX ou d'Egmont, détachée au S. E. des ILES SALOMON, forme avec quelques autres îles qui l'environnent, un groupe particulier. Cette île présente des montagnes peu élevées et un sol fertile.

(44) La NOUVELLE-CALÉDONIE au S. de celles de Salomon, fut découverte par le capitaine Cook. Les habitans ont le teint d'un brun foncé, et ressemblent à ceux de la Nouvelle-Zéelande. Leurs cheveux ne sont point laineux et ils se rasent le visage. Leurs cabanes ont la forme d'une ruche et sont assez propres. L'antropophagie est malheureusement répandue dans cette île. On y trouve l'arbre à pain et le cocotier. La partie méridionale, qui n'est pas encore bien connue, a été explorée dans ces derniers tems par Dentrecasteaux. Les Nouveaux-Calédoniens sont peu industrieux et exposés à de fréquentes famines; ils mangent alors d'une espèce de stéatite verdâtre et friable pour appaiser leur faim. L'île et défendue par une suite d'effroyables ressifs, qui en rendent la navigation des plus dangereuses. Aussi quelques géographes croient, que c'est là où ont péri Lapérouse et ses infortunés compagnons.

(45) LES ILES DES AMIS sont situées à l'E. de la Nouvelle-Calédonie. Le capitaine Cook les nomma ainsi à cause de l'accueil affable que lui firent les naturels. Tasman les avait reconnues en 1643, et avait donné à trois d'entre

elles les noms d'AMSTERDAM de ROTTERDAM et de MIDDELBOURG. On en compte environ 150. Amsterdam et Middelbourg sont aussi connues sous les noms de TONGATABOU et d'EAOOWÉE. Elles offrent l'aspect d'une brillante végétation. La nature, quoiqu'un peu moins prodigue que dans les îles de la Société, y a répandu ses richesses, et la valeur de ses dons est encore accrue par les soins que leurs habitans apportent à la culture des terres. Dans la plupart on trouve l'arbre à pain, le cocotier et l'igname. Les habitans ont le teint basané, et à peuprès les mêmes traits qu'à Taïti; mais ils ont plus de gravité dans leur maintien. Il est peu de contrées sauvages où l'on trouve des traits plus rapprochés de physionomie européenne qu'aux îles des amis. Leurs mœurs, leurs usages, leur religion sont les mêmes qu'à Taïti. La partie supérieure du corps des femmes offre des formes que les sculpteurs pourraient prendre pour modèle; mais leurs jambes et leurs pieds n'ont pas la même élégance et leurs traits manquent de délicatesse et d'agrément.

(46) Au S. des îles des Amis, l'ILE VASQUEZ, et le groupe des ILES DES KERMADEC marquent la continuation de la chaîne sous-marine vers la partie septentrionale de la Nouvelle-Zéelande.

(47) Les ILES DES NAVIGATEURS ont été découvertes par Bougainville, et sont au nombre de dix. OTIWHAÏ ou (Poula) est la plus grande après celle-là, les plus considérables sont, OARTOUAH, MAOUNA et OPOUN. C'est à MAOUNA que furent massacrés de Langle, Lamanon et quelques autres compagnons de Lapérouse. Le peuple de ces îles sont d'une haute stature; Les femmes y sont jolies, mais de mœurs libres dans cette île. Les villages qui se perdent dans l'épaisseur des bois de palmiers qui les entourent, sont formés par des cases disposées en cercle autour d'une vaste plaine tapissée de la plus belle verdure; ces cases sont construites avec beaucoup d'habileté et d'industrie sur un sol factice, composé de petits cailloux choisis, et élevé de deux pieds au-dessus de terre, pour se garantir de l'humidité: le plus habile architecte ne pourrait donner une courbure plus élégante aux extrémités de l'ellipse qui termine ces édifices champêtres; des treillages

réguliers les partagent dans l'intérieur en plusieurs chambrettes; le toit est couvert de feuilles de cocotier; un rang de colonnes faites de troncs d'arbres proprement travaillées, et à 5 pieds de distance, en forment le pourtour; entre elles sont des nattes fines, artistement recouvertes les unes par les autres, et qui s'élèvent et s'abaissent à volouté, avec des cordes, ainsi que des jalousies. L'abondance des vivres est remarquable dans cet archipel, dont le sol est couvert d'arbres fruitiers et de plantes de toute espèce: en peu d'heures Lapérouse se procura une quantité prodigieuse de fruits et de cochons, et plus de deux cents ramiers ou perruches, tellement apprivoisés, qu'ils ne voulaient manger que dans la main.

(48) Voyez la note 47.

(49) Les ILES DE LA SOCIÉTÉ forment un archipel de 60 ou 70 îles. La plus grande de cet archipel et la plus célèbre de toute la POLYNÉSIE est O-TAÏTI ou OTAUITI: elle a environ 30 lieues de circonférence, et consiste en deux grandes montagnes ou deux péninsules arrondies, réunies par un isthme de 3 milles de largeur. Elle fut découverte en 1767 par le capitaine Wallis. Cette terre favorisée de tous les dons de la nature, produit presque sans culture une multitude de végétaux dont les fruits forment la principale nourriture des habitans. On n'y trouve, ainsi que dans la plupart des îles de la Polynésie, d'autres quadrupèdes que le chien, le cochon et le rat; mais la mer abondante en poissons, offre à ces insulaires une ressource précieuse. Plusieurs des îles de cet archipel offrent des indices évidens de volcans. La population est évaiée à 16,000 ames. Selon John Turnbull et les missionnaires Anglais, elle doit avoir diminué d'une manière effrayante; au point qu'en 1803 on n'y comptait plus au-delà de 5000 ames; ce qui est bien différent de 200,000 qui y étaient du tems du capitaine Cook. L'otaïtien est d'une taille élevée. Ses membres ont bien musclés; son teint est d'un brun clair, et ses cheveux noirs. Ses traits sont beaux. L'aisance et la vigueur accompagnent ses mouvemens. Ses manières sont nobles et généreuses sa conduite affable et civile. Sa sensi-

bilité est extrême, mais elle n'est que momentanée, et un instant suffit pour sécher les pleurs qu'excitent les moindres émotions de son ame. Un tel caractère ne peut être vindicatif; l'otaïtien ne se souvient d'une injure que pour la pardonner. Ce caractère de douceur et d'humanité qui leur est commun avec les habitans des îles PELEWS ont contribué à faire considérer toutes les îles de la POLYNÉSIE, comme le délicieux séjour où l'on retrouverait les mœurs touchantes et l'aimable innocence de l'âge d'or vanté par les poètes. Les femmes ne sont pas moins bien partagées de la nature. Elles se font remarquer par des formes élégantes, des traits agréables, des yeux pleins de feu, ou remplis d'une douce sensibilité, une belle peau, des dents blanches et bien rangées. L'habillement des deux sexes est à peuprès le même, et consiste en nattes ou pièces d'étoffes fabriquées avec l'écorce intérieure du plane, du murier, ou de l'arbre à pain. Le peuple de la classe inférieure va presque nu. Un simple jupon sert de vêtement aux femmes, et une ceinture couvre seulement les reins des hommes. La parure consiste moins, à Otaïti, dans la qualité, que dans la quantité d'étoffes que l'on porte. Les hommes portent les cheveux longs et flottans sur leurs épaules. La coiffure des femmes consiste en une espèce de turban ou de bonnet de très bon goût; elles ornent avec art leurs cheveux d'une espèce de fleur qui ressemble à nos lis. Leurs bonnets sont faits avec de feuilles de cocotier, et varient, pour la forme et pour la couleur, de plusieurs manières. Selon l'usage universel des Otaïtiens, elles vont nu-pieds.

Le gouvernement de cette île est une monarchie héréditaire. Les habitations du roi et des chefs ressemblent à nos hangars, en entrant on voit toute la maison. Rien n'est plus délicieux que la situation des habitations de la masse des insulaires. Eparses dans l'île, chacune d'elles est placée au milieu d'un bocage d'arbres fruitiers. Ces édifices ne consistent qu'en un toit recouvert de feuilles de palmier ou de latanier, et soutenus par trois rangs de poteaux. Quelque simple que soit cet abri, il suffit dans cet heureux climat. Du foin ré-

pendu sur la terre, et recouvert de nattes, en forme le sol, et sert de lit pendant la nuit. Assis sur un tapis de gazon, sous l'ombrage délicieux d'un groupe de bananiers ou d'arbres à pain, respirant un air parfumé par les fleurs, l'Otaïtien passe la plus grande partie du jour dans le repos. C'est là qu'il prend un repas solitaire; car ce peuple ne mange jamais en famille; chacun mange isolément, comme si l'action de satisfaire sa faim avait quelque chose de honteux. Certains chefs, d'un rang supérieur, croiraient déroger à leur dignité, s'ils s'aidaient de leurs mains pour satisfaire ce besoin de la nature, et ils ont recours à celles de leurs femmes ou de leurs domestiques. Les occupations journalières d'un Otaïtien se réduisent à bien peu de chose; il passe ses jours dans l'indolence et le repos. La possession d'un petit nombre d'arbres à pain assure sa subsistance et celle de sa famille; en plantant quelques-uns de ces arbres dans le cours de sa vie, il a pourvu à celle de sa postérité. Les voyageurs représentent les Otaïtiennes comme peu réservées à l'égard des hommes, et les accusent de ne point connaitre la pudeur, ce sentiment délicat, qui ailleurs ajoute un nouveau charme aux attraits d'un sexe enchanteur. Les amusemens sont assez variés. Ils s'exercent à la danse et au pagilat; ils ont aussi des représentations dramatiques. (voy. Pl. LXXI). Leurs instrumens de musique se réduisent à la flûte et au tambour. Celui-ci est un tronc d'arbre creusé, recouvert d'une peau de goulu de mer. Leur flûte n'a que deux trous; ils soufflent dedans avec une narine, tandis qu'ils se bouchent l'autre avec le pouce, comme on le remarque dans la planche qui représente une des danses, communes aux îles Pelew, aux Carolines, aux Mariannes, exécutée au son de ces instrumens à Ulietea, une des îles de l'archipel de la Société. On remarque à l'une des danseuses le sein paré de deux plumets noirs. Une chose bien remarquable chez les Otaïtiens c'est leur extrème propreté. Les hommes et les femmes se baignent deux ou trois fois par jour.

Le mariage à Otaïti n'est qu'une convention civile entre l'homme et la femme. Il n'est, ainsi que le divorce, accompagné d'aucune cérémonie. Les parties contractantes peuvent se séparer dès qu'elles cessent de se plaire. La coutume singulière du TABOU existe à Otaïti, comme aux îles SANDWICH. Le salut par l'attouchement du bout du nez à aussi lieu dans les îles de la Société; le respect pour les morts y est observé, et les sépultures se font avec pompe. Les MORAÏS ou cimetières y sont des endroits de culte, ou des temples élevés à la divinité. Celui d'ODERÍA et d'OAMO, personnages considérables de l'île, nous rappellent ces fameuses pyramides, monumens de l'orgueil des souverains de l'Egypte. Qoique le monument d'Otaïti ne leur soit pas comparable pour la masse, sa construction dut couter de pénibles efforts à un peuple aussi peu avancé dans les arts, et denué d'instrumens de fer. Il consiste en une pyramide massive, d'environ 44 pieds de hauteur sur 267 de long et 87 de large. Ses faces sont garnies de degrés, elle est située dans une enceinte carrée et pavée de pierres plates. A peu de distance est une espèce de cour pavée où, sur de petites plateformes, élevées sur des poteaux, sont déposées les offrandes destinées à la divinité. Les Otaïtiens reconnaissont un Etre-suprème et sous lui un certain nombre de divinités moins puissantes. Indépendamment de ces dieux supérieurs, le peuple admet une multitude de divinités subalternes nommées EATUAS. Chaque Eatua a son moraï et ses prètes. On sacrifie communément à l'Eatua des chiens et des cochons, dont les corps sont exposés sur les échafauds dont nous avons parlé, après que leurs entrailles, encore palpitantes, ont été consultées par les prètres, qui en tirent divers présages. Les insulaires admettent l'immortalité de l'ame, et immolent quelquefois des victimes humaines, mais ce ne sont ordinairement que des criminels. La plus grande partie du revenu des prètres consiste dans les rétributions qu'ils retirent du TATOW ou tatouage et de la circoncision, cérémonies civiles qu'ils se sont appropriées, et auxquelles tous les Otaïtiens se soumettent. Le souverain de l'île nommé EARÉE-RAHIE, semble jouir d'une autorité moins grande que celle dont les EARÍES, ou chefs des cantons de l'île sont revètus dans leurs districts. Les MANAHOUNIS, ou tenanciers, cultivent les terres qu'ils tiennent des Earées, dont ils ne sont en quelque sorte que les fermiers. Enfin les Otaïtiens de la dernière classe, appelés TOUTOUS ou TOWTOWS sont chargés des travaux les plus pénibles. Les armes de ce peuple sont la fronde, la javeline et la massue. Par une singularité remarquable, il ne se sert de l'arc et des flèches que comme objet d'amusement, et pour exercer son adresse. Tous leurs outils pour fabriquer les pirogues, sont une hache de pierre, un ciseau fait avec un os humain une rape de corail, et qui de cette manière sert de lime. Aux guerres maritimes ont succédé des combats sur terre, et les pirogues otaïtiennes ne servent plus que de bâtimens de transport. — Les guerres fréquentes qui se sont succédées depuis quelques années, avec les îles d'alentour, ont causé la perte de la plupart des animaux utiles et des végétaux de l'Europe, dont Cook avait enrichi l'île; c'est à cette cause, jointe à l'infanticide si connu dans l'infame société des Arreoy, au penchant des Otaïtiens au libertinage et aux funestes visites des Européens, qu'il faut attribuer l'effrayante diminution qu'a éprouvée cette île dans sa population. Ces sources de maux menacent de faire un désert de cette nouvelle Cythère dont la beauté des aspects, le climat enchanteur, et les charmes des Otaïtiennes déterminaient il y a y eu d'années des Européens à se séparer de la société civilisée et à se mêler avec les naturels. Selon le récit des missionnaires d'Otaïti, la réformation qui a commencé en 1813 a continué et augmenté depuis; de sorte que tous les habitans de cette île ont entièrement renoncé à l'idolatrie. Les idoles et les autels sont détruits, ainsi que les sacrifices humains et les infanticides. Toutes les îles ont aujourd'hui (1817), adopté le culte du vrai Dieu et les dogmes du Christianisme. A Otaïti, il y a 66 chapelles et 16 à Eimeo. Le peuple s'y assemble trois fois le jour du Seigneur. Environ 4000 personnes ont appris à lire et beaucoup savent écrire. La société des missionnaires de Londres leur a fourni une presse, et l'on imprime maintenant une partie des évangiles traduits dans la langue du pays.

(50) Voyez la note 49.

(51) ULIÉTÉA est après Otaïti la plus considérable de cet archipel, mais les habitans d'un teint plus noir, ont un caractère féroce et perfide.

(52) HUAHEINE, où les fruits mûrissent quelques semaines plutôt qu'à Otaïti, a deux excellens ports.

'(53) Les habitans de Borabora étaient redoutés dans toutes les îles voisines, il y a 15 ou 20 ans; ils avaient conquis Uliétéa et Huaheine; mais, selon Vancover et les missionnaires, leur puissance est tombée.

(54) L'île de PAQUES. Quelques auteurs croient qu'elle fut vue pour la première fois par Davis en 1686. D'autres la disent découverte par Mendana. Quoiqu'il en soit elle fut nommée ÎLE DE PAQUES, parce qu'elle fut apperçue le jour de cette solemnité. Elle est à une grande distance des groupes que nous venons de décrire, et se rapproche de l'Amérique méridionale, à laquelle cependant il paraît moins convenable de l'attribuer qu'à la Polynésie. Elle offre des traces volcaniques, et n'a point d'eaux douces; il y croît néanmoins diverses sortes de légumes, surtout des patates et des ignames. On y trouve le bananier et le murier à papier. Les habitans ressemblent aux autres naturels de la Polynésie; ils sont au nombre de 2,000, et boivent de l'eau de la mer, suivant La Pérouse.

(55) Ces îles, vues en 1722 par Roggewyn. Il n'a été publié aucune rélation complette et authentique du voyage de Roggewyn.

(56) L'ARCHIPEL DANGEREUX et celui de la MER MAUVAISE, situés entre les îles de la Société et les Marquises, sont composés d'une immense quantité de petites îles basses entourées de ressifs en corail, sur lesquels la mer se brise avec force. La plupart de ces îles sont couvertes de cocotiers; beaucoup sont habitées, mais elles sont encore peu connues, quoiqu'elles aient été visitées par Cook, Roggewyn, Marchand et Bougainville.

(57) Les îles Marquises sont au N. E. de celles de la Société. Découvertes en 1595 par Alvaro Mendana de Leyra, elles furent depuis reconnues par Cook et visitées en 1791 par Marchand, qui en a découvert 5 nouvelles. Ces navigateurs se sont accordés à dépeindre les habitans de ces îles comme la plus belle race d'hommes du Grand-Océan. Leur taille est élevée, leurs membres musculeux et bien proportionnés annoncent à la fois la vigueur et la souplesse. Des traits réguliers, une physionomie franche et ouverte achèvent de les caractériser. On observe dans la couleur de leurs cheveux les mêmes variétés qu'en Europe. Les diverses nuances qu'offre également la couleur de leur peau, a fait présumer à quelques observateurs que ce peuple est un mélange de plusieurs races. Une ceinture étroite, formée avec l'écorce d'un arbre, forme le seul vêtement des hommes. Leur coiffure est très variée. Les uns portent leurs cheveux lisses, les autres crêpés, les uns ont le sommet de la tête rasée, tandis que les autres rassemblent leurs cheveux sur les pariétaux, et en forment deux espèces de cornes. Tel est l'usage des Mendoçains de Noukaïwa (voyez Pl. LXXII). Ils rasent la portion de barbe qui appartient au menton, et laissent croître le reste. Plusieurs d'entre-eux la séparent par mèches, en forment des tresses auxquelles ils attachent des dents et des coquillages. Souvent ils ornent leur tête d'un diadème surmonté de plumes flottantes ou de quelque autre parure de même genre. Ils portent aussi quelquefois au cou, en forme de fraise, un grand haussecol, composé de petits morceaux de bois adhérens les uns aux autres, et revêtus de grains rouges; ils suspendent à leurs orilles de grandes plaques de bois en guise de pendans d'orilles, et ils s'affublent d'un manteau d'écorce de murier. Ils parent aussi leur tête, leur ceinture, leurs armes, de tresses ou de touffes de cheveux, et portent suspendues à leur bras, à leur ceinture ou sur leurs épaules une ou plusieurs têtes de mort. Ce sont peut-être les trophées de la victoire, ou les restes d'un parent chéri.

Une espèce d'écorce de murier entoure les reins des femmes, une autre jettée négligemment sur leurs épaules ne dérobe point la vue d'un sein formé par les graces, et voile, sans les cacher, des formes qu'un peintre pourrait emprunter pour représenter une Vénus. Leur longue chevelure flotte au gré des vents. Leur teint, qu'elles savent garantir de l'ardeur du soleil, à l'aide d'une large feuille de cocotier qu'elles tiennent en guise de parasol, est plus blanc que celui des hommes. Aussi jolies que les Européennes, leurs traits sont d'une régularité parfaite, et la douceur de leur regard annonce celle du caractère. Quel dommage que la pudeur ne prète point ses charmes à tant d'attraits!

Une des plus grandes îles de cet archipel est NOUKAÏWA, nommée aussi île BAUX ou l'île HENRI-MARTIN; elle est très fertile et cependant sujette à de fréquentes famines. Les cocotiers et les arbres à pain s'y élèvent jusqu'à 25 pieds de hauteur. On y trouve des cochons et de la volaille domestique. On estime à environ 20,000 ames la population entière. La religion est à-peuprès la même qu'à Otaïti. A NOUKAÏWA, l'usage de se tatouer, pratiqué dans tous les archipels de la Polynésie, est poussé à un degré de recherche inconnue chez les sauvages de l'ancien et du nouveau monde. On le voit pratiqué par les Européens policés: les matelots Catalans, Irlandais, Français, Italiens, Maltais, connaissent cet usage, et dessinent sur leur peau des figures indélébiles, de crucifix, de madona etc. Ils écrivent aussi leur propre nom ou celui de leur maîtresse: ils piquent la peau jusqu'au vif avec une aiguille, couvrent ensuite le dessin qu'ils ont tracé avec de la poudre à canon impalpable, et y mettent le feu. Le dessin qui en résulte, prend une couleur bleue que rien ne peut effacer. Le procédé des Indiens de la mer du sud est différent. A Noukaïwa, le tatouage est confié à des personnes qui font de cet art leur unique occupation. Elles prennent des os de l'aile d'un oiseau du tropique (Phaeton aethereus). Ces os taillés à l'un des bouts, comme les dents d'un peigne, présentent des instrumens tantôt en forme de croissant, tantôt de forme rectiligne, tantôt larges ou étroits, selon que l'artiste le juge convenable pour parvenir à son but. Ces os ainsi taillés sont enfoncés sur un angle aigu, dans une baguette de bambou de l'épaisseur d'un doigt, sur laquelle le tatoueur frappe à petits coups avec une autre baguette, d'une manière si adroite, que les pointes ne pénètrent que l'épiderme. Les principaux traits des dessins sont d'abord tracés sur la peau avec la même couleur qu'on emploie ensuite pour frotter sur les piqures. Dès que le sang et la lymphe ont pénétré dans les piqures, on y frotte une couleur épaisse préparée avec une poussière de charbon délayée dans l'eau. Il en résulte aux parties piquées une inflammation, puis une croute, qui, après être tombée au bout de quelques jours, laisse à découvert les figures sous une teinte bluâtre, ou d'un bleu foncé. Lorsqu'un habitant de Noukaïwa entre dans l'âge de puberté, on commence le tatouage, et c'est une des circonstances les plus importantes de sa vie. Le salaire du tatoueur consiste, selon les facultés de l'individu qui s'est fait tatouer, en un certain nombre de cochons. Ceux qui sont privés de cette ressource, et dont les moyens d'existence se bornent au fruit de l'arbre à pain, se font tatouer par les apprentis dans l'art du tatouage, et les plus indigens, qui ne peuvent amasser de quoi fournir à la dépense d'une telle parure, ne sont point du tout tatoués. Les femmes ne se font tatouer que le dessus des mains et des pieds. La figure principale de la planche (LXXII) est celle d'un homme de 30 ans, auquel on distingue tous les dessins du tatouage. Dans un âge plus avancé, on tatoue un dessin sur un autre dessin, ce qui doit ne déranger la symétrie.

Krusenstern a trouvé aux îles Marquises un Anglais nommé Roberts et un Français appelé Jean Cabri, qui résidaient dans ces îles depuis plusieurs années, et avaient conservé l'un contre l'autre leurs haines nationales; il parait certain que toute espèce de trace de civilisation avait disparu chez Jean Cabri; il s'était tatoué comme les naturels; il avait adopté leurs mœurs sauvages et leurs habitudes féroces; cependant il ne partageait point avec eux le crime d'anthropophagie! cet être singulier dont M. Langsdorf a fait graver le portrait, dans la relation de son voyage, était natif de Bordeaux; il est revenu en Europe avec l'expédition Russe; il résidait, et réside peut-être encore à Kronstadt.

La construction des cabanes ou des huttes de ce peuple est extrêmement simple. Etablies sur des plate-formes de pierre élevées de quelques pieds au-dessus de la surface du sol, à cause des inondations fréquentes que produisent d'abondantes pluies, leurs murailles ne sont composées que de roseaux, et leur toit est recouvert de feuilles de latanier. La plus grande propreté y règne.

La nourriture des Mendoçains est à peu près la même que celle des Otaïtiens. Ils ont un acte de civilité très-remarquable; c'est celui d'offrir à leurs amis les morceaux qu'ils ont machés, afin que ceux-ci n'aient que la peine de les avaler.

Les arts sont infiniment moins avancés aux îles Mendoce qu'à Otaïti. Cependant leurs outils, tout grossiers qu'ils sont, annoncent de l'intelli-gence et de l'adresse. Le chant, la danse, la nage et la course sur des échasses, occupent l'oisivité de ces insulaires. Ce dernier exercice leur offre un moyen aussi simple qu'ingénieux de communiquer entre eux pendant les inondations qu'à même la saison des pluies.

Le mariage est probablement aux îles Mendoce une institution civile de la même nature qu'à Otaïti.

AFRIQUE.

L'AFRIQUE est de tous les continens le seul qui s'étende d'un tropique à l'autre: elle est coupée par l'équateur et dépasse de chaque côté la large bande comprise entre les tropiques et connue sous le nom de zône torride. L'Afrique actuelle ne présente aucun peuple digne d'attention; point d'arts, point de sciences; la civilisation y est presque étrangère; nous n'y connaissons ni grands événemens, ni grands hommes; bien plus, nous connaissons à peine son immense territoire; nous sommes encore à rechercher comment pénétrer dans son vaste intérieur, défendu par le quadruple concours du ciel, de la terre, des bêtes féroces et des hommes; c'est-à-dire, les chaleurs brûlantes d'un soleil perpendiculaire, les sables enflammés de déserts immenses, le repaire abondant des bêtes les plus féroces et les plus vénimeuses de la terre, enfin les peuplades dont la couleur, les formes et les mœurs nons sont les plus opposées que l'on connaisse; tels sont les terribles et nombreux obstacles qui ont jusqu'ici résisté constamment à tous nos efforts; aussi l'Afrique, malgré son extrême voisinage, demeure pour nous la partie du globe la moins connue. Les anciens connaissent bien mieux que nous les parties septentrionales. L'Egypte avait été le berceau de leurs lumières; Carthage avait rempli le monde de son nom, et les Romains au tems de leur grand luxe, mettaient du prix à posséder des maisons de campagne aux lieux mêmes que nous appelons aujourd'hui les côtes de Barbarie. Des rélations continuelles leur rendaient donc ces provinces aussi familières que celles d'Italie. Mais il n'en était pas ainsi de la bande horizontale qui vient immédiatement au-dessous. L'immense désert dont elle est composée, les sables brûlans, les obstacles de toute espèce, traçaient la barrière insurmontable de leurs connaissances précises; tout ce qui était au-delà n'était plus que fables ou conjectures. Quant à la partie inférieure de ce continent, les anciens n'en avaient pas la plus faible connaissance. Ainsi l'Afrique était diminuée de moitié. Quant aux modernes, par une bizarrerie singulière, ce qu'ils connaissent de ce continent en quelque façon le moins, c'est précisément ce qui était le plus familier aux anciens, tandis que ce dont ceux-ci ne se doutaient même pas est ce que nous connaissons peut-être le mieux aujoud'hui. C'est ainsi que la Guinée, le Congo, le Cap de Bonne-Espérance, malgré leur éloignement, nous sont moins étrangers que la côte septentrionale, qui est à nos portes. Au demeurant, nos connaissances sur la totalité de ce continent sont des plus imparfaites; nons en avons à peine visité les côtes, et presque tout l'intérieur, qui est immense, nous reste encore à connaitre. A la vérité, des hommes courageux, avides de découvertes, tels que les Thunberg, les Masson, les Sparmann, les Patterson, les Levaillant, les Gordon, les Barrow, les Bruce, les Mango Park, etc. en ont exploré déja, chacun de leur côté, de petites portions; d'autres marchent même encore sur ces traces glorieuses; une société célèbre à Londres, qui s'est formée en 1788; les provoque et les encourage.

DESCRIPTION PHYSIQUE ET MATÉRIELLE. — L'Afrique est un immense triangle coupé par la ligne équinoxiale à peu près dans la moitié de sa hauteur; sa base baignée par la méditerranée, fait face à l'Europe, et son sommet est tourné droit au sud, suivant la loi commune à tous les grands massifs du globe, qui dans l'hémisphère méridional, se terminent en pointe dirigée vers le pôle.

L'Afrique comprend environ 68° de longitude, étant située entre le 20° de longitude O. et le 49° de longitude E.; et elle a plus de 71° de latitude, parce qu'elle s'étend depuis le 37° de latitude N. jusqu'au delà du 31° de latitude sud.

LA SURFACE de ce continent est d'environ 945,134 lieues carrées; ce qui ferait un peu plus de 106 habitans par lieue carrée. Sa POPULATION est d'environ 100 millions, Quant à leurs races, leur couleur, leurs religions, leur langage et l'état de leur civilisation, voyez la première partie de ce Porte-Feuille, page 68 et suivantes.

L'ÉTENDUE de l'Afrique estimée en lieues est de 1700 l. dans sa plus grande LONGUEUR, prise du N. au S., depuis le CAP BON jusqu'à celui de BONNE-ESPÉRANCE. Quant à sa LARGEUR, on évalue la plus grande, prise de l'O. à l'E., depuis le CAP VERT jusqu'au CAP GUARDAFUI, à environ 1650 lieues.

LIMITES. — Elle est bornée au N. par la MÉDITERRANÉE, qui la sépare de l'Europe; au S., par l'OCÉAN MÉRIDIONAL; à l'E., par la MER DES INDES et la MER ROUGE, qui la séparent de l'Asie, à laquelle elle tient par l'isthme de suez; et à l'O, par l'OCÉAN ATLANTIQUE, qui la sépare de l'Amérique.

MONTAGNES. — Nous n'avons sur la direction des principales montagnes d'Afrique et sur le cours de ses plus grands fleuves, que des notions très-incomplètes. Une vaste ceinture de montagnes dessine irrégulièrement le contour de cette partie du monde, à une certaine distance des côtes, et vient ensuite se renouer en plusieurs sens vers le milieu, où elle fixe par-là une force capable de consolider toute la charpente de ce continent. C'est ainsi que la chaîne du MONT ATLAS borde le continent presque tout entier du côté septentrional; c'est une série de cinq ou six petites chaines qui s'élèvent l'une derrière l'autre, et qui renferment un grand nombre de plateaux. Cette chaîne continue sous d'autres dénominations jusqu'à l'Egypte. Changeant alors de direction, elle dessine sous un double rang, les rives de la mer rouge et la côte orientale d'Afrique depuis le cap Guardafui jusqu'au cap de Bonne-Espérance, sous le nom de MONT LUPATA ou d'ÉPINE DU MONDE; delà elle remonte, en suivant la courbure de la côte occidentale, et vient se terminer sous le méridien de son départ qui a lieu au cap NUN vis-à-vis des îles Canaries. Les montagnes d'ETHIOPIE, d'ABYSSINIE, de la LUNE, ou GEBEL-EL-KAMAR, que les géographes unissent avec quelque vraisemblance avec celles d'Abyssinie; les montagnes de KOMRI, celles de KONG qui sont une suite des précédentes, et d'autres, sont les transversales qui assujettissent et maintiennent les parties éloignées de ce vaste système.

PICS. — On remarque deux pics, dont l'un, celui de TÉNÉRIFE, dans l'île de ce nom est le plus élevé de toute l'Afrique. Il a plus de 3710 mètres (environ 1904 toises) de hauteur. C'est un volcan; l'autre, qui a presque la même élévation, est dans une petite île des Açores, nommée à cause de lui LE PIC.

DÉSERTS. — Ils ne peuvent qu'être nombreux dans ces climats ardens, mais principalement dans les contrées privées de rivières, où la chaleur absorbant toute l'humidité du sol, convertit la terre en un sable aride et brûlant. Parmi ceux qui nous sont connus, les deux plus renommés sont le SAHARA ou GRAND-DÉSERT de BARBARIE, auquel les Arabes ont donné le nom de mer de sable, qui a près de 1000 lieues de longueur et est habité dans quelques parties qu'on nomme OASIS (*); — celui de BARCA, nommé par les anciens, DÉSERT DE LYBIE, situé à l'E. du royaume de Tripoli, et où était le temple de Jupiter Ammon, célèbre dans l'histoire.

OASIS celle de SYOUAH et d'AUDJELAH, dans le désert de Barca et sur le chemin de l'Egypte au Fezzan. Les caravanes ou AKKABAH, qui se rendent dans l'intérieur de l'Afrique, au Fezzan, à Tafilet et au Caire, signalent encore les OASIS d'ASBEN, de TOUAT, de TIBBO, de TARASSA, de TANDENY, de GUATATA, d'EZAWAN, qui conduisent dans le Soudan ou pays de Nigritie.

CAPS. — Le cap RAMEDA au N. E. du Barca; le cap RAZAT à l'O. du premier, vis-à-vis de la Morée et de la Sicile; le cap MESURAT à l'O. de la Grande Syrte; le cap BON, vis-à-vis de la Sicile, à la pointe occidentale de la petite Syrte; le cap FERRO, au N. E. de l'état d'Alger; le cap TANGER dans le détroit de Gibraltar; le cap CANTIN, sur la côte du royaume de Fez; le cap NUN, sur la côte du royaume du Sus; le cap BAJADOS, vis-à-vis des Canaries; le cap RIO DO OURO, au S. du précédent; le cap BLANC, sur la côte méridionale de la Sénégambie supérieure; le cap VERD, vis-à-vis des îles de ce nom; le cap ROUGE, sur la côte méridionale de la Sénégambie; le cap TAGRIN, sur la côte de Sierra-Leone; le cap des PALMES, au S. de la côte des Dents; le cap DES 3 POINTES, au S. de la côte d'Or; le cap FORMOSE, au S. du royaume de Benin, pointe de partage du golfe de Benin et du golfe de Biafra; le cap de LOPEZ GONSALVES, formant l'extrémité sud de la mer de Guinée, terminée au N. par le cap des Palmes; le cap NIGRE,

---

(*) Voyez le tableau sommaire des états de l'Afrique.

sur la côte de Cimbébasie; le cap de BONNE-ESPÉRANCE, au S. O. du gouvernement du cap; le cap DES AIGUILLES, au S. E. du précédent; la pointe PADRON, sur la côte des Gonaquois; le cap NATAL, au N. du précédent; la pointe de terre DOS-FUMOS, à l'entrée méridionale du golfe du St.-Esprit ou Delagoa; le cap des COURANTS; le cap St.-SÉBASTIEN, au N. du précédent; le cap DELGADO sur la côte de Zanguebar; le cap des NASSES, sur la côte d'Ajan; le cap d'ORFUI, sur la côte d'Adel; le cap GUARDAFUI, à la pointe N. E. de l'Afrique.

MERS EXTÉRIEURES. — Des CANARIES; du CAP VERD; de GUINÉE; de CONGO; de CAFRERIE; de ZANGUEBAR et d'AJAN. — Il n'y a point de mers intérieures connues.

GOLFES. — Le golfe de SIDRA ou la GRANDE SYRTE; le golfe de GABES ou la PETITE SYRTE; le golfe d'ARGUIN, au S. du cap Blanc, la Baie de Sierra-Leone; le golfe de GUINÉE; le golfe de BIAFRA; le golfe de DELAGOA ou dit S.-Esprit, sur la côte du royaume d'Inhambane; le golfe de SOFALA, vis-à-vis de l'île de Madagascar.

DÉTROITS. — Le canal de MOZAMBIQUE, entre la côte de ce nom et l'île de Madagascar.

LACS. — Le lac LOUDEAH ou ELLUDIEH (l'ancien Palus Tritonis), dans le royaume de Tunis; il est peu profond, et est traversé par les caravanes dans l'espace de 5 lieues. Il a 4 milles géogr. de long sur $1\frac{1}{4}$ de large: le MENZALEH en Egypte (25 lieues de long); le BIRKET-EL, KARAUN ou MAGRA (l'ancien lac MOERIS); il a 45,677 toises de largeur; le lac DAMBEA dans l'Abyssinie, par où passe le principal bras du Nil; le KAJOR ou KAER au N. du Sénégal; le PANIFOUL, au S. du Sénégal; le NERI, au S. du pays de Galam dans la Sénégambie, le SAPER, dans le roy: de Tenda, en Sénégambie; les lacs de FITTRE, de SENEGONDA et de WANGARA, dans la Nigritie; le lac du SOUDAN, au S. de Houssa; de DIBBIE, dans le royaume de Bambara; le grand lac ou la mer de Nigritie, dont l'existence est encore problématique; les lacs AQUILONDA, dans la Basse-Guinée; le lac MARAVI, au N. du Monomotapa; il a 200 lieues de long sur 25 dans sa plus grande largeur.

CANAUX. — Le plus célèbre des nombreux canaux de l'Egypte, d'où dépend la fertilité de ce pays, est celui de JOSEPH, ou le CALIDEH-MENHI, qui a 40 lieues de long sur une de largeur de 50 à 300 pieds. Un autre canal, mais destiné à la navigation, est celui de Suez, que les Arabes avaient recreusé, et que les empereurs Ottomans s'étaient proposé de rebâtir.

ISTHMES. — Celui de SUEZ, qui a environ 26 lieues.

FLEUVES. — LE NIL, formé de 3 branches principales, savoir: 1º. du BAHR-EL-AZREC (fleuve bleu), nommé aussi ABAWI (père des fleuves), qui circule sur le plateau d'Abyssinie, et descend ensuite les plaines de Sennaar ou de Fungi. Les sources en ont été visitées par Bruce.

2º. Le TACAZZÉ (l'astaboras des anciens), grossi du MAREB, qui descend des flancs septentrionaux du plateau de l'Abyssinie.

3º. Le BAHR-EL-ABIAD (fleuve blanc), qui est le véritable Nil, et qui doit avoir sa source dans les montagnes de DYRE et de TEGLA, qui font probablement partie des montagnes AL-KAMAR OU DE LA LUNE. — Le DAR-KOULLA semble établir la communication du Nil avec le Niger.

Le débordement périodique du Nil qui passait pour un prodige dans l'antiquité, provient des pluies régulières des tropiques; et celles-ci sont produites par la combinaison de l'extrême ardeur du soleil avec le grand froid des montagnes. Le soleil brûlant vaporise les ondes et les entraine avec lui dans leur état d'extrême dilatation; mais sitôt qu'elles viennent à remontrer la cime refroidie des montagnes, elles s'arrêtent, se condensent, s'accumulent, se brisent, se fondent en torrens. Cette loi est générale pour toute la zône torride; et si ces résultats ne sont pas partout les mêmes, quelques variations dans leurs localités particulières peuvent seules en être la cause. On a compté huit CATARACTES dans le cours du Nil depuis sa source dans les montagnes de la Lune jusqu'à la dernière chûte, un peu au-dessus d'Essouan, où la rivière a un demi-mille de largeur. Norden estime cette chûte de 4 pieds seulement, ce qui est bien au-dessous des descriptions que les anciens nous en ont laissées. On ne peut nier toutefois que la vue de cette barrière, placée par la nature entre la Nubie et l'Egypte, ne soit de la plus grande magnificence.

L'HAWASH, qui sort des fleuves orientaux de l'Abyssinie, à l'extrémité sud, coule à l'est, et disparaît dans les sables à peu de distance du détroit de Babel-Mandel.

LE MAGADOXO, qui se décharge au S. de la côte d'Ajan dans la mer des Indes.

LE QUILIMANCI, qui se décharge dans la mer des Indes sur la côte de Zanguebar, près de Mélinde.

LE KUAMA ou ZAMBÈZE, au N. du Monomotapa, se décharge dans le canal de Mozambique. C'est la seule rivière de la côte orientale de l'Afrique méridionale, dont on puisse dire avec certitude que c'est un fleuve principal.

LE MACQUINI ou rivière du S.-ESPRIT et le MAFUMO, qui se jettent dans la baie de Delagoa; la rivière d'ORANGE qui se jette dans l'océan atlantique à l'O. de la côte méridionale.

La BAMBEROUQUE, qui se décharge au S. du cap Négro.

La COUANZA, au S. du Congo.

Le ZAIRE (ou Burbela), qui vient de l'intérieur de l'Afrique méridionale, et se jette sur la frontière N. du Congo, dans la mer atlantique.

La rivière de BENIN, par où l'on suppose que se fait l'écoulement du Niger.

La MESURADA, sur la côte des graines.

LA GAMBIE ou GAMBRA, qui prend sa source dans le voisinage de celle du Sénégal. Son cours est moins tortueux et parconséquent plus court. Après avoir reçu plusieurs fleuves secondaires, il coule de l'E. à l'O., ferme plusieurs îles, est large et profond, d'une navigation plus facile que le Sénégal, et son embouchure large de 3 milles, offre une entrée commode. — CACHAO ou SAN-DOMINGO, plus au S.; RIO-GRANDE, qui se jette dans la mer près de l'île BULAM, etc.

LE SÉNÉGAL, qu'on prenait autrefois pour le NIGER des anciens. Il prend sa source dans les monts de Kong, reçoit le fleuve secondaire considérable de FALÈME, forme alors de grandes sinuosités et continue de couler dans une direction N. O., et par sa division en deux bras, forme les deux îles BILBAS et MORFIL, pour se diriger ensuite vers l'O., se partager en divers bras, lesquels réunis sous le 15° 53' lat. N., se jettent dans l'océan. Son embouchure est d'un mille; il est navigable, jusqu'aux cataractes de Govina et de Felu.

Parmi les îles qu'il forme encore, celle du SÉNÉGAL ou S. - LOUIS près de l'embouchure, est la plus remarquable.

Le MEDSCHERDA, le plus grand des fleuves de la côte de Barbarie; il prend sa source dans l'état d'Alger, et se décharge dans la mer près de Tunis, après avoir reçu plusieurs rivières secondaires.

Le NIGER, connu déjà des anciens sous ce nom, nommé JOLIBA par les nègres, NIL-EL-ABID par les Arabes (fleuve des esclaves). On croyoit autrefois qu'il communiquait avec le Sénégal ou qu'il en faisait partie. Mais on sait à présent avec certitude qu'il sort des montagnes de KONG, non loin des sources du Sénégal sans avoir de liaison avec ce dernier fleuve, et qu'il dirige son cours vers l'est. Mais on ne sait pas positivement où il se jette ou se perd. On croyait autrefois qu'il se jetait dans le Nil; d'autres, et c'est le plus grand nombre, admettaient qu'il se perdait dans le lac de Wangara. L'opinion la plus moderne et la plus vraisemblable est celle qui, en le faisant passer par le lac, le fait diriger vers le S. E. et verser ses eaux dans la mer atlantique sur les côtes de la haute Guinée par différens bras sous le nom de BENIN, FORMOSO et KALABAR.

Le CLIMAT général de l'Afrique est celui de la zône torride. Plus des trois quarts de ce continent étant situés entre les deux tropiques, la chaleur y est excessivement grande. L'ardeur du Soleil est beaucoup augmentée par les déserts brûlans de sable où règnent souvent les deux vents funestes nommés HARMATAN et SAMUM. Elle n'est tempérée que sur les côtes par les pluies annuelles et les vents de mer.

RÈGNE ANIMAL. — L'Afrique possède tous les animaux domestiques ou sauvages connus en Europe; elle a des singes de toutes les formes et de toutes les classes, des lions, des panthères, des tigres, des rhinocéros, des hyènes, une multitude d'éléphans, des hippopotames, des girafes, des zèbres, orgueil de la race des ânes, des antélopes, des autruches, des perroquets de mille espèces, des civettes, des dromadaires, des chameaux, des serpens monstrueux de toute sorte et en énorme quantité, des crocodiles, des ichneumons, des ibis, des scorpions, des reptiles et des insectes vénimeux de toute espèce, dont plusieurs sont inconnus dans nos climats, etc. etc.

RÈGNE MINÉRAL. — Des mines d'or, d'argent, de cuivre, beaucoup de sel dans le désert, de l'ambre gris, etc.

Règne végétal. — Presque tous nos fruits et nos végétaux en abondance et excellens. Toutes les productions des Indes s'y trouvent déja, ou peuvent y être facilement acclimatées. Une grande variété de cotons, d'indigo et de cannes à sucre, le café, les épices, l'arbre à beurre (shéa) qui porte de petites noix, renfermant des noyaux, lesquels séchés au soleil et bouillis dans l'eau donnent le beurre; l'énorme boabab (*), le lothus, le papyrus, (**) le baume, l'aloès, la myrrhe, l'encens, la casse, le séné, la Gomme, etc. etc,

Les principales occupations des Africains sont l'agriculture et l'éducation des bestiaux. Nos métiers ne sont pas étrangers aux Maures et aux Arabes. Le commerce de l'intérieur ne se fait que par Akkabahs ou caravanes, qui traversent le Sahara en allant tantôt à l'ouest et tantôt à l'est, selon la position des Oasis. Ces terres brillantes de végétation, semées dans ce vaste désert comme des iles dans l'Océan, servent de lieux de repos et de rafraichissement aux hommes et aux animaux. Pour faire le trajet de Fez à Tombouctou, les akkabahs Marocaines mettent environ 130 jours, dont 54 de marche et 76 de repos. Les Arabes, qui connaissent assez la position des étoiles pour se diriger au moyen de l'étoile polaire, préfèrent de marcher pendant les nuits brillantes de ces climats, plutôt que d'affronter dans le jour l'ardeur d'un soleil dévorant.

(*) Le boabab (Adansonia) peut être regardé comme le plus grand arbre du globe, moins par sa hauteur, que par la largeur extraordinaire de sa couronne qui forme une espèce de petite forêt, en étendant ses branches de 60 à 70 pieds d'élévation, sur 120 à 150 de largeur. Le tronc de l'arbre n'a que 10 à 12 pieds de hauteur, mais sa circonférence est de 60 à 65 pieds. Les branches inférieures longues de 50 à 60 pieds, s'inclinent insensiblement vers la terre et cachent le tronc de l'arbre. Les racines s'étendent encore d'avantage. Quel bienfait de la nature qu'un tel arbre pour un climat aussi brûlant que celui de l'Afrique, sans parler de son fruit semblable au melon, de ses feuilles qui, séchées et réduites en poudre, fournissent un remède aux nègres, qui emploient aussi ses racines en guise d'épices dans tous leurs mets.

(**) Espèce de grand souchet, dont les tiges battues et collées formaient les feuilles que les anciens employaient pour écrire; le parchemin, et ensuite le papier de chiffons en ont fait par degré abandonner l'usage; mais le dernier en a conservé le nom. Son abondance dans le Nil et dans ses canaux, facilita aux Ptolomées la création de la bibliothèque d'Alexandrie. On trouve encore à présent des rouleaux de papyrus dans les cercueils des momies.

TABLEAU SOMMAIRE DE L'AFRIQUE

DIVISÉE EN SIX RÉGIONS

I. Région du N E. comprénant.

L'ÉGYPTE (1)
- La BASSE (Bahary) nommée aussi Delta, 2 — La MOYENNE (Vostani) anc: heptanome. — La HAUTE (Saïd) anc: Thébaïde. — Alexandrie, 3. Aboukir, 4. Rosette, 5. Damiette, 6. Le Caire, 7. Fayoum, 8. Suez 9. Gizéh, 10. Sakhara, 11. Girgé, 12. Dendera, 13. Syouth, 14. Assuan, 15. Keft, 16 Es-sag, 17. Cosseir, 18. Luxor, 19. Minieh, 20.

La NUBIE (anc: Ethiopie) 21.
- La NUBIE TURQUE avec la côte d'ABEX ou la NOUVELLE ARABIE . . . . . . — Suakem, 22. Arkiko, Massuah, Dahalai, Ibrim.
- L'ÉTAT de DUNGALA . . . . DUNGALA, 23.
- Le royaume de SENNAAR du de FUNGI (anc: empire de MÉROE) 24. — SENNAAR, 25.
- Le royaume de DERKIN . . . . Derkin, sur le Tocaze, bras du Nil.
- Le royaume de DARFOUR ou FOUR avec le KORDOFAN, pays soumis, 26. — Cobbé, 27. Elfaschar, 28. Jbeit.

L'ABYSSINIE anc: partie de l'Ethiopie, 29.
- Divisée en plusieurs provinces peu connues . . . . Gondar, 30. Axum 31.

II. Région du N ou Afrique Septentrionale comprenant.

La BARBARIE ou BERBÉRIE, 32. (Jadis la Mauritanie, la Numidie, la Gétulie, et l'Afrique propre ou Libye).
- Le pays de BARCA, 33. (anc: Cyrénaïque) . . Derne, 34. Bengazi, 35. Curene' 36.
- L'état de TRIPOLI (an: Libye et partie de l'Afrique propre) . . . . Tripoli, 37. Lebda (anc: Leptis magna) 38. Gerbi, (autrefois l'île des Lotophages).
- Le GADAMÈS, 39. — Le FEZZAN — L'OASIS d'AUDJELAH. } dépendant de Tripoli — Gadamès. Mourzouk, 40. Audjelah. Heroudjé.
- L'OASIS de SIOUAH, 40. — Siouah.
- TIBBOS de BERDOA ou Bergou. TIBBOS d'ARNA. TIBBOS de BILMAH. TIBBOS de FEBABO. TIBBOS NOMADES. } 41. — Arna.
- L'ÉTAT de TUNIS, 43. (centre de l'ancienne domination Carthaginoise (Afrique propre) — Tunis, 44. Porto-Farina, 45. Kairwan, 46.
- Le BILÉDULGÉRID (pays des Dattes) 47. . Tozer, 48. Guademé. 49.
- L'ÉTAT d'ALGER (Numidie et partie de la Mauritanie des anciens) 50. — Alger, 51. Oran, 52. Masalquivir, 53. La Calle, 54. Constantine, 55.
- Le PAYS DE ZAB, 56. . . . . Pescara.
- Le TEGGORARIN, 57.
- L'EMPIRE de MAROC, savoir 58.
- Le ROYAUME de MAROC (Mauritanie des anciens. . . . . Maroc ou Maracach, 59. Magador.
- Le ROYAUME de FEZ, 61. — Fez, 62. Miquenez, 63. Salé, 64. Tanger, 65. Tétuan, 66. Ceuta, 67. Melilla, 68.
- Le royaume de TAFILET, 69 . . . . Tafilet 70.
- Le pays du SUS, 71 . . . . Tarodant, 72.
- Le SUDJELMÈSE . . . .
- Le DHARA . . . . Dhara ou Dra. Tatta.
- Le TREMÈSE . . . . Tremèse.

La SAHARA divisé en plusieurs déserts

ou district, où se trouvent des tribus de maures errants avec lesquels on fait un commerce précieux de gomme. 74.

- Le TOUARIK OU UAHER . . . . . au N. de l'Oasis de Thouat.
- TRASSART d'Est. (zuenziga) . . . à l'E. de l'Oasis de Galata.
- Le TEGAZZA. (Auladal - Hadschi) . à l'E. du puits d'Azarad.
- TRESARTS d'OUESI (désert d'Azgar).
- Le TOUARIK de TAGAMA (desert Jazer). au S. de l'Oasis Tuggurt.
- Le LEMTA . . . . à l'O. du Fezzan.

Les Mousselines, les Mongeats les Wadelim les Labdes-sebas, les Trasarts. { Rio-de-Oro. Portendic. S. Cyprieu. }

III. Région ou Afrique occiden: comprenant.

Le SÉNÉGAL ou la SÉNÉGAMBIE 75.

Etats indigènes.
- Le pays des FOULAHS OU FOULLES. . . . . Caumel.
- Le pays des YALOIS OU JALOFS. . . . . . Hikailor.
- Le pays de HOVAL et CAJOR, ... Hoval.   Cajor.
- Le pays des MANDINGUES.
- Le pays des BAMBOUKAINS . . . . Bambouk.
- Le pays de WOUILLY. . . . . Medina.

Possessions Européennes.
- Les Français. . . . . L'île de Sénégal . , Fort S.-Louis. / L'île de Gorée - . .
- Les Anglais. . . . . L'île de S.-James. . S.-James, fort. / L'île de Bulam, Freetown, Adamstown. / Kingstown (1791).
- Les Portugais . . . . La ville de Cachao à l'embouchure du S.-Domingo.

La HAUTE-GUINÉE 76.
- Le district de SIERRA LEONE. . . . . .
- La côte DES GRAINES. 77.
- La côte DES DENTS. 78.
- La côte D'OR. 79 . . . .
    - Christiansbourg. — aux Danois.
    - Cabo-Corso. — aux Anglais.
    - La Mine ou Elmina. — aux Belges.
- Le royaume de BENIN 80 . . . . . . Benin. 81.
- Le royaume de DAHOMAY . . . . . . Aboncy.
- Le royaume d'ONARY . . . . Waré. 82.
- Le royaume d'AYEOS, ou Eyos.
- Le pays de BIAFRA.
- Le pays des CALBONGAS, etc.

La BASSE GUINÉE. 83.
- Le pays des EBBEOS.
- Le royaume de LOANGO. 84 . . . . Loango. 85. Mayomba.
- Le royaume d'AZICO. 86 . . . . . .
- Le royaume de CACONGO. 87 . . . Kingela, capitale; Malimba ou Malembé.
- Le royaume de CONGO. 88 . . . . S.-Salvador. 89 Pemba.
- Le royaume d'ANGOLA. 90 . . . . S.-Paul-de-Loanda, 91. Maopongo.
- Le royaume de MATAMBA. 92 . . Les habit: sont en partie des SCHAGGAS très sauvages.
- Le royaume de BENGUELA. 93 . . S.-Philippe de Benguela.

La CIMBÉBASIE. Pays habité par les CIMBÉBAS, peuple nègre dont le Souverain porte le titre de Mataman, nom souvent appliqué au pays même, peu fertile et mal peuplé.

IV. Région du Sud comprenant

La CAFRERIE 94.
- La Région du CAP. 95 . . . .
    - La Ville du Cap. 96.
- Le pays des HOTTENTOTS. 97. dont les principales peuplades sont . . .
    - Les Nomaquois.
    - Les Gonaquois.
    - Les Korakois
    - Les Boschimans ou Houzouanas.
    - Les Hora hottentots.
    - Les Betjouanas. . . . Litakou. 98.
    - Les Arrolous. 99.
- La CAFRERIE propre.
- La Terre de NATAL 100.
- Le pays des TAMBOUKKIS.
- Le pays des HAMBONAS, etc.

V.
Région Orienta[le].
101.

- La côte d'ADEL.
  - Le royaume d'ADEL ou ZEILA . . . . Aucagurel, 102. Zeila. 103. Barbora.
- La côte d'AJAN.
  - La république de BRAVA . . . . Brava. 104.
  - Le royaume de MAGADOXO . . . . . . Magadoxo.
- La côte de ZANGUEBAR.
  - Le royaume de MÉLINDE. 105 . . . Mélinde. 106.
  - Le royaume de MONBAZE . . . . Monbaze. 107.
  - Le royaume de QUILOA . . . . Quiloa 108.
  - Le royaume de MONGALLO . . . . . Mongallo. 109.
  - Le royaume de MOZAMBIQUE . . . . Mozambique. 110.
  - Le royaume de QUERIMBA . . . . . .
  - Le royaume de JUBO . . . .
- Dans l'intéri[eur].
  - Le pays des Machidas.
  - Le pays des GALLES, etc.
- Le MONOMOTAPA, renfermant les roy[aumes] ou districts suivans, 111.
  - Le MONOMOTAPA propre . . . . Zimbaor. 112. Sana. 113.
  - Le BOTONGA. 114 . . . . Sofala. 115.
  - Le royaume de SABIA . . . . Nambonc. 116.
  - Le royaume d'INHAMBANE. 117 . . . Tongue.

VI.
Région du Centre.

- La NIGRITIE ou le SOUDAN (pays des noirs) 118.
  - **Orientale**
    - Le royaume de BOURNOU. 119. Bournou. 120.
    - Le BECHERMEH . . . . Dar Kouga. 121.
    - Le DAR-BERGOU . . . . . . Vera ou Ourah.
    - Le DAR-KOULLA . . . . . .
    - Le VANGARA ou OUANGARA 122. Sénégonda.
  - **Occident[ale]**
    - Le royaume de TOMBOUKTOU ou TOMBUT. 123. . . . . Tombouktou 124. Djinnie ou Ginnie 125.
    - Le royaume de HOUSSA 126. Houssa 127. Tokrour. Jaour 128.
    - Le royaume de KASCHNA ou CASSENA . . . . Kaschna.
    - Le royaume de BAMBARA 129. Ségo 130. Silla.
    - Le royaume d'Asben 131. . Agadès 132.

Iles de l'Afrique situées.

- Dans le Golfe Persique.
  - DALAR. 133.
- Dans L'océan Indien.
  - SOCOTORA. 134. Tamaride, capitale.
  - MADAGASCAR 135 divisée en 12 pro: Andevourante 136. Mouzangaye 137.
  - Les COMORES 138, dont la capitale Comore (Augaziza par les habit:) voy: la note 138.
  - Les SEYCHELLES 139, formant 2 groupes distincts. savoir . . . .
    - Celui des Amirautes (voyez la note 139).
    - Celui des iles Mahée ou Seychelles proprement dites . . . Mahée (voyez la note 139.)
  - Les MASCAREIGNES 140, comprenant les iles . . . .
    - de Bourbon ou Réunion ou Bonaparte 141. S.-Denis de France 142. Port-Louis. Port Bourbon.
  - L'île RODRIGUE. 143
- Dans le Grand Océan central.
  - La Terre de KERGUELEN 144.
  - Les iles de TRISTAN d'ACUNHA 145.
  - Ste. HÉLÈNE. 146. Longwood. 147. James-Town. 148.
  - L'ASCENSION. 149.
  - S.-MATHIEU.
  - ANOBON. 150.
  - S.-THOMAS. 151.
  - Du PRINCE.
  - De FERNANDO PO.
  - Les BISSAGOS. 152.
- Dans l'Océan Atlantique.
  - Les iles du CAP VERT. 153 . .
    - S.-Jogo. 154. Ribeira-grande. Porto-Praya.
    - S.-Antoine.
    - S.-Vincent.
    - S.-Lucie.
    - S.-Nicolas.
    - L'île de Sel.
    - Bonavista.

Les Canaries (anciennes îles fortunées). 155.
{
Fuego . . . . S.-Philippe.
Brava.
}

{
Ténériffe. 156.   Santa-Cruz.   Laguna.   Orotava.
Lancerotte. . . . . Téguise.
Fortaventure
Canarie. 157. . . . Palmas.
Gomera. . . . . S.-Sebastien.
Palma. . . . Santa. Cruz de las Palmas.
Fero. . . . 158.
}

Les Salvages. 159.

Madère. 160 . . . . Funchal. 161

Porto-Santo. etc.

Les Açores, dont les principales sont . . . . 162.
{
Tercère. 163. . . Angra. 164.
S.-Michel. . . Ponta-del-Gardo. 165.
S.-Marie.
Gracieuse. 166.
S.-Georges.
Pico. 167.
Fayal.
Florès. 168.
Corvo.
Sabrina. 169.
}

NOTES RÉLATIVES AU TABLEAU.

(1) L'Egypte est entre les 23°. et 32°. de latitude N. et les 25.° et 32°. de longitude E.; 225 l. de long sur 84 dans sa plus grande largeur. 8,800 l. carrées. — Si cette contrée n'est pas, comme quelques auteurs l'ont prétendu, le berceau des connaissances humaines, du moins il est probable qu'elle a été peuplée dès la plus haute antiquité. Les ruines imposantes de cette terre classique, ses pyramides encore debout depuis tant de siècles, ses canaux et ses lacs, ses catacombes, ses profondes carrières et plusieurs autres témoignages constatent l'antiquité la plus reculée. Le peuple égyptien, gouverné dès le 20e. siècle. par des dynasties, dont on conserve à peine les noms, passa aux Pharaons, qui règnèrent successivement au nombre de 48, et qui eurent pour successeurs les rois de Perse, qu'Alexandre dépouilla; il fit place lui-même aux 13 Ptolomées, auxquels les Romains enlevèrent ce beau pays sous la célèbre Cléopatre, et qui furent eux-mêmes contrains de le céder aux Califes. Les Mameloucks s'en saisirent en 1164. Quatre siècles après (1517), les Turcs s'en emparèrent, sous Selim I. Les Français commandés par Bonaparte la prirent en 1798 et l'évacuèrent en 1801, l'abandonnant aux Anglais réunis aux Turcs. Aujourd'hui elle est gouvernée par le Pacha Mahomet Ali, qui à la tête de troupes Albanoises a non seulement chassé les Mameloucks de la haute-Egypte, mais les a poursuivis au-delà des cataractes jusqu'à Jbrim, et les a contrains de chercher un refuge à Dongala.

Le sol, quoique sec et sablonneux est très fertile. Cette fertilité est l'effet des débordemens du Nil, qui couvre d'un limon fécond, une vaste étendue de pays, qui ressemble alors à une mer parsemée de villes et de villages bâtis sur les hauteurs, comme sur des îles.

Le climat est très-chaud et l'air n'est pas toujours salubre.

Les PRODUCTIONS de l'Egypte sont le froment, le maïs, le duìra et le riz en quantité; le millet, le lin, le lotus, plante aquatique, les légumes, les fèves, les oignons, les cannes à sucre, les dattes, figues, les oranges et d'autres fruits du midi, du séné, de la casse, du safran, des cardamomes, du coton, du papyrus ou roseau à papier, des sycomores ou figuiers de Pharaon, moins estimés pour leurs fruits que pour leur vaste et épais ombrage, des bananiers, des palmiers, etc. Le bois de chauffage y est rare. — Des bêtes à cornes et à laine, des mulets, des ânes, des chameaux, des hippopotames des ichneumons, des ibis, des crocodiles, des vers-à-soie, des abeilles et une quantité innombrable de poulets que les Egyptiens font éclore par milliers dans des fours — On ne connait pas les richesses métalliques de l'Egypte; le granit, le porphyre, le marbre, l'albâtre, le soufre, l'alun, le natron et le sel y sont communs.

La POPULATION de l'Egypte est évaluée à 2,500,000 habitans, Coptes, Arabes, Turcs, Arméniens, Syriens, esclaves nègres du Sennaar, Barbarins ou natifs du pays au-delà des cataractes, Juifs et Européens; ces derniers, dans les villes de commerce, sont appelés Francs.

(2) La BASSE-EGYPTE, nommée aussi le DELTA, parce que le terrain, compris entre les deux branches principales du Nil et la mer, a la forme de cette lettre grecque, renferme non seulement l'espace intercepté par les bras du fleuve, mais encore les côtes latérales et les déserts contenus entre les chaînes de montagnes dont nous avons parlé.

(3) Capitale ALEXANDRIE (16.000 ames, autrefois 300,000 ames), située sur la côte et près d'une des embouchures du Nil, fondée par Alexandre le grand. C'est là que se faisait le commerce de l'Orient, avant la découverte du cap de Bonne-Espérance par les Portugais. Elle offre à notre curiosité la colonne de Pompée, deux magnifiques obélisques et les débris de l'ancien Phare.

(4) Bourg près des ruines de Canope, avec un château fort et une rade, célèbre par le combat naval d'Aboukir (1798) où l'escadre anglaise, commandée par l'Amiral NELSON, détruisit l'escadre française, commandée par l'amiral BRUEYS, et par l'action sanglante, mais décisive où l'armée française se rendit maîtresse de la presqu'île occupée par l'ennemi, qui perdit 20,000 hommes, dont 6,000 prisonniers, 4,000 tués et le reste noyé.

(5) L'ancienne PÉLUSE à 10 l N. E. d'Alexandrie, le lieu le plus délicieux de l'Egypte. Les maisons mieux bâties en général que celle d'Alexandrie, outre l'avantage d'avoir vue sur la navigation, ont encore l'aspect riant des rives du Delta, île qui n'est qu'un jardin d'une lieue d'étendue.

(6) L'ancienne Canope dont Louis IX. se rendit maître en 1249.

(7) Capitale de toute l'Egypte, près du Nil et la plus grande ville de l'Afrique, (3 à 400,000 ames), place considérable de commerce, le principal marché des esclaves exportés d'Abyssinie, du Sennaar, du Darfour et de quelques autres pays du Soudan. Les caravanes qui viennent de ces contrées apportent des poudres d'or, de l'ivoire, des cornes de rhinocéros, des plumes d'autruches, des gommes et diverses drogues. Cette ville est composée de 3 parties, le VIEUX CAIRE ou la ville de FOSTAN, le NOUVEAU CAIRE, appelé par les Orientaux le GRAND CAIRE et la ville de BULAK où est le port de la ville. — Près du Caire, dans l'île de Rodda est le MÉKIAS ou NILOMÈTRE, colonne de marbre, divisée en degrés, pour y observer la crue du Nil, lors de son débordement. Il tombe en ruines.

(8) Sur un canal du Nil, près des ruines de l'ancienne ville ARSINOË. C'est dans la province de Fayoum qu'on trouve le lac MOERIS, aujourd'hui presque desséché.

(9) Port commerçant sur l'isthme de ce nom à l'extrémité de la mer rouge.

(10) Ou DSCHISÉ, petite ville près de laquelle sont 3 pyramides les plus célèbres dans l'antiquité, et un SPHINX colossal, le champ des MOMIES et les ruines de MEMPHIS, ancienne capitale de l'Egypte. La plus grande de ces pyramides, selon les mesures authentiques, a 474 pieds d'élévation perpendiculaire, et la longueur de sa base actuelle est de 716 pieds 6 pouces. On ne s'accorde pas sur la destination de ces constructions importantes. Les uns les regardent (c'est l'opinion la plus générale) comme ayant été destinées à recevoir les cendres de quelques Souverains, dont elles

étaient les magnifiques mausolées. D'autres pensent qu'elles avaient été élevées en l'honneur du soleil, sous le nom d'OSIRIS. Des inscriptions conçues en hiéroglyphes étaient gravées sur le revêtement en granit rouge qui recouvrait les assises de pierre calcaire dont la masse de ces constructions se compose. Que l'aspect de ces montagnes artificielles a dû être imposant, lorsque le soleil, à son lever ou à son coucher, colorait de ses rayons, leur surface resplendissante ! Encore aujourd'hui, que des mains sacrilèges ont enlevé le revêtement des pyramides, et ont même, quoique inutilement, tenté de détruire ces masses vénérables, on n'y peut trop admirer la précision du travail et la grandeur de la conception; ce sont, dit M'. Denon, les derniers chaînons qui lient les colosses de l'art à ceux de la nature. Le fanatisme mahométan avait essayé de démolir la grande pyramide : quand on voit à ses pieds la masse de pierres que les dévastateurs ont enlevée, on la croirait rasée; porte-t-on ses regards sur la pyramide, à peine semble-t-elle ébréchée. Le voyageur anglais BROWNE a mesuré l'intérieur de celle qui a été ouverte. La grande chambre a de longueur 34 p. 5 pouces.

— de largeur . . . . 17 — 2 —

Le sarcophage a de longueur . . 7 — 8 —

— de largeur. . . . . 3 — 2 —

— de profondeur. . . . . 2 — 10 1/2.

— et d'épaisseur . . . . 0 — 6 —

Il paraît certain que la tête colossale dite le SPHINX, a été sculptée dans le rocher même. Cette tête de nègre, ornée d'une coiffure égyptienne, a encore plus que les pyramides tourmenté la sagacité des savans. Cette tête doit orner le musée français.

(11) Bourg près duquel s'élève un grand nombre de pyramides d'une moindre grandeur, dispersées sur une ligne de 2 lieues; on y trouve aussi des momies qu'on tire des caveaux taillés dans les rochers.

(12) GIRGÉ (mieux DJIRDJÉH) est la capitale de la Haute-Egypte, ou du Saïd, résidence d'un bay et le siège d'un évèque Copte. Son nom lui vien d'un grand monastère, plus anciennement bâti que la ville, dédié à S.-Georges, qui se prononce GERGE en langue du pays. Le couvent existe encore; on y trouve des moines européens.

(13) Sur le Nil, avec des ruines remarquables d'un temple d'Isis et une quantité d'autres de l'ancienne TENTIRA, et particulièrement un zodiaque qui prouve d'une manière positive les hautes connaissances des Egyptiens en astronomie.

(14) Ou Sahoudi le rendez-vous de caravanes de Nubie. Selon M'. Denon, SYOUTH est sur l'emplacement, de LYCOPOLIS ou la ville du loup. On trouve dans son voisinage les grottes fameuses de la Thébaïde. Ce sont des carrières ou se retirèrent les Anachorètes dans les premiers siècles de l'ère vulgaire. Elles s'étendent de 20 à 25 lieues, et les hiéroglyphes que l'on y remarque prouvent qu'elles ont été creusées par les Egyptiens, qui en ont tiré leur marbre à une époque très-reculée.

(15) La ville la plus méridionale de l'Egypte, près de la cataracte que forme le Nil.

(16) Ville entourée des ruines de l'ancienne Cophtos, d'où, selon quelques auteurs, les Coptes auraient tiré leur nom.

(17) Vis-à-vis d'Assuan, l'ÉLÉPHANTINE des anciens, île fertile dans le Nil, avec de beaux restes d'architecture égyptienne.

(18) Petite ville commerçante avec un port sur le golfe arabique. Elle fournit du bled à la Mekke, et reçoit le café de l'Yemen.

(19) Le village de LUXOR, celui de Carnac et quelques autres qui se présentent sur la rive Orientale n'offrent que des ruines; la rive Occidentale en offre également. Savary, Bruce, Norden, Browne et Denon se réunissent pour parler avec admiration des restes antiques qu'offrent ces lieux. Des recherches nouvelles ont prouvé que tous ces restes appartiennent à l'ancienne ville de Thèbes. Ils occupent le long du Nil un espace d'environ 3 lieues, à l'est et a l'ouest du fleuve. Elles vont jusqu'aux montagnes, c'est-à-dire qu'elles remplissent les deux côtes de la vallée, qui ont ensemble 2 lieues et demie de large. Le Nil a dans cet endroit une largeur de 300 pas; par conséquent la circonférence de l'antique ville aux cent portes était d'environ 27 milles. On a réussi en 1818, à enlever le buste colossal de MEMNON des ruines de Thèbes. On l'a transporté à Alexandrie où il a été embarqué pour Malte, pour passer delà en Angleterre où il doit orner le musée anglais.

Ce buste est composé d'un morceau énorme de granit qui imite très-bien la couleur de la peau, depuis le sommet de la tête jusqu'au cou; le reste est gris. Il pèse, dit-on, 28,000 livres, (14 tonneaux).

(20) L'ancienne CYNOPOLIS, place de commerce avec un port et une douane; grande et jolie ville, où il y avait autrefois un temple à Anubis. Le Nil coule dans un large et riant bassin.

MONUMENS ANCIENS ET COSTUMES MODERNES DES ÉGYPTIENS

PLANCHE LXXV.

Afin de donner une idée des précieux restes de l'architecture ancienne des Egyptiens, on a réuni dans un même cadre quelques uns des monumens dispersés sur divers points de la Haute-Egypte. A la gauche de la chaîne Libyque on aperçoit au loin ces fameuses pyramides de Saccara, à la vue desquelles se donna la bataille des Pyramides (en 1798) qui ajoute à leur célébrité par les souvenirs de la valeur française, dont les trophées sont plus durables que ces monumens gigantesques de la démence tyrannique qui s'est plue à rivaliser avec la nature : A la droite on remarque les deux statues qu'on est convenu d'appeler STATUES DE MEMNON. Elles ont 55 pieds d'élévation; elles sont d'un seul bloc; posées sur un sol élevé à quelque distance du MEMNONIUM qui était un temple ou un palais; elles s'aperçoivent de 5 lieues. Sur les jambes de l'une de ces statues sont inscrits en grec et en latin les noms de ceux qui sont venus entendre les sons qu'elle rendait lorsqu'elle était frappée des premiers rayons de l'aurore. Dans le second plan à gauche se trouve l'un des deux OBÉLISQUES qui sont à l'entrée du village de LUXOR. Les deux de granit rose, ont encore 70 pieds hors du sol, et 30 pieds de recouverts, à en juger par l'enfouissement des figures; ce qui donnerait 100 pieds à ces monumens, couverts de hiéroglyphes d'une touche franche et d'un fini précieux, et où l'on peut remarquer que l'usage de percer les oreilles était connu des Egyptiens. Le reste du second plan est occupé par le temple d'APOLLINO-POLIS MAGNA à ETFU. Dans le développement de ce grand monument on peut remarquer à gauche la porte d'entrée de chaque côté deux moles, sur

lesquels trois ordres d'hiéroglyphes devenant toujours plus gigantesques et finissant par avoir 25 pieds de proportion; la cour intérieure décorée d'une galerie de colonnes portant deux terrasses qui aboutissent à deux portes, par lesquelles on arrive aux escaliers qui montent aux plates-formes des moles; dans la cour les édifices modernes qui font partie du village d'Etfu; ce qui vient après le portique du dessous, contient sans doute différens appartemens et le sanctuaire du temple enfoui, et maintenant encombré d'ordures, à l'exception de quelques vides, qui servent de magasins aux maisons bâties sur la plate-forme du temple; à l'arrasement un mur de circonvallation, décoré en-dedans comme en-dehors, d'innombrables hiéroglyphes, exécutés avec un soin recherché. Ce temple bâti sur une éminence au milieu de la vallée, a l'air d'une forteresse placée ainsi pour commander au pays. La première figure à gauche, dans le premier plan, représente un MAME-LOUCK en habit de guerre; à côté est celle d'un MARCHAND; un turban de laine rouge ou blanc, un gilet de drap, une culotte lâche et courte de toile blanche, un surtout de toile bleue, une ceinture de toile des Indes, rayée de bleu et blanc, qui sert à envelopper tout ce qu'il veut transporter. A la gauche de ce dernier est une DAME allant à pied dans les rues; plus l'ampleur et le nombre de ses habits lui font perdre ses formes et rendent sa marche gauche et embarrassée, plus elle se croit dans le cas de penser qu'on doit la regarder comme une grande dame; la dernière enveloppe est d'ordinaire de taffetas noir qui tombe jusqu'à terre et laisse à peine voir le bout des pieds. De toute la personne on n'aperçoit que les yeux, encore le plus souvent y suspendent-elles un anneau devant, qui a la vertu de repousser les enchantemens et les mauvais sorts; plus à droite est une JEUNE FILLE dans le costume qui lui est ordinaire jusqu'au moment de la puberté; à côté sont deux FEMMES dont l'une vient au fleuve puiser de l'eau, cachant son visage, parce qu'il n'y a que cela qu'il leur soit ordonné de cacher; l'autre porte un enfant à la manière du pays; enfin la dernière figure à droite est celle d'un SANTON, espèce d'imbécille, dont on a pitié pendant qu'il vit, et que l'on révère après sa mort, usage assez général et aussi ancien que le monde.

(21) La NUBIE (ancienne Ethiopie), située entre l'Egypte et l'Abyssinie, a une étendue de 12 à 15,000 lieues carrées. Le sol n'est fertile que dans le voisinage du Nil qui traverse la Nubie et forme de grandes cataractes. Elle produit des grains, des cannes à sucre, du bois de Santal, du tabac, de la poudre d'or, de l'ivoire, du musc, etc. On y trouve des éléphans, des chameaux, des civettes, beaucoup d'animaux féroces, des autruches, diverses espèces de sauterelles qu'on mange Il parait que la religion chrétienne a été autrefois établie dans la Nubie. Aujourd'hui les Nubiens sont mahométans et de la plus grossière superstition. Ils s'occupent d'agriculture et du commerce, et trafiquent avec les Egyptiens. Leurs habitations ne sont que des huttes faites de boue et couvertes de roseaux. Les principaux articles de commerce sont des esclaves, de la poudre d'or et des plumes d'autruches.

(22) Ville commerçante et maritime avec un port. Il est le point de réunion des pélérins de la Mecque qui viennent de l'intérieur de l'Afrique, et elle dépend du Schérif de la Mecque.

(23) Située sur le Nil, grande, riche, commerçante (10,000 familles.) Le roi y réside.

(24) Le SENNAAR, d'abord conquis par les Arabes sur les Nubiens, peuple indigène, est depuis le 16e. siècle, au pouvoir des nègres Fungis, nation extrèmement féroce sortie de l'intérieur de l'Afrique.

(25) Capitale du royaume de ce nom et de toute la Nubie, et la résidence du roi. Elle envoie des caravanes en Egypte, en Nigritie et en Arabie. (100,000 habitans).

(26) Le royaume de DARFOUR ou FOUR, à l'Ouest du Sennaar, est sous le gouvernement despotique d'un Sultan mahométan, auquel est aussi soumis le pays de Kordofan. Il exerce une autorité despotique. Les fourains dont le nombre ne passe pas 200,000, sont mahométans; leur peau est d'un noir de jais. Ils se livrent au commerce et à l'agriculture. Chaque année le Sultan, pour honorer ce premier des arts, sème lui-même un champ.

(27) Capitale commerçante (6,000 habitans).

(28) Ville considérable et résidence ordinaire du Sultan.

(29) L'ABYSSINIE (12 à 15,000 lieues carrées), appelée par les Arabes HABESCH, qui signifie PEUPLE MÉLANGÉ. faisait autrefois partie de l'ancienne ETHIOPIE. Elle fut autrefois riche et puissante; mais cette ancienne splendeur a disparu. Le souverain y exerce une autorité despotique. Les Abyssins qui s'appellent eux-mêmes AGAZIANS, semblent tirer leur origine de l'Arabie. En général, ils sont grands, robustes, bienfaits, sobres et hospitaliers Leur teint est bronzé. Ils professent la religion chrétienne du rit grec; mais elle est aujourd'hui deshonorée par une quantité de superstitions. Ils ont un évêque nommé ABUNA qui dépend du patriarche d'Alexandrie. La plupart habitent dans les villes et villages situés sur des rochers, pour éviter les torrens qui, pendant la saison pluvieuse(depuis Avril jusqu'en Septembre), inondent les plaines. Quelques-uns sont troglodytes, ou sont logés dans des cavernes, tels sont les Argows, une des nations les plus nombreuses de l'Abyssinie. Quand ils sont menacés de l'ennemi, ils se réfugient dans ces cavernes dont quelques unes peuvent contenir 500 bœufs. Ils ont plusieurs femmes, trouvent la chair crue délicieuse, et font usage d'hydromel et de bierre pour boisson. Leur langue, dérivée de l'arabe, a plusieurs dialectes. Ils ne connaissent point l'usage de la monnoie, quoique le pays produise de l'or.

Le SOL de l'Abyssinie est très montagneux, mais fertile dans les vallées et partout où il peut être cultivé; cependant il y a aussi quelques plaines arides.

Le CLIMAT est chaud, mais les nuits fraiches de l'été, les rivières, les pluies et l'élévation du sol, rendent la température beaucoup moins chaude que celle de l'Egypte et de la Nubie. Parmi les nombreux quadrupèdes, on remarque une quantité de vaches de différente taille, un nombre prodigieux de gazelles, des brebis dont la queue pèse 30 à 40 livres. On y voit aussi des lions, des panthères, des chameaux, des éléphans, des rhinocéros et surtout des hyènes. Les lacs et les rivières sont peuplés d'hippopotames et de crocodiles. L'abyssinie produit du bled, de l'orge, du TEF ou TAFO, graine plus mince que la moutarde, dont on fait une farine aussi blanche et aussi belle que celle de bled, etc. Le climat y favorise la culture du riz. On y recueille un nombre considérable de fruits, comme limons, citrons, oranges et figues. Les cannes à sucre y croissent avec facilité; mais les habitans ignorent l'art d'en extraire le suc. On y recueille beaucoup de coton et de très-beau lin, et une si grande quantité de miel et de cire, qu'on ne se sert point de chandelles de suif.

La population de l'Abyssinie est de 1,800,000 ames, savoir d'Abyssins, descendans des Arabes, d'Agows, autour des sources du Nil; de Gallas, Schangallas et autres peuples sauvages, de Turcs, Arabes et Juifs nommés FALASJA OU EXILÉS.

(30) Capitale de l'Abyssinie dans la province de Dembéa, près du lac de ce nom. (80,000 habit:).

Les maisons construites en pierres rouges, n'ont qu'un toit de chaume. Le palais du monarque ressemble à une forteresse gothique.

(31) AXUM, dans la province de Tygré, ancienne résidence des monarques Abyssins, et qui s'y rendent encore pour s'y faire couronner. On y trouve des ruines magnifiques, des restes de temples et de palais, des obélisques sans hiéroglyphes, parmi lesquels un de 64 pieds de haut, d'un seul bloc de granit.

(32) La BARBARIE comprenait jadis la Mauritanie, la Numidie, la Gétulie et l'Afrique propre ou Lybie. Le nom de BARBARIE ou de BERBÉRIE lui vient de ses anciens habitans les BERBÈRES. Cette longue côte bornée au N. par la Méditerranée, à l'O. par l'océan atlantique; au S. par le Sahara et à l'E. par l'Egypte, occupe une étendue de 30,000 lieues carrées, avec une population de 8 millions d'habitans Berbères ou Kabyles, race indigène, Maures, descendans des Arabes vivant la plupart dans les villes, Arabes nomades, Turcs, Nègres, et esclaves de la Guinée, Juifs et Européens. Le CLIMAT est tempéré sur les côtes et très chaud dans l'intérieur. A l'exception des régions sablonneuses, le SOL est fertile en bled, riz, maïs, dattes, figues, olives, raisins, safran, cannes a sucre, fruits du sud et plantes potagères. Parmi les animaux on distingue le chameau, le cheval de race arabe, la brebis à large queue, le mulet, l'antilope et l'autruche. Les baies et les mers abondent en poissons de toute espèce. Les minéraux les plus abondans sont le cuivre, le fer, le plomb, le sel et le salpètre.

(33) L'ancienne CYRÉNAÏQUE, gouverné par deux Beys sous la souveraineté de celui de Tripoli. La côte seule est susceptible de culture; l'intérieur renferme des déserts de sable, coupés par des oasis

(34) Capitale avec un port sur la méditerranée, et résidence d'un Bey.

(35) Port et résidence de l'autre Bey.

(36) L'ancienne Cyrène, avec des ruines de son ancienne splendeur.

(37) Capitale avec un port, et un château-fort où réside le Dey; (40,000 habitans).

(38) Port de mer, patrie de l'empereur Sévère.

(39) Pays abondant en dattes et qui sert d'entrepôt pour le commerce de la Barbarie avec l'intérieur de l'Afrique.

(40) Ville commerçante de 20,000 habitans; résidence du Sultan tributaire du Bey de Tripoli.

(41) L'AMMON des anciens d'après Hornemann qui a parcouru cette partie de l'Afrique.

(42) Oasis qui fournissent des dattes.

Les TIBBOS, nation Berbère, occupent les régions à peu près désertes au S. E. du Fezzan et s'étendent de là vers l'est jusqu'au désert qui ferme l'Egypte du côté de l'ouest

(43) C'était autrefois une partie de l'Afrique propre et le siège principal de la puissance Carthaginoise. Cet état a 3,400 lieues carrées avec une population d'un million et demi d'habitans. Les habitans se distinguent par leur industrie et leur commerce; ils sont moins adonnés à la piraterie que les autres barbaresques.

(44) TUNIS capitale, près de laquelle se voient quelques débris des ruines de Carthage; (150,000 habitans). En 1270 St.-Louis y mourut de la peste.

(45) L'ancienne UTIQUE, où Caton le jeune se donna la mort, n'en était pas éloignée.

(46) Après Tunis, la ville la plus peuplée et la plus commerçante; elle a une grande mosquée soutenue par plus de 500 colonnes de granit.

(47) Situé au pied du mont Atlas, entre la Barbarie et le Sahara, ce pays est pour la plupart un désert sablonneux et aride avec des oasis qui produisent des dattes en abondance, d'où lui vient son nom. Il comprend plusieurs pays, qui en partie dépendent des états barbaresques, ou forment des états indépendans.

(48) Ville et principal marché de dattes.

(49) Ville dans le pays du même nom.

(50) L'état le plus puissant parmi les 3 républiques, entre Tunis et l'empire de Maroc. (9,000 lieues carrées et 2,000,000 d'habitans). Le climat

en est tempéré et agréable ; le sol en est fertile
en bled et en fruits; mais on y trouve aussi des
contrées incultes et des déserts de sable. Le sel
y abonde.

(51) ALGER, capitale fortifiée, bâtie en amphi-
théâtre sur une pente de montagne. Elle a une
citadelle, un port sur la méditerranée, beaucoup
de mosquées, une grande synagogue, des bains
publics, des académies mahométanes, des bagnes,
maisons où les esclaves chrétiens sont enfermés
pendant la nuit, des fabriques de soie, de tapis
et d'armes. Les toits des environs sont en plate-
forme. Les collines des environs sont couvertes
de maisons de campagnes avec des jardins cultivés
par des esclaves. Elle est fameuse par ses pira-
teries et a 90,000 habitans, parmi lesquels 10,000
Juifs.

(52) Ville très forte avec un port.

(53) Forteresse avec un port, appartenant aux
Espagnols.

(54) Port où les Français pêchent du corail.
4,000 habitans.

(55) Cette ville, autrefois CIRTHE est, après Alger
la ville la plus considérable ; elle a un château de
résidence du Bey qui relève du Dey d'Alger; elle
renferme de beaux restes d'architecture romaine.

(56) Le pays de ZAB, au-delà de l'Atlas, fait
partie de l'état d'Alger : il est infesté de scorpions;
son sol est stérile et manque d'eau.

(57) Le pays de TEGORARIN fait également partie de l'état d'Alger: il offre un grand nombre de
villages bien peuplés; ses plaines sont les points
de réunion des caravanes qui doivent traverser le
désert de Sahara.

(58) L'empire de Maroc, situé dans la partie
occidentale de la Barbarie, est borné au N. par
la méditerranée et le détroit de Gibraltar; à l'O.
par l'Océan atlantique; au S. par le Sahara et à
l'E. par l'état d'Alger et le Bilédulgérid. (8,000
lieues carrées. 5,000,000 d'habitans, et selon le colonel Anglais JACKSON, 14,800,000 ames. Le CLIMAT
est agréable et le sol fertile, partout où les eaux
viennent au secours de sa fécondité et de la chaleur du climat; quoique la culture soit presque
entièrement négligée, il y vient des fruits et du
bled en abondance, non seulement pour la consom-
mation mais encore pour l'exportation. Les autres
productions sont le chanvre, le lin, le coton, le
tabac, les raisins, la gomme et le sel. On y
élève des chameaux, des moutons et les plus beaux
chevaux de Barbarie. Mais les contrées désertes
fourmillent d'autruches, de lions et de tigres.
L'exploitation des mines est négligée ; cependant
on trouve beaucoup de cuivre. Les européens
vont y chercher surtout des denrées, de la cire,
des peaux et de la laine. On connait assez le
beau cuir de maroquin qui nous vient de ce pays.
L'état de Maroc est gouverné despotiquement par
un Sultan mahométan, qui a le titre d'empereur.

(59) Capitale de l'empire, a de nombreuses
mosquées, entre autres celle d'ABDULNUMEN, des
manufactures de soie, de papier, de maroquin
rouge, un vaste palais avec la fosse aux lions destinée aux victimes du despotisme, et de grands
magasins de bled. On lui donne 200,000 ames.

(60) Grande place de commerce, régulièrement
bâtie, avec une forteresse et un port sur l'Océan
atlantique.

(61) Autrefois indépendant, fait aujourd'hui
partie de l'empire de Maroc.

(62) Capitale du royaume de ce nom, ville
riche et très commerçante, la première de l'état
de Maroc pour les arts et la civilisation. Sa population approche, dit-on, de 400,000 ames.

(63) Où l'empereur de Maroc fait maintenant
sa résidence, et qui a 100.000 ames.

(64) SALÉ ou SALA, jadis espèce de république
de pirates, aujourd'hui ville de commerce.

(65) Sur le détroit de Gibraltar, avec un château-fort; siège de la plupart des consuls européens. C'est l'ancienne TINGIS, qui donnait le
nom à une partie de la Mauritanie, appelée TIN-
GITANE.

(66) Forteresse et port sur la méditerranée,
après Fez, la ville la plus importante, et aujourd'-
hui la principale place de commerce. (20,000
habitans.

(67) Place forte et port sur le détroit vis-à-vis
de Gibraltar, aux Espagnols.

(68) MELILLA et PENNON-DE-VELEZ, forteresse
sur la méditerranée, aux Espagnols.

(69) Pays montagneux et sablonneux, qui fournit beaucoup de chevaux, de dromadaires et de chameaux, dont les habitans mangent la chair.

(70) Rendez-vous des caravanes qui, de Maroc, vont dans l'intérieur de l'Afrique.

(71) Ce pays produit du bled, des cannes à sucre, des dattes, et nourrit beaucoup de bestiaux. Les habitans sont les meilleurs soldats de l'Afrique.

(72) Ville grande, forte et riche par son commerce.

(73) Le pays de SEDJELMESE est aujourd'hui une république arabe sous la protection de l'empereur de Maroc.

(74) Le mot SAHARA OU ZAARA en   *sic* désert; et cette contrée mérite en effet ce nom par excellence. C'est le désert le plus grand qui soit sur le globe; il sépare, en quelque sorte, les contrées de l'Afrique septentrionale, d'avec celles de l'Afrique occidentale. Il a plus de 45 degrés de longueur sur une largeur d'environ 12 degrés. Le SOL de ce vaste désert ne forme, pour ainsi dire, qu'une mer de sable, au-dessus de laquelle s'élèvent quelques Oasis ou lieux cultivés, comme des îles au milieu de l'Océan. Le peu de rivières qui descendent du mont Atlas, se perdent bientôt dans le sable, et la pluie qui tombe depuis Juillet jusqu'en Octobre, n'étend pas à tous les cantons ses bienfaits incertains et momentanés. Aussi la sécheresse du sol y est si grande, qu'on fait quelquefois des trajets de cent et même de 200 lieues sans trouver une goutte d'eau. Des caravanes néanmoins le traversent pour se rendre à Tombouctou. Le SAMUM soulève et roule les sables mouvans comme les flots de la mer, et donne au désert une telle ressemblance avec l'Océan agité par les vagues, que les Arabes le nomment UNE MER SANS EAU. Tout désolé qu'est ce pays, il n'est pas sans habitans; des Arabes, des Maures, des Bédouins et des Berbères y possèdent des gommiers, et y errent avec leurs troupeaux : ils sont voleurs et pillent les caravanes, lorsqu'ils sont les plus forts. Ces déserts sont infestés de lions, de tigres, de léopards, de panthères; les serpens souvent d'une dimension énorme, ajoutent à l'horreur de ces solitudes. On y trouve aussi des autruches, dont les plumes sont, avec le sel fossile et la gomme, les seuls objets de commerce, qui a lieu principalement avec le Sénégal et la Nigritie. Le Cap BAJADOR et le Cap BLANC sur les côtes du Sahara, sont célèbres dans l'histoire des découvertes géographiques. Le dernier fut reconnu par les Portugais dans le 15.ᵉ siècle.

(75) Ce pays tire son nom des fleuves du Sénégal et de la Gambie, entre lesquels il est situé. Ses bornes sont au N. le Sahara; à l'E. la Nigritie; au S. la Guinée, et à l'O. l'Océan atlantique. Le CLIMAT y est excessivement chaud, et l'air très-mal-sain, surtout pendant la saison des pluies, que l'on regarde comme l'hiver, quoique le thermomètre n'y descende pas au-dessous de 20 degrés; pendant l'été, la fraîcheur des nuits y tempère la chaleur.

Son ÉTENDUE est évaluée à 16,000, et selon d'autres à 30,000 lieues carrées.

Le CLIMAT est très chaud, la chaleur y est encore augmentée par les vents d'est, qui n'arrivent, qu'après avoir traversé le sol brûlant de l'Afrique dans toute sa largeur; elle n'est tempérée que par les nuits fraîches et les pluies. On n'y connaît, comme dans tous le pays de la zône torride, que deux saisons, l'une extrèmement sèche et l'autre pluvieuse. Les TORNADOS ou tourbillons, accompagnés de violentes tempêtes y sont fréquens. Ces vents impétueux ne durent qu'un quart d'heure; mais dans ce court intervalle, ils déracinent des arbres énormes, renversent des cases et détruisent des villages en tiers.

La Sénégambie PRODUIT du riz, du maïs, du millet, du manioc, des ignames, des patates, des melons, des ananas, des tamarins, des cannes à sucre, du poivre, du coton, du tabac, de l'indigo, des fruits du sud. Les vastes forêts renferment des palmiers, des bananiers, des mangliers et le calebassier ou l'énorme boabab. On y trouve des chevaux, des chameaux, des éléphans, des buffles, des moutons, des chèvres, des gazelles, des girafes, des singes, des animaux féroces, des serpens énormes, des autruches, dont les plumes font un objet de commerce, des aigrettes, des perroquets et d'autres oiseaux. Les côtes sont infestées par des crocodiles, des cachelots et des requins. Le règne minéral est riche en or, cuivre, fer, et sel. Les HABITANS sont des tribus de nègres et de maures qui professent le mahométisme ou le fétichisme. Les prêtres mahométans sont appelés MARABOUS. Les principales tribus des nègres indiquées sur le tableau, se livrent à l'agriculture, à la pêche, à l'éducation des bestiaux, à la fabrication de grosses étoffes, de poterie et d'ustensiles en fer. Le honteux trafic des esclaves vient d'être prohibé par une décision unanime de toutes les puissances de l'Eurpe, qui fera honneur à notre siècle.

PLANCHE LXXVI.

L'indolente légèreté, l'insouciance puérile semblent être innées au nègres, et la nature perpétue ces penchans. En effet vingt jours de travail par an, lui suffit dans la plupart des contrées, pour assurer la récolte de riz, de maïs, de millet, d'ignames et de manioc nécessaire à son frugal repas. La chair de l'éléphant ne repousse pas l'appetit du nègre. Il aime les œufs du crocodile ou du caïman, et même sa chair musquée. Les singes servent généralement de nourriture. Un roti de chien figure même aux grands festins, comme un mets exquis. Mais le nègre refuse la salade, pour ne pas ressembler, dit-il, aux animaux herbivores.

Malgré tous les dangers qu'il y a d'approcher du crocodile, de ce terrible amphibie qui atteint jusqu'à trente pieds de longueur, dans la Sénégambie, les nègres n'en ont pas peur; ils font souvent lutter leur adresse contre la force de cet antropophage: pour cela il tâchent de surprendre cet animal dans un endroit où il ne peut se soutenir sans nager, et ils vont à lui hardiment avec un cuir de bœuf entortillé au bras gauche, et une bayonnette ou un poignard dans la main droite; ils lui mettent le bras ainsi garni de cuir dans la gueule et la lui tiennent ouverte; et comme il n'a qu'une très-petite langue, il s'emplit d'eau et se noie: pour le faire mourir plutôt, ils lui donnent des coups de poignard dans la gorge, et lui crèvent les yeux. — Un art facile donne aux nègres le vin de palmier ou de bananier et la bierre de millet, qui forment leur boisson ordinaire. Ils font aussi avec le miel une liqueur enivrante qui ressemble beaucoup à notre hydromel. Afin de se procurer la première de ces boissons

le nègre est obligé d'atteindre à une hauteur de 60 à 90 pieds. Pour cela, il fait un cerceau de branches de palmier choisies et préparées au feu. Ce cerceau se ferme par le moyen d'un nœud et embrasse dans sa circonférence le nègre et l'arbre, en laissant un intervalle d'environ deux pieds. Le nègre appuyé des reins sur le cerceau, porte successivement ses pieds sur les aspérités de l'écorce, en faisant avancer en même tems le cerceau dans la même direction avec ses mains, et parvient ainsi au sommet de l'arbre. — Assis alors sur son cerceau, il fait avec un instrument tranchant une entaille près de l'endroit où est attaché le coco, introduit quelque feuilles dans l'incision, pour servir de conduit au suc vineux et le faire tomber goutte à goutte dans une calebasse qu'il attache aux branches les plus voisines. Cette opération terminée, il retire les autres vases qu'il avait placés la veille et qui ont eu le tems de s'emplir. Un bon palmier donne ordinairement 10 à 12 pintes d'un vin, qui offre une boisson douce, blanche, un peu sucrée et légèrement acidule, rafraichissante et agréable au palais des européens, mais qui n'est plus qu'un mauvais vinaigre au bout de 3 ou 4 jours. Le soin de s'habiller ne tourmente pas plus le nègre que celui de se nourrir; le coton vient sans culture à ses pieds; les femmes en tirent la quantité de toiles nécessaires pour la famille, et les teignent du suc de l'indigo, production également indigène. La chaleur du climat dispense d'avoir un vêtement qui couvre entièrement le corps. La principale partie de ce vêtement consiste en un pagne ou toile grossière, qui entoure le reins et retombe jusqu'au milieu des cuisses. La coiffure des femmes varie un peu. Sur les bords de la Gambie elles ont une bande étroite de coton qui, en partant du front, leur fait plusieurs fois le tour de la tête. Ailleurs elles portent sur le front des graines de verre blanc avec une petite plaque d'or; ou c'est avec de petits coquillages blancs qu'elles ornent leur tête. L'usage des incisions dans la peau règne avec des nuances chez toute les nations nègres qui ont conservé leur caractère primitif. Il y a des tribus vers Sierra-Leone qui savent produire dans la peau des enflures qui imitent les bas-reliefs. — La cabane du nègre ne lui coute guère plus de soins que son vêtement et sa nourriture: quelques troncs d'arbres à peine dégrossis. quelques branches dépouillées de leur écorce, un peu de paille et quelques feuilles de palmiers, voilà ses matériaux; les réunir en forme de quille, voilà son art. Le climat, la violence des pluies annuelles, lui prescrivent cette simple architecture. Ce n'est que sur la côte d'or ou sur les bords du Niger, que l'exemple des Européens et des Maures a démontré aux nègres qu'un toit aplati, mais solide, peut résister à la pluie. Les villes ne sont que de grandes réunions de cases semblables, et le grand nombre de ces cases est ce qui distingue les palais des princes. La manière dont les nègres de l'intérieur construisent leurs ponts est une preuve de leur industrie, qui se montre d'ailleurs dans la fabrication générale des étoffes, des couvertures, des voiles pour les bateaux, des poteries, des pipes à fumer et des ustensiles en bois, fabrication générale parmi ces peuples. La planche représente un de ces ponts jetés sur des rivières même assez larges. Plusieurs arbres assez longs pour atteindre d'un bord a l'autre, recouverts de bambous secs, attachés avec des lianes, dont on se sert au lieu de corde, forment ces espèces de ponts flottans, que les inondations de la saison des pluies, viennent détruire et qu'on rétablit après l'écoulement des eaux.

De tous les arts agréables, les nègres du Sénégal ne connaissent que la musique, surtout celle qui fait danser, sauter; mais il n'appartient pas à tout le monde de s'en mêler, c'est l'affaire des GUIRIOTS. Ces guiriots un peu moins ignorans forment une classe à part; ils sont riches et estimés. Ils ont quelques uns de nos instrumens. Leurs flûtes sont des roseaux, comme celles des premiers pasteurs. L'instrument principal est le tambour; c'est un arbre creusé et recouvert par les deux bouts d'une peau de mouton; il y en a de toutes les grandeurs, pour en tirer différens tons et composer une harmonie complète. Le plus remarquable est le TONG-TONG; c'est un tambour de 15 à 20 pieds, composé de tambours réunis autour d'un cerceau; il est l'instrument d'alarme, et celui de guerre.

Les nègres de l'intérieur se servent d'un petit coquillage appelé KAURIS, en guise de monnoie. Deux cent cinquante Kauris équivalent a 24 sous de France. Quand ils commencèrent à traiter avec les Européens, le fer était l'objet dont ils faisaient le plus de cas, et la barre de fer devint la mesure de la valeur de toutes les marchandises; delà, le terme mercantile sur ces côtes, UNE BARRE DE MARCHANDISE. Un nègre y valait ordinairement 70 barres ou 350 livres de france, la barre évaluée à 5 livres.

(76) La HAUTE-GUINÉE ou la GUINÉE PROPREMENT DITE, s'étend en forme de croissant, depuis la côte de Sierra-Léone jusqu'au Cap Lopez, entre la Sénégambie, la Nigritie et le golfe de Guinée. On évalue la longueur de la côte à 400 lieues, et la largeur de 80 à 130 lieues. Il n'y a que les côtes qui soient connues. Le CLIMAT est chaud; on n'y connait également que deux saisons. Le sol est dans la plupart des contrées d'une grande fertilité et PRODUIT du bled, du riz, principale nourriture des habitans, du maïs, du millet, du manioc, du pisang, des yams, des ananas, des fruits du sud, du coton, des cannes à sucre, du poivre, du gingembre, du tabac, de l'indigo, des palmiers, des calebassiers, des arbres à suif, etc. on y trouve des bufles, des brebis, des porcs, des chèvres, des éléphans, des chameaux, des girafes, des singes, des serpens monstreux etc. de l'or, de l'argent, du fer, de l'aimant, du sel et de l ambre. Les HABITANS sont des nègres, qui se distinguent des autres par une odeur insupportable. Ils sont divisés en plusieurs tribus, dont les mœurs, les usages, la civilisation et la langue diffèrent considérablement. Le commerce qu'ils font avec ceux des Européens qui ont des établissemens le long des côtes, consiste principalement en or, et en ivoire. On compte plus de 5 millions d'esclaves qui ont été transportés en Amérique; l'exportation annuelle se montait a 150,000, et depuis l'origine de ce trafic honteux, plus de 55 millions de nègres ont eté enlevés à leur patrie.

(77) LA CÔTE DES GRAINES est ainsi nommée de la grande quantité de poivre de Guinée qu'elle fournit, appelé MALAGUETTE dans la langue du pays. Aujourd'hui les Anglais y font seuls le commerce. Le territoire produit en quantité du riz, des pois et des fèves.

(78) Ou CÔTE D'IVOIRE, ainsi nommée de son commerce de dents d'éléphans; elle fournit en grande quantité de l'indigo, du coton, des fruits,

des bestiaux, du poisson et du gibier. On la divise en deux côtes ; celle des MAUVAISES GENS, habitée par une nation belliqueuse et peu sociable, du moins à l'égard des Européens, et celle des BONNES GENS.

(79) Cette côte a été nommée ainsi de la poudre d'or qu'on en retire: elle produit aussi du musc et des cannes à sucre. Elle est habitée par les nègres les plus civilisés, et offre le plus grand nombre d'établissement européens.

(80) Le royaume de BENIN est l'état le plus puissant de la Guinée; il est gouverné par un roi qui peut armer 100,000 hommes. Le pays est couvert de bois et coupé de rivières; ses côtes sont poissonneuses; on y pêche le corail. Il fornit du poivre, de l'ivoire, de l'huile de palmier, articles qu'on échange pour des étoffes, des armes, des ustensiles, de la verrerie, etc. les habitans sont adonnés au fétichisme; ils estiment beaucoup la chair de chien, et mangent aussi des rats et des lézards.

(81) Capitale sur la rivière du même nom, entourée de fossés profonds; résidence du féroce et despote roi nègre. C'est la ville la plus connue de la Guinée.

(82) Port de mer sur le golfe de Benin; les Portugais y ont un comptoir.

(83) LA BASSE-GUINÉE s'étend depuis le cap Lopez jusqu'au cap Négro, dans une longueur de 210 l. Le SOL est sablonneux et aride en bien des endroits, mais en d'autres il est gras, fertile et offre une belle végétation. La chaleur est excessive, quand elle n'est pas tempérée par les vents et les pluies. Les productions sont les mêmes que celles de la Haute-Guinée. Les HABITANS sont des nègres, qui se distinguent de ceux de la Haute-Guinée par leur couleur olivâtre, leurs cheveux crépus et leur taille plus petite. La racine du manioc forme leur principale nourriture. La plupart d'entre eux sont païens et adorent des fétiches; les autres professent la religion catholique, introduite par les Portugais qui y sont en grand nombre. On exporte de l'ivoire, des singes, des perroquets, du miel, de la cire et des bois propres à la teinture.

(84) Le CLIMAT du LOANGO est pernicieux aux étrangers. Le pays est riche en mines. On en exporte du cuivre, de l'étain, du plomb, du fer et de l'ivoire.

(85) LOANGO ou BUALI, capitale et résidence du roi, à une lieue de la mer. 15,000 habitans.

(86) Les contrées d'AZICO, de MICOCO et de DOMBO dans l'intérieur, ne nous sont connues que de nom, et par ce qu'on nous raconte de l'extrème férocité de leurs habitans.

(87) Au N. du Zaïre, n'a que peu d'étendue.

(88) Au sud du Zaïre, le royaume le plus puissant sur cette côte. Le sol y est d'une grande fertilité. Les rives du Zaïre sont fréquentées par un grand nombre de crocodiles et d'hippopotames.

(89) Capitale et résidence du roi qui y a un grand palais: elle est en partie habitée par les Portugais, qui y ont bâti des églises et établi un évêché. (40,000 habitans.)

(90) Le royaume est sous la domination des Portugais, et jouit du plus heureux climat.

(91) Capitale, grande ville, bien peuplée et résidence des Gouverneurs portugais, avec un port et un évêché. Le roi réside à MAC PONGO.

(92) Pays peu connu à l'est d'Angola.

(93) N'a que peu d'étendue; l'air y est mal sain; c'est un lieu d'exil pour les criminels de Portugal. On en tire du sel.

(94) Le pays, connu sous le nom général de CAFRERIE, est cette immense région de l'Afrique qui se termine par le cap de Bonne-Espérance. Elle est bornée au Nord par l'Abyssinie et la Nigritie; à l'Ouest, par une partie de la Guinée, le Congo et la mer; au Sud, par le cap de Bonne-Espérance, et à l'Est, par la mer. Le nom général de CAFRERIE lui a été imposé par les Arabes mahométans, dans la langue desquels le mot KAFIR, KAFER ou CAFRE signifie INFIDÈLE; ainsi ce nom, inconnu dans le pays, est une expression de mépris ou plutôt de fanatisme. Le vaste pays s'étend environ 780 milles du N. au S.; c'est-à-dire, depuis le cap Négro (sous le 15° 30' latitude Sud.) jusqu'au cap de Bonne-Espérance. De ce dernier point il s'étend au N. E. jusqu'à l'embouchure de la rivière Del Spiritu Santo, (sous le 25° de latitude Sud) l'espace d'environ 660 milles, et de là dans l'intérieur des terres jusqu'à la ligne équinoxiale, c'est-à-dire l'espace d'environ 1740 milles. Il ne nous est guère connu que sur les côtes. En général il est assez fertile, malgré la quantité de montagnes et de marais que l'on y rencontre.

Les déserts qui se trouvent entre les villages et les peuplades, sont habités par une multitude de bêtes sauvages, parmi lesquelles on distingue l'éléphant, le lion, le tigre, l'hyène et le jackal. Pris généralement, les Cafres sont grands, robustes et courageux; leur figure est assez bien, et quoique Nègres par la couleur, ils n'ont ni le nez épaté, ni les lèvres grosses. Leur manière de s'habiller approche beaucoup de celle des Hottentots. Ils portent un petit tablier et un Kross ou manteau, qui s'attache sur les épaules, et qui est fait d'une peau de mouton. Guerriers et braves, ils attaquent leurs ennemis avec une sorte de fureur, et aiment mieux perdre la vie que de fuir. Ce caractère guerrier n'ôte rien à leurs qualités sociales; ils vivent bien entre eux et sont hospitaliers envers les étrangers. Ils voient avec peine un Européen; mais dès qu'ils l'ont admis chez eux, ils pourvoient de leur mieux à ses divers besoins. Ils se rassemblent par Kraal ou village, qu'ils établissent auprès des rivières. Leurs huttes ont la forme d'un demi-globe parfaitement arrondi. La carcasse en est faite avec une espèce de treillage, solide et bien uni; on l'enduit tant en dehors qu'en dedans d'une espèce de torchis, de bouze et de glaise, battues ensemble et bien également réparties. La seule ouverture qui se trouve à ces demeures, est tellement étroite et basse, qu'il faut se mettre à plat ventre pour y pénétrer. La vermine y pullule quelquefois au point de ne pouvoir y résister; alors ils abandonnent leurs cabanes pour en construire des nouvelles, qui sont ordinairement disposées en rond. Ils font entrer la nuit leurs troupeaux au milieu du hameau, pour les préserver des bêtes féroces. Ils restent dans le même endroit tant qu'il y a des pâturages, et s'en vont aussitôt qu'ils en manquent ou que quelqu'un de la horde vient de mourir. Paterson a vu un de leurs chefs, qui, pour les besoins de sa maison, avait un troupeau de cent vaches. Les Cafres font leurs zagaies ou javelots avec beaucoup d'art. Les femmes y font des paniers qui peuvent aisément contenir de l'eau; ils ne sont cependant que d'herbe, mais tressés avec beaucoup d'adresse. Les occupations sont partagées; les hommes vont à la chasse et élèvent de grands troupeaux de bœufs et des moutons à grosse queue. La culture des terres est confiée aux soins des femmes. On y cultive le millet, le maïs, le riz et des légumes. La religion des Cafres paraît être un déisme pur; ils croient à l'immortalité de l'ame. Ils obéissent à des chefs nommés *Mampa*. La polygamie et le divorce y sont permis.

(95) Cette région s'étend depuis la pointe méridionale de l'Afrique jusqu'au 30e degré de latitude sud, et est bornée au Nord par le pays des Cafres. Le *sol* très-varié est en partie fertile, en partie sablonneux et aride. Le *climat* est tempéré, sain et agréable. Les productions sont du blé, surtout du froment, du vin du fameux vignoble qui porte le nom de Constance, l'un des plus précieux du globe; des fruits, des légumes et d'autres végétaux; des bêtes à cornes, des moutons à large queue, des chevaux, des buffles sauvages, des éléphans, des rhinocéros, des zèbres, des bêtes fauves et féroces, des autruches, des abeilles sauvages, du fer, du cuivre, du sel, du charbon de terre.

La colonie du cap de Bonne-Espérance appartenait aux Hollandais, qui la fondèrent en 1650 et y formèrent des plantations de tous les genres; aujourd'hui elle est sous la domination anglaise. Elle a 1,800 lieues carrées et 70,000 habitans, parmi lesquels 30,000 Blancs, descendans des Français qui s'y réfugièrent lors de la révocation de l'édit de Nantes; des Allemands, et particulièrement des Hollandais; le reste se compose d'esclaves et de Hottentots.

(96) Ville bien bâtie, la seule de toute la colonie, située dans le district du cap, au pied des montagnes de la Table, du Lion et du Diable, et sur la baie de la Table. Il y a un château fort, des magasins pour la marine, un hôpital pour 6,000 malades, un jardin botanique planté de légumes et de quelques végétaux exotiques. Les mouillages principaux sont *False-Bey* au Sud et *Table-Bay* ou baie de la Table, au Nord. Ce port est un lieu de rafraîchissement pour les vaisseaux qui vont aux Indes ou qui en reviennent. La population est de 18,000 habitans, parmi lesquels il y a 12,000 Noirs.

(97) Le pays des *Hottentots* se divise en plus de vingt contrées ou peuplades différentes, les unes indépendantes, les autres soumises à la colonie du cap.

PLANCHE LXXVII.

Les Hottentots d'une couleur jaune-brun forment une race particulière, facile à distinguer par la grosseur de la tête, les pommettes des joues très-proéminentes, les yeux grands, le nez plat, les lèvres épaisses, les dents très-blanches, les mains et les pieds petits en comparaison du reste du corps, les cheveux noirs, courts et laineux, et la barbe rare. Ils sont vêtus des peaux d'animaux garnies de leur poil; ils s'enduisent le corps de beurre mêlé de suie, ce qui leur donne une odeur insupportable. Ils sont très-robustes, adroits et d'une légéreté prodigieuse; ils passent leur vie dans l'oisiveté, préfèrent à l'agriculture la garde de leurs troupeaux, avec lesquels ils parcourent la contrée; le lait qu'ils en tirent, fait leur principale nourriture. Ils ne se livrent guère à l'exercice de la chasse, quoiqu'ils la fassent toujours avec succès pour écarter les animaux dangereux. Oublieux du passé, insoucians sur l'avenir, ils jouissent du moment présent, au sein d'une oisiveté qui leur plaît et dont le besoin seul les fait sortir. Malheureusement ils ont conçu pour les liqueurs fortes que leur ont apportées les Européens, une passion qui a altéré leur caractère paisible; l'ivresse les met en fureur, et alors ils se portent aux plus grands excès. Dans leur état naturel ils sont bienfaisans, hospitaliers, amis fidèles et zélés. Les huttes sont faites comme celles des Cafres, dont ils partagent la religion. Ceux qui n'habitent pas sur le territoire de la colonie du cap, forment un peuple libre et indépendant, et vivent sous des chefs particuliers dans des Kraals ou villages. Les femmes, qui aiment beaucoup à se parer, se chargent de bracelets, de ceintures et de colliers de verroteries. Leur bonnet, fait de peau, est aussi surchargé de ces sortes d'ornemens.

Les *Boschimans*, mot que veut dire homme des bois, ou *Bosman* hottentots, ont le caractère bien différent des autres Hottentots. Le colonel Gordon, qui a vécu assez longtems dans leur pays, dit qu'ils sont farouches, perfides et cruels; ils empoisonnent leurs flèches, ainsi que les Nomaquois, de sorte que la gangrène se met bien vîte à la plaie, et il est presque impossible d'en revenir. La planche LXXVII représente un de ces Hottentots-Boschimans ou Hauzouanas. Les recherches des célèbres voyageurs *Barrow* et *Perron* ont prouvé que le tablier qui accompagne et fait généralement partie des organes sexuels chez les femmes des Boschimans, ne se rencontre point chez les Hottentotes. *Le Vaillant*, dans son second voyage, a observé chez les femmes des Boschimans une particularité singulière dans leur conformation, qui consiste dans une saillie bizarre et dégoutante de leurs fesses. Cette saillie n'est qu'une masse de graisse, quelquefois de 6 pouces, et qui a assez de consistance pour que les mères, au récit des voyageurs, puissent y placer et porter leurs enfans. La *Vénus hottentote* qu'on a vue à Paris et qui y est morte en 1816, était de la race des Boschimans. Son corps a été disséqué et analysé par le célèbre *Cuvier*, qui lut dans le tems à l'académie des sciences un mémoire à ce sujet.

Parmi les principales peuplades indiquées sur le tableau, les *Boushouanas* ou Betjouanas au N. de tous les autres, se font distinguer par leur industrie et leur civilisation. Ils exploitent des mines de fer et de cuivre, qui sont en grand nombre dans leur territoire, et savent fabriquer des armes et toutes sortes d'ustensiles.

(98) *Litakon*, capitale, est une ville plus grande que celle du cap, et dont la population est évaluée à 15,000 ames. Des voyageurs anglais l'ont récemment visitée.

(99) Le pays des *Arrolous* plus au N. n'est encore connu que par les récits des Africains.

(100) La terre de *Natal* fait partie de la vaste région que l'on désigne sous le nom de Cafrerie; elle est à peu de distance du cap, sur la côte orientale. C'est un des plus beaux pays de l'Afrique; il est arrosé d'une multitude de ruisseaux, et ombragé par de vastes et profondes forêts. D'immenses plaines se couvriraient de richesses si l'homme de ces contrées ne préférait pas la paresse à l'abondance. Les forêts sont pleines d'animaux; les éléphans, les rhinocéros, les zèbres y sont très-communs. On y trouve les chiens dans l'état primitif. Quoique voisins des Hottentots, les habitans des rives du Natal ne leur ressemblent en rien; ils sont beaucoup plus noirs et beaucoup moins sales. Ils se livrent un peu a l'agriculture; leurs habitations sont construites en plâtre. Le gouvernement est fort simple; on choisit pour chef d'un village un des habitans les plus âgés. Ces peuples sont fort gais et très-hospitaliers. Sans temples, sans idoles, un village se réunit sous la voûte du ciel pour adorer un dieu inconnu, mais créateur et maître de tout.

(101) Ces pays peu connus des Européens, s'é-
tendent depuis le détroit de Babel-Mandeb jusqu'à
la rivière du St. Esprit. Les côtes sont basses et
exposées aux inondations. Ils fournissent du blé,
du riz, des fruits du Sud, des cannes à sucre, du
coton, différentes espèces de bois précieux, des
chevaux, des chameaux, des éléphans, des bêtes à
cornes et à laine, des animaux féroces, de l'or,
de l'argent, du cuivre et du sel marin. Les habitans sont Arabes, Maures, Nègres et Portugais.
Ces derniers, lors de la découverte du passage aux
Indes par le sud de l'Afrique, s'établirent sur les
côtes orientales et en sont demeurés depuis en
possession. Toutes les contrées de l'Afrique se
ressemblent; c'est la même température, le même
sol, les mêmes productions, le même commerce,
les mêmes peuples. Disons seulement qu'ici les
Arabes, lors de leur splendeur, sont descendus
au-delà de la ligne jusque vers le tropique méridional, et qu'avec leur domination ils ont propagé
leur sang, leurs mœurs et leur religion, dont on
aperçoit facilement les traces dégénérées.

(102) Résidence du roi.

(103) Port autrefois très-fréquenté sur le détroit
de Babel-Mandeb.

(104) La république de *Brava* est un état aris-
tocratique, tributaire des Portugais; c'était jadis
un royaume. Elle est gouvernée par un conseil
de douze personnes. Sa capitale fut ravagée par
Albuquerque, ce grand amiral qui porta à son
comble la gloire des Portugais dans l'Inde. Elle
fait un grand commerce d'or, d'argent et d'ambre
gris, et reçoit en échange des étoffes, etc.

(105) Le royaume de Mélinde est gouverné par
un roi mahométan, qui exerce une autorité abso-
lue, mais qui est tributaire des Portugais.

(106) Capitale sur le Quilimanci, avec un port
sur l'océan indien. Les Portugais y ont une fac-
torerie et plusieurs églises.

(107) Dans une presqu'île, a un bon port et
fait un commerce considérable en ivoire, miel et
cire.

(108) Avec un port et un fort aux Portugais
dans l'île de même nom.

(109) Capitale du royaume de ce nom.

(110) Ville forte avec un port et une citadelle,
éloignée d'un quart de lieue de la côte, et située
dans l'île et sur le canal de ce nom. Elle appartient aux Portugais; elle est le siège du gouvernement et le centre du commerce de cette nation
sur la côte orientale de l'Afrique. (2,800 habitans.)

(111) Situé des deux côtés de la chaîne du Lupata et sur le Zambèze, jouit d'un climat très-
sain, quoique chaud; le sol est très fertile en riz,
millet, cannes à sucre et fruits. On y trouve
presque tous les animaux sauvages et domestiques
de l'Afrique, excepté le chameau. Les habitans
noirs et idolâtres sont bienfaits et très-braves.
Les Portugais y sont en petit nombre.

(112) Ville grande, peuplée, et résidence du roi.

(113) Fort aux Portugais.

(114) Situé sur le golfe de Sofala, produit beaucoup d'or et d'ivoire.

115) Capitale peu considérable. L'on a cru que
c'était l'*Ophir* de Salomon, mais Mr. Gosselin en
a démontré l'impossibilité.

(116) Capitale sur le canal de Mozambique.

(117) Capitale de ce royaume. A l'arrivée des
Portugais dans ce pays, le roi qui gouvernât alors,
se fit baptiser avec toute sa cour. Ils y possèdent
la ville du cap Corrientes, bâtie dans une petite
presqu'île, à l'embouchure de la rivière d'Inhambane.

(118) Ce pays appelé *Soudan* par les Arabes, est
encore peu connu; il est situé dans l'intérieur de
l'Afrique, entre le Sahara, la Sénégambie, la Guinée, la Cafrerie, le pays de la côte orientale,
l'Abyssinie et la Nubie. Son *étendue* est d'environ
80,000 lieues carrées. Le *sol*, sablonneux au N.,
montagneux au S., n'est pas beaucoup plus fertile
que celui de Sahara, à l'exception des contrées
arrosées par des rivières. Le *climat* est très-
chaud, le pays étant situé entre les tropiques;
mais la chaleur est un peu tempérée par l'équi-
noxe continuel, par des pluies et par des vents
périodiques.

(119) Le royaume de Bournou est à l'ouest de
la Nubie; son sol produit du riz et des dattes;
on y exploite des mines de fer. Les parties méridionales paraissent fort marécageuses, et doivent
se terminer par un grand lac ou mer intérieure,
que l'on croit exister au centre de l'Afrique et
que quelques-uns nomment *mer de Nigritie*.

(120) Capitale et résidence près de la rivière de
la Gazelle. Elle a beaucoup de mosquées, des écoles
mahométanes et des fabriques; 10,000 habitans.

(121) Capitale, située sur le lac Filtre.

(122) Pays très-fertile et riche en poudre d'or.

(123) Le royaume de *Tombouktou* est arrosé par le Niger, et fournit beaucoup d'or ; le roi et les grands sont Mahométans. Il y a des Juifs. Tout récemment le roi de Bambara s'est emparé de ce pays.

(124) Capitale et résidence du Sultan. Elle a des fabriques d'étoffes de coton et de soie mêlée, et fait un grand commerce par caravanes avec l'Egypte et les états barbaresques. Elle renferme, dit-on, 200,000 habitans, selon d'autres de 25,000 seulement. On vante beaucoup la police de cette ville.

(125) Résidence ordinaire du roi nègre de Bambara (Wulo), qui, en 1800, a fait la conquête de Tombouktou.

(126) On indique le royaume de *Houssa* à .la place de celui de Takrour, et celui de *Kaschna* à la place de Gana ; mais l'un et l'autre sont au nombre des parties les plus mal-connues de la Nigritie.

(127) *Houssa* est, dit-on, une ville immense, et selon d'autres, un pays extrêmement peuplé.

(128) C'est à *Jaour* que Mungo - Park trouva la mort en descendant le Niger, en 1808, au moment qu'il allait pénétrer dans le pays de Houssa, qui paraît former un des états les plus puissans de l'Afrique centrale.

(129) Le royaume de Bambara, arrosé par le Niger, a d'excellens pâturages.

(130) Capitale, située sur les deux rives du Niger ; (30,000 ames).

(131) A l'E. du royaume de Houssa, son territoire est fertile et bien arrosé ; il renferme d'excellens pâturages peuplés d'un grand nombre de bestiaux, fournit de la manne et du séné. Les habitans font le commerce de sel qu'ils transportent sur des chameaux dans d'autres contrées.

(132) Ville très-peuplée et une des places les plus commerçantes de l'Afrique, étant située sur le passage des caravanes.

(133) La plus grande île de toutes celles du golfe arabique ; elle a plus de 20 lieues marines de tour.

(134) *Socotora*, l'ancienne *Dioscoride*, est placée, par quelques géographes, au nombre des îles de l'Asie, parce qu'elle est liée, par plusieurs rapports, au continent de l'Asie ; par d'autres au nombre des îles de l'Afrique, parce qu'elle est plus rapprochée de ce continent. Elle a 10 lieues de long sur 9 de large. Ses productions consistent principalement en dattes, aloès, très-renommés qu'on appelle Succotrin, du nom de l'île, et sang de dragon. Le corail y est très-commun. *Tamarida* en est le chef lieu. Les habitans sont Arabes et Mahométans ; ils obéissent à un roi.

(135) La plus grande de l'Afrique, que l'on dit être la Manuthias des Anciens. Elle a 125 lieues de long sur 60 de large, et 10,500 lieues carrées. Une double chaîne de montagnes hautes de 7,000 à 10,000 pieds parcourt cette île du Nord au Sud. Le *climat* est tempéré, le *sol* fertile et la végétation superbe. Cette île, découverte par le Portugais Laurent Almeida, en 1506, fournit du riz, des patates, des bananes, du sucre, du sagou, de l'indigo, de la canelle, du poivre, du bétel, du gingembre, des fruits du Sud, des gommes de différentes espèces, du tabac, du coton, de la soie, du miel, des bois estimés, comme le sandal et l'ébène. Les excellens pâturages nourrissent beaucoup de zèbres ou bœufs à bosse de graisse, et des moutons à grosse queue. Les sauterelles obscurcissent quelquefois l'air, et servent de friandises aux naturels. On y trouve des singes, mais on n'y voit ni tigres, ni lions, ni éléphans, ni chameaux. Les montagnes renferment des mines d'argent, d'étain et de cuivre. On y trouve des pierres précieuses et de très-beau cristal de roche, extrêmement utile en optique. Les habitans, appelés *Madécasses*, sont un mélange d'Africains et d'Arabes. La population s'élève à un million et demi, et selon d'autres à quatre millions. Les Français y avaient bâti le fort Dauphin à la pointe méridionale En 1673 les Insulaires égorgèrent la garnison et détruisirent leurs habitations.

(136) Le lieu le plus grand de l'île.

(137) Capitale du royaume des Séclaves, le plus puissant de l'île ; 30,000 habitans. C'est à l'Est, à *Foul-Point* et à *Tamatave*, qu'abordent ordinairement les vaisseaux européens.

(138) Les îles *Comores* forment un petit archipel composé de quatre îles, à l'entrée septentrionale du canal de Mozambique. La plus grande de ces îles, nommée *Comore*, et par les habitans *Angazisa*, a donné son nom à l'archipel. Ces

îles sont fertiles en riz, en oranges, limons, sucre, cocos et gingembre.

(139) Les *Seychelles* sont situées entre Madagascar et la ligne. Celui des *Amirantes*, composé de beaucoup de petites îles et îlots, dont le sol est bas et marécageux, et celui des îles *Mahée*, ou Seychelles proprement dites, au N. E. des précédentes, dont la principale donne son nom au groupe. Ces dernières fournissent des cocos et des tortues, et appartiennent aux Anglais.

(140) Les *Mascareignes*, appelés ainsi de Pierre Mascarénhas, qui les découvrit en 1505, sont situées à l'E. de Madagascar. Elles fournissent du café, du sucre, du cacao, de l'indigo, des fruits du Sud, du froment, des épices, et ont un climat doux. La population se compose de Blancs, de Créoles, de Mulâtres et de Nègres.

(141) L'île de *Bourbon*, remarquable par son volcan, dont les éruptions sont presque continuelles, produit du sucre et des clous de girofle. Elle appartient à la France, et renferme environ 80,000 âmes; (112 lieues carrées).

(142) L'île de *France*, cédée à l'Angleterre en 1815, est moins fertile et moins étendue que celle de Bourbon; mais elle doit à ses ports et à ses rades une plus grande importance commerciale et militaire. Elle a un sol marécageux; (55 lieues carrées).

(143) L'île *Rodrigue* est presque inhabitée, et fournit aux habitans de l'île de France des tortues, du riz et des fruits. Ce fut une des stations choisies par l'académie des sciences pour l'observation du dernier passage de Vénus.

(144) La terre de *Kerguelen* ou de la désolation est située dans le grand océan austral, sous le 50e degré de latitude S., au S. E. du cap de Bonne-Espérance, et presque à moitié chemin de la Nouvelle-Hollande. Elle est composée de plusieurs îles stériles, d'un aspect sauvage et presque toujours environnées de glaces. Le nom de ces îles est celui d'un navigateur français, qui le premier les a reconnues.

(145) Les îles de *Tristan d'Acunha* ou *de la relache*, au S. O. du cap de Bonne-Espérance, vers le 37e degré de latitude S. La plus occidentale a 5 lieues de tour; elle est très-montagneuse. Les Anglais y ont formé depuis peu un établisse-ment

(146) L'île de *Ste. Hélène* fut découverte en 1502 par les Portugais, le jour de la Ste. Hélène. Elle est située à une distance de 300 lieues du continent d'Afrique et de plus de 300 lieues de l'Amérique; elle a 5 lieues de circuit et 2,400 habitans. Son élévation sur un rocher de 2,700 pieds au-dessus du niveau de la mer la fait apercevoir de fort loin. Des ruisseaux rafraîchissent le sol aride des vallées; mais ils diminuent sensiblement et disparaissent dans les sécheresses, fléau qui a été si terrible en 1791, qu'il a détruit tout le bétail et fait disparaître toute espèce de végétation. L'air y est pur et sain et le climat agréable. L'île est entourée de rochers et d'un abord difficile. Elle est tellement fortifiée par la nature et par l'art qu'elle est censée imprenable, et n'offre qu'un seul mouillage à l'E. appelé *Chapel Walley-Bay*. Elle appartient aux Anglais. C'est l'auberge maritime des vaisseaux de cette nation, qui se rendent dans l'Inde. Napoléon y fut déposé en 1815. Sa demeure est à Longwood, dans l'intérieur de l'île. Cette île est encore remarquable par le séjour qu'y fit, en 1676, sous le règne de Charles II, le célèbre *Hallay*, qui enrichit la science astronomique de 350 nouvelles étoiles, et trouva par la méthode devenue si importante dans la suite, la parallaxe, au moyen de laquelle on est parvenu à déterminer la distance de la terre au soleil.

(147) Voyez la note 146.

(148) Dans une vallée; c'est le seul bourg et le seul port de l'île; il consiste en une seule rue. De bonnes fortifications en défendent l'approche.

(149) Si l'on admettait que l'Afrique fut séparée du nouveau monde par une de ces grandes et terribles catastrophes, dont on ne peut assigner l'époque, l'île de l'*Ascension*, de *Ste. Hélène* etc. seraient d'antiques ruines d'une chaîne de montagnes envahie et couverte par l'océan. D'un autre côté, si l'on réfléchit à l'origine de Santorin dans notre archipel, on peut par analogie se représenter ces deux rochers brûlés comme tout-à-coup élevés sur la surface des eaux de l'océan ébranlé dans ses profondes abîmes par les feux souterrains. Quoiqu'il en soit de ces hypothèses il parait constant que le feu est l'agent qui a produit l'une et l'autre de ces îles ou du moins plusieurs de leurs montagnes. Les rivages de l'île de l'Ascension sont couverts de laves et de scories volcaniques

Le bon port et la quantité de tortues énormes et de pigeons donnaient quelque prix à ce rocher stérile de 6 lieues de circuit, dépourvu d'eau et presque de végétation. En 1816 quelques familles anglaises s'y sont établies.

(150) *Annobon* ou *Bouanno*, riche en mines, tabac. riz, fruits, canne à sucre etc. Elle appartient aux Espagnols.

(151) Cette île qui appartient aux Espagnols, est riche en sucre, coton, vins, bœufs, moutons, fruits du Sud, etc.

(152) A l'O. de la Sénégambie.

(153) Ainsi nommées parce qu'elles sont vis-à-vis du cap de ce nom. Ces îles qui sont à 100 lieues du continent, sont la plûpart pierreuses ; leur principal commerce consiste en sel, en peaux de chèvres et en volaille. Elles furent découvertes vers 1460, par Antoine Noli, Génois, au profit du roi de Portugal. On y compte 42,000 habitans.

(154) Cette île a 50 lieues de tour. Il y croit du coton, des cocos, des orangers, de la garance. On y trouve aussi le palmier et l'arbre à pain.

(155) Les *Canaries* étaient nommées par les Anciens *Isles fortunées*, sans doute à cause de la pureté de leur ciel et de la fécondité de leur sol. Quelques-uns y placent les fameux jardins des *Hespérides*. Toutes ces îles qui portent les traces manifestes de feux volcaniques, ont 224 lieues carrées, 200,000 habitans, et appartiennent aux Espagnols, qui les découvrirent en 1405 et qui y ont introduit la religion catholique Le climat est salubre et agréable, et le sol montagneux, entre-coupé de va'lées et de plaines fertiles. Elles fournissent du vin, du blé, des fruits du Sud, du miel, du sucre très-estimé, du coton, des dattes, du mastic, de l'orseille, mousse employée dans la teinture, de petits chevaux, des jolis oiseaux nommés *serins*. Les Indigènes du pays, appelés Guanches, ont été presque entièrement détruits par les Espagnols Ils enbaumaient les cadavres à la manière des Egyptiens. On y a retrouvé un grand nombre de leurs tombeaux et des momies très-bien conservées. Mr. *Bory de St. Vincent*, dans son essai sur les îles fortunées etc. recherche l'origine de ce peuple et la retrouve dans les anciens *Atlantes*, habitans de cette fameuse *Atlantide*, célébrée par Platon et par tous les Anciens, cherchée par Olaus Rudbeck et par l'illustre et

infortuné *Bailly* dans les lettres sur l'Atlantide. Ce pays fut submergé, soit par l'affessement des terres, soit par la rupture du détroit de Gibraltar, et l'antique Atlantide disparut ; il n'en resta que les points les plus élevés, qui sont au nord des *Azores*; à l'O. les *Canaries*, au S. les îles du *cap vert*, autrefois les *Gorgades*, et le vrai pays des Gorgones.

(156) L'île de *Ténériffe* peut être considérée comme une forêt de lauriers, d'arbousiers et de pins, dont les hommes ont à peine défriché la lisière, et qui renferme dans son centre un terrain nu, rocailleux, également impropre à la culture et au pâturage, au milieu duquel s'élève le redoutable cratère de son volcan; le pic de *Teyde* ou de *Ténériffe*, dont la planche XIV indique la hauteur. Mr. L. Cordier lui donne 1,200 toises de tour à son orifice. Mais les voyageurs qui ont parcouru cette île, ont tous parlé avec enthousiasme de la vallée de *Tacoronte*, cultivée comme le plus magnifique jardin, et où croit l'excellent vin de Malvoisie. En 1558 un nouveau volcan s'ouvrit dans l'île de *Palma*, et y forma une nouvelle montagne.

(157) L'île *Canarie* donne son nom à tout le groupe. Elle a 50 lieues de tour et est très-fertile, surtout en grain. On y compte 40,000 habitans.

(158) L'île de *Fero* et *Hierro* est peu considérable; mais elle mérite d'être remarquée, parce que c'est d'elle que la plûpart des anciens géographes français comptaient lé premier méridien. Le sol de l'île de *fer* produit principalement des vignes et des figues.

(159) Les îlots de *Salvages* ont une prodigieuse quantité de serins, qui y placent leur douce postérité sous la protection des rochers et des recifs.

(160) L'île de *Madère*, celle de *Porto-Santo* et quelques îlots déserts au N. des Canaries forment un groupe particulier appartenant aux Portugais. Madère est une île charmante, située sous un climat délicieux; elle a 30 lieues carrées, est très-fertile et abonde en vin, blé, miel, fruits du Sud, bois et orseille. L'abondance des bois, dont elle était autrefois couverte, lui avait fait donner le nom de *Madeira*. Les habitans, au nombre de 90,000, sont un mélange de Portugais, de Nègres et de Mulâtres, qui professent la religion catholique. Le principal commerce est dans les mains

des Anglais. Les Portugais la découvrirent en 1419.

(161) *Funchal*, capitale et siège du gouvernement et d'un évêque. Elle a un port, plusieurs forts et des factoreries anglaises; (15,000 habitans).

(162) Les îles *azores* sont appelées aussi *Tercères*, de la plus grande du groupe, et *Azores*, de la grande quantité d'éperviers (en portugais *Azor*), qu'on y trouva lors de leur découverte. Elles sont situées au N. O. de Madère, ont un climat doux et agréable, un sol marécageux, volcanique, et exposé aux tremblemens de terre; mais fertile en blé, vin, chanvre, lin, miel et fruits du Sud. Le bétail y abonde. La population est d'environ 180,000 habitans, presque tous Blancs. Elles appartiennent aux Portugais.

(163) *Tercère* a 15 lieues de long sur 6 de large. Elle fournit du bois de construction, du grain, du vin, des fruits, et nourrit du bétail.

(164) *Agra*, avec un port, est la capitale, le siège du gouvernement et de l'évêque.

(165) Capitale avec un port, des fortifications, des fabriques de chapeaux et de grosses toiles; 12,000 habitans.

(166) On peut regarder cette île comme un jardin de 3 lieues de long sur 2 de large.

(167) *Pico* prend son nom du sommet aigu de l'une de ses montagnes, que l'on aperçoit de 25 lieues en mer.

(168) *Florès* prend son nom de sa belle végétation.

(169) Isle nouvelle, produite en 1811 par l'éruption d'un volcan sousmarin. Quelques géographes pensent que les *Azores* doivent être classées parmi les îles qui appartiennent à l'Europe.

L'AMÉRIQUE EN GÉNÉRAL.

L'AMÉRIQUE, la plus grande des cinq parties du globe, forme un continent qui occupe à lui seul l'hémisphère occidental. On l'appelle aussi NOUVEAU CONTINENT OU NOUVEAU-MONDE, et quelquefois aussi INDES OCCIDENTALES OU PETITES INDES (par opposition aux INDES ORIENTALES OU GRANDES INDES, qui sont en Asie); mais on entend plus particulièrement sous ce nom d'Indes occidentales la masse d'îles situées entre les deux grandes parties de ce continent, qui fut découvert en 1492 par CHRISTOPHE COLOMB. Ce célèbre Génois, par cette justesse d'esprit et de raisonnement que donnent les connaissances mathématiques, calcula très-bien que si notre terre était un globe, comme cela lui demeurait prouvé, nous n'en connaissions encore qu'une partie, et qu'en partant de notre Europe et gouvernant toujours vers l'Occident, il devait ou rencontrer de nouvelles terres, ou arriver aux côtes orientales de l'Asie. Frappé d'une idée aussi heureuse et aussi simple, il s'adressa successivement à Gênes sa patrie, à la France, à l'Angleterre et au Portugal, demandant partout qu'on lui donnât les moyens d'exécuter ce qu'il avait conçu; mais partout il fut repoussé comme un insensé. Enfin l'opiniâtre Colomb, après huit ans de sollicitations, l'emporta sur la reine Isabelle de Castille. Il partit le 2 Octobre 1492, avec quelques vaisseaux, et après une navigation de trente-trois jours, pendant lesquels les mutineries continuelles de son équipage, qui le regardait comme un fou, l'avaient exposé à un danger journalier, il aborda à l'ile de GUANAHANI, l'une des Lucayes, que sa position personnelle lui fit appeler SAINT-SALVADOR; car il allait infailliblement périr de la main de ses gens, s'il n'eût enfin rencontré la terre. De cette petite ile, Colomb aborda dans une autre grande et peuplée, appelée par les habitans HAÏTI, et qu'il nomma HISPANIOLA (aujourd'hui St. Domingue). Il y établit une colonie et retourna en Espagne. Après plusieurs voyages de ce navigateur, qui dans un troisième trajet découvrit le continent, AMÉRIC VESPACE, aventurier de Florence, marchant sur les traces de Colomb, pénétra plus avant que lui, publia une rélation de son voyage, la première qui ait paru au sujet du Nouveau-monde, et en donnant son nom à l'AMÉRIQUE, il usurpa un honneur qu'avait mieux mérité le bon, l'honnête, le digne Colomb, qui mourut en Espagne en 1506, après quatre voyages consécutifs, entremêlés de tout ce que l'envie, les dégouts, l'ingratitude et les injustices ont de plus amer. Ainsi, comme le dit un historien, le premier instant où l'Amérique fut connue du reste de la terre, fut marqué par une injustice, présage de toutes celles dont ce malheureux continent devait être le théâtre.

Les BORNES du Nouveau-monde sont à l'E. l'immense et tempétueux océan atlantique, qui la sépare de l'ancien; à l'O. et au S. le vaste et paisible océan pacifique; au N. les glaces du pôle arctique.

SITUATION ET ÉTENDUE. — Elle s'étend au N. jusqu'au-delà du 80e degré de latitude septentrionale, et au S. jusqu'au cap HORN, vers le 56e degré de latitude méridionale, ce qui fait qu'elle comprend au moins 136° de latitude, et lui donne plus de 3,400 lieues du N. au S. Elle touche au N. O. au 170e degré de longitude orientale, et vers le S. E. à peu-près au 38e degré aussi de longitude orientale; de sorte qu'elle comprend environ 132° de longitude. Sa plus grande LARGEUR, prise du N. O. à l'E. dans l'Amérique septentrionale, depuis le cap NEWENHAM jusqu'au détroit de BELLE-ISLE, est de plus de 1,400 lieues.

SURFACE ET POPULATION. — L'Amérique étant, ainsi que l'Afrique, en grande partie inconnue aux Européens, on ne peut évaluer que par aperçu sa surface et sa population. Comme ce continent parait au moins aussi étendu que l'Europe et l'Asie, prises ensemble, on peut porter sa surface à au moins 1,500,000 lieues carrées. Quant à sa population, on l'estime à plus de 50 à 60 millions d'habitans.

DIVISION. — La nature elle-même semble avoir partagé l'Amérique en deux grandes presqu'iles ou deux continens, qui se joignent par une espèce d'isthme d'environ 500 lieues de long, et dont la partie la plus étroite, appelée ISTHME DE PANAMA ou de DARIEN, n'a pas plus de 19 lieues de largeur. Cette situation a déterminé la division de cette partie du globe en AMÉRIQUE SEPTENTRIONALE et en AMÉRIQUE MÉRIDIONALE.

Le SOL est en général très-fertile, et produit abondamment tout ce qui est nécessaire à la vie. Une terre partout arrosée et fécondée par des fleuves nombreux; des colonies et des nations européennes; partout des peuplades barbares sans annales et sans souvenirs, peu nombreuses, peu dignes d'attention, au milieu d'elles deux royaumes anéantis (ceux des Mexicains et des Péruviens), dont la civilisation était peu avancée et récente, et dont les habitans sont aujourd'hui mêlés, incorporés avec leurs vainqueurs, dont ils ont adopté la langue, la religion et les mœurs; un très-petit nombre de villes importantes, isolées dans l'espace; de grands fleuves, des forêts immenses, des plateaux dispersés par étages sur la pente des longues et hautes Cordillières; offrant sous une même zône toutes les températures et tous les climats; des mers intérieures, de vastes lacs, des plages basses et des terrains inondés; des chaines entières de volcans redoutables; une nature parée de toute la fraicheur d'une végétation vigoureuse et surabondante, mais inculte, sauvage et gigantesque; tels sont les principaux traits que nous offre le Nouveau-monde, que nous allons faire connaître avec plus de détail. (Voy. pour les peuples la page 70 et suivantes de la première partie de ce Porte-feuille).

AMÉRIQUE SEPTENTRIONALE.

Situation, étendue, sol, climat. — Cette moitié de l'Amérique qu'on nomme aussi continent septentrional, comprend toute la partie septentrionale jusqu'à l'isthme de Panama, et a plus de 2,000 lieues de largeur depuis cet isthme jusqu'au détroit de Behring dans le N. O. Comme elle est située, partie dans la zône glaciale, partie dans la zône tempérée et partie dans la zône torride, on sent qu'elle doit nécessairement présenter une grande variété de sols et de productions. En effet, la partie située au-delà du 50ᵉ parallèle n'offre, pour ainsi dire, outre des rochers, des lacs et des riviéres, que des terres arides et presque entièrement stériles, à cause de la rigueur excessive du froid qui y entretient les glaces ou les neiges plus des trois quarts de l'année. Mais au-dessous de cette latitude le climat va en s'adoucissant, et devient chaud de plus en plus, à mesure qu'on approche de la zône torride, où la chaleur serait peut-être insupportable, si elle n'était tempérée par les vents alisés des tropiques. Dans cette partie la fertilité est en général très-grande et les productions très-variées. Les principales sont les graines céréales (entr'autres le maïs, le riz), le coton, le tabac, le sucre, le café, la cochenille, le cacao, l'indigo, la vanille et différens autres aromates; des drogues médicinales, diverses espèces de fruits délicats, bois de teinture, et quantité d'autres etc. Des mines de cuivre, d'étain, de plomb, de fer, de mercure, de charbon fossile etc.; et dans la Nouvelle-Espagne (un des pays les plus fertiles et les plus riches de l'univers), quantité de mines d'argent et plusieurs mines d'or. La Nouvelle-Espagne a plus de 500 endroits d'exploitation d'or et d'argent. Les plus considérables sont ceux de zacatécas, où est la célèbre mine de sombrette, de guannaxuato, où est la mine de valentiana, de catorce. Ce groupe minéral est le plus abondant de la terre; il fournit à lui seul le tiers de toute l'extraction annuelle du globe. Il y a en outre des mines de pierres précieuses dans la Floride, et l'on pêche beaucoup de perles sur les côtes, ainsi que sur celles de la Californie. Une grande partie de l'Amérique septentrionale nous est à peu-près inconnue, notamment les terres au N. et à l'E. de la baie d'Hudson, et presque toutes celles qui sont au-delà du 36ᵉ parallèle, entre le 100ᵉ degré de longitude et l'océan pacifique. Tout ce que nous savons d'un peu certain sur cette vaste étendue de pays, c'est qu'il est habité dans presque toutes ses régions par différentes peuplades ou hordes sauvages, répandues çà et là, principalement dans les environs des rivières et des lacs (voy. p. 71 et suiv. 1re partie du Porte-feuille géographique), ne vivant que de la chasse et de la pêche, et n'ayant d'autres richesses que les peaux des animaux qu'elles tuent, dont elles font des échanges avec les Européens, pour qui ces peaux sont un objet de commerce. Les principaux de ces ANIMAUX sont le CASTOR, la LOUTRE, le RENNE, le DAIM, le BUFFLE, l'ELAN, l'OURS, le LOUP, le LYNX, le RENARD, le LIÈVRE, la MARTE etc. Il y a aussi différentes espèces d'OISEAUX aquatiques et autres, comme OIES, CANARDS, CYGNES, GRUES, OUTARDES, PERDRIX etc.; des AIGLES et autres oiseaux de proie. Les lacs et les rivières y sont pour la plûpart très-poissonneux.

MONTAGNES. — L'Amérique septentrionale a deux grands systèmes de montagnes, qui communiquent à ceux de l'Amérique méridionale par l'isthme de Panama, malgré leur abaissement dans le Choco et dans les provinces de Darien: ces montagnes sont formées par plusieurs rangées parallèles, qui suivent la direction de ses côtes, l'une à l'Occident, que Mr Walkenaër nomme CHAÎNES OCÉANIQUES, l'autre à l'Orient, qu'il appelle CHAÎNES ATLANTIQUES, qui en est la continuation. Les premières, qui sont plus longues, s'étendent sans interruption du N. au S. E. entre le cercle polaire arctique, vers l'embouchure de la rivière de MAKENSIE et le tropique du Cancer, vers la pointe sud de la Californie; mais la rangée intérieure de cette chaîne se prolonge au S. vers l'Orient jusqu'à l'isthme de PANAMA, et partage longitudinalement le grand BRAS DE TERRE DU MEXIQUE ou de la Nouvelle-Espagne. Cette chaîne, depuis le tropique jusqu'au 40e degré, porte le nom de MONTS PIERREUX OU ROCHEUX, dont une des branches au N. O. forme le mont SAINT-ELIE. Plus au S., en entrant dans le Nouveau-Mexique, divers groupes qui continuent cette chaine, sont appelés SIERRAS DE LAS GRULLAS OU SIERRA VERDE, SIERRAS DE MIMBROS, et SIERRA MADRÉ, que l'on peut regarder comme la bouche centrale des Andes mexicaines, qui se réunissent vers le 19e parallèle. Celle qui est à l'Orient, se nomme SIERRA OBSCURA. Ces monts augmentent de hauteur vers le Sud, en pénétrant dans le Mexique, et leur nœud principal se trouve entre les 18e et 20e degré de latitude N., où le POPOCATEPELT dans l'intendance de Puebla, et le pic d'ORIZABA, deux de leurs principaux sommets, s'élèvent à plus de 2,700 toises de hauteur.

Les CHAÎNES ATLANTIQUES, beaucoup plus courtes, commencent vers le 47e degré de latitude N., dans le Nouveau-Brunswick; elles descendent au S. O. jusqu'au 45e; elles se rencontrent vers l'Ouest, pour s'approcher du MISSISSIPI; elles sont formées par plusieurs chaînes parallèles, qui ont souvent 70 milles de large. La rangée orientale, ou la plus rapprochée de la mer, se nomme MONTAGNES VERTES OU GREEN MOUNTAINS au N., MONTAGNES BLEUES au Centre, et MONTS APALACHES OU MONTS ALLEGHANIS au S.; la rangée intérieure ou intermédiaire s'appelle MONTS DU NORD, et plus au S. MONTS DE FER OU IRON-MOUNTAINS, et enfin la rangée la plus occidentale prend le nom de MONTS LAURELS.

PLATEAUX. — L'Amérique présente les plus hauts plateaux du globe. Tout l'intérieur de la vice-royauté du Mexique et vraisemblablement encore de toute la Nouvelle-Biscaye, forme une immense surface, qui s'élève de 6,000 à 8,400 pieds au-dessus du niveau de la mer.

VOLCANS. — Outre ceux de POPOCATEPELT, dans l'Intendance de Puebla, souvent enflammé; d'ORIBAZA qui présente, dans ses éruptions, une échancrure qui rend le cratère visible de très-loin. On remarque encore celui de JORULLO dans l'Intendance de Valladolid, qui a formé le 29 Septembre 1759 une montagne de scories et de cendres, et tout à l'entour un millier de petites collines en cônes et enflammées. La cordillière du Mexique est un groupe de montagnes volcaniques, qui offre de grandes analogies avec celui de Quito dans l'Amérique méridionale.

CAPS. — Le cap FARWEL au S. du Grœnland; le cap WALSINGHAM au S. de la terre de Baffin; le cap SCHIDLEY au N. E. du Labrador; le cap ST. CHARLES au S. E. du même pays; le cap ST. JEAN dans l'île de Terre-Neuve; le cap COD au N. E. des États-Unis; le cap CARNAVERAL à l'entrée du détroit des Florides; le cap SUD au midi de la presqu'île de Floride; le cap CATOCHE à l'extrémité de la presqu'île de Yucatan; le cap GRACIAS A DIOS au N. E. de la presqu'île de Honduras; la pointe de MALA à l'entrée du golfe de Panama; le cap CORRIENTES, vis-à-vis des îles Revillagigedo; le cap ST. LUCAS au S. de la Californie; le cap ST. AUGUSTIN plus au N.; le cap MENDOCIN au S. O. de la Nouvelle-Albion; le cap de FLATTERIE plus au N.; la pointe d'ALASKA au N. O. de l'Amérique russe; le cap NEWENHAM plus au N.; le cap du PRINCE DE GALLES dans le détroit de Behring; le cap GLACÉ plus au N. etc.

PRESQU'ILES. — De la NOUVELLE-ÉCOSSE ou d'ACADIE; de la FLORIDE, de YUCATAN, de la CALIFORNIE, d'ALASKA.

ILES. — Voyez le tableau sommaire des pays de l'Amérique septentrionale.

LACS. — Aucune partie du globe n'offre la quantité d'eau douce ni le rassemblement de lacs qu'on remarque dans l'Amérique septentrionale; on en rencontre une chaîne non interrompue qui conduit depuis la partie la plus occidentale jusqu'à la mer. Quelques-uns sont d'une immense étendue. Voici leur ordre de l'Ouest à l'Est: le lac du GRAND OURS (great Bear); le lac de l'ESCLAVE; le lac des MONTAGNES; le lac VOLTASTON; le lac des RENNES; le lac WINNIPIG ou ASSINIBOELS; le lac des BOIS; le lac SUPÉRIEUR (1800 l. carr.); le lac HURON (670 l. carr.); le lac MICHIGAN; le lac ERIÉ (600 l. carr.); le lac ONTARIO (580 l. carr.); le lac CHAMPLAIN, qui forme la limite entre l'état de New-York et celui de Vermont; le lac TAMPARI au N. E. de la vice-royauté du Mexique; le lac NICARAGUA dans le Guatimala; le lac PASCUARO dans l'Intendance de Valladolid, etc.

FLEUVES ET RIVIÈRES. — L'Amérique septentrionale en contient un nombre infini. Les plus considérables sont:

Le SAINT-LAURENT, qui sort du lac Ontario et se rend dans le golfe de son nom. Il reçoit une quantité innombrable de rivières (entre autres l'ATAWAS), éprouve la marée et se trouve navigable à plus de 150 lieues de son embouchure, qui a 30 lieues d'ouverture.

Le MISSISSIPI, qui vient des monts CHIPAWAYES au N., reçoit un grand nombre de rivières (entre autres le MISSOURI), qui a le cours le plus long et le plus considérable, vient des monts ROCHEUX, et reçoit plusieurs affluents, dont le principal est la RIVIÈRE PLATE; l'ILLINOIS, le tortueux OHIO, avec la TENNASSÉE et le KENTUCKY ses tributaires; l'ARKANZAS, la RIVIÈRE ROUGE, etc.

Le CONNECTICUT, l'HUDSON, la DELAWARE, la POTOWMAC, la SAVANNAH, et une foule d'autres rivières traversent les États - Unis et se jettent dans l'océan atlantique; elles sont, pour la plupart, très-profondes et admirables pour la navigation.

Le RIO DEL NORTE, OU RIVIÈRE DU NORD, ou RIO BRAVA, qui prend sa source dans la Sierra Verde et se jette dans le golfe du Mexique.

Le RIO COLORADO, qui vient des mêmes montagnes et a son embouchure dans la mer Vermeille, après avoir reçu la RIO GILA.

La COLOMBIA, qui coule vers l'Est et reçoit au S. la MOULT-NOMAH et se jette dans le grand océan.

La RIVIÈRE DE COOK dans l'Amérique russe; la rivière de MAKENSIE, qui a son embouchure dans l'océan glacial; les rivières de CHURCHILL et de SEVERN, qui se jettent dans la baie d'Hudson; la rivière ALBANY, qui se décharge dans la baie de James, etc.

CATARACTES OU SAUTS. — Il y en a plusieurs très-remarquables, mais les deux les plus renommés sont 1° le SAUT DE NIAGARA, formé par la rivière du même nom (laquelle fait communication des lacs Erié et Ontario), où une masse énorme d'eau occupant un espace d'environ 1088 mètres (3350 pieds) tombe perpendiculairement, sans rencontrer aucun obstacle, d'environ 50 mètres (plus de 150 pieds) et offre un des spectacles les plus imposans et les plus effrayans qu'on puisse imaginer. Le bruit de cette chûte est tel que, quand le vent est favorable, on l'entend de plus de 12 lieues. C'est moins un fleuve qu'une mer, dont les torrens se précipitent à la bouche béante du gouffre. La cataracte se divise en deux branches, et se courbe en fer à cheval. Entre les deux chûtes s'avance une île, creusée en dessous, qui pend avec tous ses arbres sur le chaos des ondes. La masse du fleuve, qui se précipite au Midi, s'arrondit en un vaste cylindre; puis se déroule en nappe de neige, et brille au soleil de toutes les couleurs. Celle qui tombe au Levant, descend dans une ombre effrayante; on dirait une colonne d'eau du déluge. Mille arcs-en-ciel se courbent et se croisent sur l'abîme. L'onde frappant le roc ébranlé, réjaillit en tourbillons d'écume, qui s'élèvent au-dessus des forêts, comme les fumées d'un vaste embrâsement. Des pins, des noyers sauvages, des rochers taillés en forme de fantômes, décorent la scène. La pl. LXXXIV donne une faible idée de cette immense cataracte. Sur le premier plan sont représentés des Indiens du Canada. Leur peau est très-basanée; mais la couleur, qui est d'un rouge brun sâle, n'est pas naturelle; elle est due à leurs fréquentes onctions. Leur habillement varie beaucoup; mais en général, il consiste en un manteau de toile ou une peau qui passe entre les cuisses et est fixée devant et derrière; une espèce de camisole sans manches, qui descend jusqu'à la ceinture; des bas de peau qui montent jusqu'au milieu de la cuisse, et enfin un manteau qui les enveloppe. La camisole des femmes leur descend jusqu'aux genoux, et elles portent aussi une espèce de manteau. L'amour de la parure est une passion dominante chez les jeunes Indiens. Ils se peignent le visage de différentes couleurs, et ornent leur tête de plumes et d'aigrettes. Ils ne conservent de leurs cheveux qu'un petit toupet qui sert à fixer les ornemens, et ne souffrent de poil en aucune autre partie du corps. Ces peuples négligent l'agriculture, qui est abandonnée aux femmes, pour se livrer à la chasse, dans laquelle ils excellent, ainsi qu'à la chasse qui leur fournit d'abondantes provisions. Les armes de la plûpart des peuples du Canada consistent principalementdans le mosquet et le TOMOHAWK, espèce de hache qu'ils savent lancer avec adresse lorsqu'ils poursuivent leur ennemi. Ils ont la vue, l'odorat, l'ouie, tous les sens d'une finesse, qui les avertit de loin sur leurs dangers ou leurs besoins. Leur mémoire est prodigieuse. Belle comme la nature, leur éloquence est remplie d'images et de traits de feu. Jamais peut-être aucun orateur grec ou romain ne parla avec autant de force et de sublimité qu'un chef de ces Sauvages, lorsqu'on voulait les éloigner de leur patrie. «Nous sommes, répondit-il, nés sur cette terre, nos pères y sont ensevelis. Dirons-nous aux ossemens de nos pères, levez-vous et venez avec nous dans une terre étrangère?» — 2° la cataracte ou cascade de MONTMORENCY, où les eaux de la rivière de ce nom, qui se jette dans le fleuve St. Laurent au-dessous de Quebec, se précipitent de la même manière d'une hauteur d'environ 78 mètres (240 pds). Sa largeur n'est que d'un peu plus de 16 mètres (5o pds).

BANCS DE SABLE. — Le grand banc de Terre-Neuve, qui a 200 lieues de long sur 80 de large, où l'on fait la grande pêche de la morue, qui commence vers le 10 Mai et dure jusqu'à la fin de Septembre. Le fond s'élévant sans cesse par le dépôt des coquillages, il en résultera sans doute un jour une île semblable à celle de Terre-Neuve.

SAVANNES. — Les savannes les plus remarquables de l'Amérique méridionale sont celles qui forment les riches plaines à l'ouest du Missouri qu'habitent des peuples nomades, où paissent des troupeaux de bisons et de bœufs musqués; elles sont couvertes d'herbes hautes et abondantes. (Voy. la note 64).

GOLFES ET BAIES. — La baie de BAFFIN, celle de JACOB, celle d'HUDSON, de ST. JAMES, le golfe de ST. LAURENT, la baie de FUNDAY, celle de la CHESAPEAK, le golfe du MEXIQUE, les baies de CAMPÈCHE, de HONDURAS, le golfe de TEHUANTEPEC, la mer VERMEILLE ou de CALIFORNIE, la baie de BRISTOL.

DÉTROITS. — De DAVIS, de CUMBERLAND, d'HUDSON, de FORBISHER, de BELLISLE, des FLORIDES, du CANAL DE BAHAMA, de BEHRING, etc.

AMÉRIQUE MÉRIDIONALE.

SITUATION, ÉTENDUE, SOL, CLIMAT. — Ce continent forme une grande péninsule, d'une forme à-peu-près semblable à celle de l'Afrique. Elle a environ 1700 lieues du Sud au Nord, depuis le cap HORN jusqu'au cap de la VELA, et la plus grande partie prise de l'E. à l'O. depuis le cap ST. ROCH jusqu'à celui de LA-AGUJA, est de près de 1200 lieues.

La plus grande partie de ce continent est située dans la zône torride, et c'est assez dire que la chaleur y est très-considérable. Cependant plusieurs vastes régions (principalement celles qui sont voisines des hautes montagnes, et en général tout ce qui est au-delà du 10° parallèle méridional) jouissent d'une température douce et agréable, d'un air pur, et pour ainsi dire, d'un printems perpétuel. Mais, en-deçà de cette latitude, le climat est généralement très-chaud, et en même tems dans plusieurs contrées (surtout aux environs de la ligne et dans presque toute la partie au-dessus) excessivement humide et mal-sain, à cause des pluies fréquentes qui y tombent ordinairement par torrens, et souvent (mais particulièrement dans le tems des équinoxes) au milieu d'ouragans, d'orages épouvantables et très-désastreux.

Pour ce qui est de la partie située dans la zône tempérée, on sent que le CLIMAT y varie à raison des latitudes, c'est-à-dire, qu'il devient de moins en moins chaud, à mesure qu'on s'éloigne de la zône torride, ou qu'on approche de la pointe méridionale du continent qui est extrêmement froide.

Le SOL est en général d'une grande fertilité, même prodigieuse dans plusieurs parties, exception faite des montagnes (principalement celles qui renferment des mines), des contrées non arrosées etc.; mais notamment des bords de la mer du Sud, qui n'offrent guère dans presque toute l'étendue de la côte qu'un sable aride et à peu-près stérile, surtout au Pérou et au Chili, pays où il pleut très-rarement.

Les principales productions sont : beaucoup de GRAINS, entr'autre le MAÏS; grande abondance et variété de fruits exquis et de légumes; SUCRE, CACAO, COCHENILLE, COTON, TABAC, VANILLE et autres aromates; MIEL et CIRE, VINS et EAUX-DE-VIE, BOIS DE TEINTURE et autres DROGUES MÉDICINALES, telles que le KINA, le JALAP, l'IPÉCACUANAH, le BAUME DU PÉROU, celui de COPAHU etc.; des pâturages immenses, remplis de BESTIAUX de toute espèce, qui y vivent dans un état à peu-près sauvage, et sont en si grand nombre que, dans beaucoup d'endroits, on les chasse uniquement pour en avoir la peau. Mais ce qui surtout rend ce continent précieux aux yeux des Européens, ce sont les MINES D'OR et D'ARGENT, dont il abonde et qui ont fourni la plus grande partie de ce qu'en possède l'Europe. On a évalué, en 1812, la somme de l'extraction annuelle de l'Amérique à près de 170 millions, dont 120 pour la Nouvelle-Espagne seulement. L'extraction totale, depuis la découverte jusqu'à l'année indiquée plus haut, est portée à plus de 30 milliards. Il est à remarquer que les groupes métalliques des colonies espagnoles de l'Amérique septentrionale et ceux de l'Amérique méridionale se trouvent à peu-près à la même distance de l'équateur. Le Pérou passe pour renfermer les plus abondantes, parmi lesquelles on distingue pour l'or celles de CARABAYA, et pour l'argent celles du POTOSI. Un grand nombre de rivières, principalement au Brésil et au Chili, charient, dans leur sable, de la poudre d'or en quantité. Elle contient en outre différentes sortes de mines, comme CUIVRE, ÉTAIN, PLOMB, MERCURE, AIMANT, SOUFRE, VITRIOL, etc., DIAMANS et autres pierres précieuses. On y trouve aussi des PERLES. C'est encore dans ce continent et parmi les mines d'or (spécialement celles de SANTA-FÉ, au nouveau royaume de Grenade, et celle de CHOCO au Pérou) que se montre le PLATINE, métal très-rare, connu comme tel depuis environ cinquante ans, qui possède plusieurs des propriétés de l'or, ce qui lui a valu aussi le nom d'OR BLANC, mais en ayant de particulières, qui le rendent très-utile et précieux.

MONTAGNES. — L'Amérique méridionale possède du Sud au Nord, dans toute sa longueur, l'immense chaîne des ANDES OU CORDILLIÈRES, qui occupent environ 1500 lieues depuis le détroit de Magellan jusqu'à l'isthme de Panama, et dont la moitié de sa hauteur est perpétuellement couverte de neiges et de glaces. (C'est au voisinage de ces glaces qu'est dû, en grande partie, le climat tempéré dont jouissent plusieurs contrées situées sous la zône torride, entr'autres le Pérou et le royaume de Quito). Il y a dans toute la longueur de cette chaîne différens monts ou pics, plus ou moins élevés (voyez la planche XIV). La plûpart sont ou ont été des VOLCANS, dont le nombre se monte à environ cinquante (quatorze enflammés dans le Chili, et six dans le royaume de la Nouvelle-Grenade). La seconde chaîne principale de ce continent est la CHAÎNE ORIENTALE OU ATLANTIQUE, moins élevée et moins allongée que la CORDILLIÈRE DES ANDES. Elle s'étend entre les embouchures du fleuve ST. FRANÇOIS, vers le 6ᵉ degré de latitude sud jusqu'à la rivière de la PLATA, au 34ᵉ degré. Elle se rapproche d'autant plus du rivage de l'océan, qu'elle court plus au Sud; elle ne forme pas une chaîne continue, comme les Alléghanys, les Andes et les monts rocheux; mais les montagnes qui les composent, sont groupées en nœuds ou en chaînes parallèles, et suivent souvent diverses directions.

La CHAÎNE TRANSVERSALE OU CENTRALE qui court de l'Est à l'Ouest, entre les 10ᵉ et 20ᵉ degré de latitude, unit sous différens noms les deux grands systêmes dont nous venons de parler. Le vaste plateau du MATTO GROSSE, entre les 10ᵉ et 20ᵉ parallèles méridionaux, rattache la chaîne centrale à la grande chaîne des Andes, dont le principal nœud est la PAZ.

Deux autres chaînes TRANSVERSALES, ou dirigées de l'O. à l'E., se font remarquer dans le nord de ce continent. La plus septentrionale parait comme un embranchement des Andes, qui se détache près de POPAYAN, décrit un grand arc de cercle vers le N., entoure le lac Macaraïbo, s'approche près de la côte, et se recourbe au S. pour aller rejoindre le delta de l'Orénoque: c'est la chaîne de la NOUVELLE-GRENADE. L'autre chaîne s'étend près de l'équateur, de l'E. à l'O., depuis l'estuaire du grand fleuve des Amazônes jusqu'aux sources de l'Orénoque; c'est la CHAÎNE DE GUIANE.

PLATEAUX. — Les plateaux de l'Amérique méridionale sont encore plus élevés que ceux de l'Amérique septentrionale. Celui du royaume de QUITO, et plus au N. celui de la province PASTOS, où la Cordillière se divise en trois chaînes, atteint une élévation de 8,400 à 9,000 pieds.

CAPS. — Du N. O. au N. E. le cap VELA, la pointe de BARRIMA à la droite de l'Orénoque, le cap NOIR, le cap ST. ROCH; du N. E. au S. le cap ST. AUGUSTIN, le cap ST. THOMAS, le cap FRIO, le cap ST. ANTOINE, la pointe RUBIS, le cap des DEUX BAIES, le cap BLANC, la pointe DÉSIRÉE, le cap WATCHMAN, la pointe ST. JULIEN, la pointe STE. CROIX; le cap HORN dans l'île l'Hermite; du S. E. au N. O. le cap NOIR, le cap PILARES, la pointe QUEDAL, la pointe de RACA, la pointe de CHOROS, le cap JORCO, le cap MEXILLONES, la pointe QUEBRADA DE PISAGUA, la pointe d'AGUJA, le cap BLANC, le cap STE. HÉLÈNE, le cap ST. LAURENT, le cap PASADO, le cap ST. FRANÇOIS, le cap CORRIENTES, la pointe MALA etc.

ISLES. — Voyez le tableau sommaire des pays de l'Amérique méridionale.

LACS. — Si l'Amérique septentrionale est remarquable par la quantité de ses lacs, l'Amérique méridionale ne l'est pas moins par leur rareté. Les principaux sont le lac MARACAÏBO (50 lieues de longueur sur 30 de large); il communique avec la mer, mais ses eaux sont douces; il peut porter des bâtimens de la plus grande capacité; le lac ZAPATORA à l'ouest de celui de Macaraïbo; le lac PARIME dans la Guiane espagne (15 l. sur 8); le lac CHUQUITO ou TITICACA (40 l. de circuit, 600 p. de profondeur); le lac XARAYES dans la vice-royauté de Rio de la Plata, formé par le cours de toutes les eaux produites par les pluies abondantes (60 l. de long. sur 20 de large). Comme il est peu profond, il n'est pas navigable; il est même à sec la plus grande partie de l'année, et couvert de plantes marécageuses; le lac YBERA dans le Buenos-Ayres; le grand lac PATOS au S. du Brésil; de MINI ou MARIN NEUTRAL au S. du précédent, etc. etc.

FLEUVES ET RIVIÈRES. — Les diverses chaînes de montagnes décrites plus haut indiquent assez les pentes principales et les cours des fleuves qui s'écoulent dans les vastes plaines de ce continent.

Le FLEUVE DES AMAZONES, nommé aussi ORELLANA ou MARANNON, est le plus grand qui existe sur la terre. La source de ce grand fleuve est considérée, comme étant celle de l'APURIMAC, près de l'AREQUIPA, à 16° de latitude sud, et à l'O. du grand lac Titicaca; mais le BENI qui, ainsi que l'Apurimac, contribue à former le PARO, réclame l'honneur d'une source plus reculée encore, puisque ce fleuve descend du 18e degré de latitude sud, à l'O. du lac Titicaca, et entre la Paz et Oropeza. Les rivières les plus considérables qui, outre le PARO ou l'UCAYAL, contribuent à grossir le Marannon à sa sortie des montagnes, sont la HUALLAGUA et la TONGURAGUA qui viennent du Sud, et le TIGRE, le NAPO, le PUTUMAYO ou ICA, et le JUPURA, qui coulent du N. O. C'est avant d'avoir reçu tous ces fleuves, immédiatement au sortir de la chaîne des Andes et après la jonction de la TUNGURAGUA et du RIO MARANA, à 4½ degrés de latitude sud, à 78° de longitude occidentale, que ce roi des fleuves du Nouveau-monde prend le nom qu'il porte. Il reçoit de la chaîne centrale ou transversale, ou des flancs nord du grand plateau du plateau de Matto Grosso, une prodigieuse quantité de fleuves qui coulent directement du S. au N., et parmi lesquels on distingue le RIO MADEÏRA, le RIO TAPAJOS et le RIO XINGA; et de la chaîne de Guyane le RIO NEGRO, et d'autres moins considérables qui coulent du N. au S; mais l'Amazône avant de se perdre dans son embouchure, se trouve divisée dans son cours par l'île St. Jean qui occupe le milieu de son vaste estuaire, et le canal qui est au sud de cette île, reçoit lui-même un grand fleuve, le PARA qui, formé par l'ARAGUAY et le TOCANTIN, coule du S. au N. ainsi que les autres affluens de l'Amazône. A l'est de l'embouchure du fleuve des Amazônes, la rivière PARNAÏBA et le GOUROUPY sont les dernières de quelque importance, qui proviennent de la chaîne centrale et qui se déchargent sur la côte nord. Entre les deux rivières sont celles de PINARE et de MIARIM, qui forment le petit estuaire, auquel on donne le nom de riviere de MARANHAM.

L'ORÉNOQUE est produit par les nombreuses rivières qui coulent de la chaîne de la Guiane et de celle de la Nouvelle-Grenade. Ce fleuve descend d'abord de sa source vers le S., tourne la SIERRA PARIMA et remonte au Nord, et en décrivant une immense spirale, et recevant de chaque côté de nombreux affluens, il se dirige, au 7e degré de latitude, vers l'Est, et se divise en un vaste delta entre la pointe BARRIMA et le golfe de PARIA. Le CASIQUIARÉ joint l'Orénoque au RIO NEGRO, l'un des grands affluens de l'Amazône.

Les monts qui, près de POPAYAN, forment la jonction des Andes et de la chaîne de la Nouvelle-Grenade, fournissent les sources des rivières CANCA et de la MADELEINE, dont les cours peu éloignés l'un de l'autre, et séparés entre eux par une haute chaîne de montagnes, et encaissés dans deux longues vallées, se dirigent parallèlement du Sud au Nord , et se réunissent avant de se jeter dans la mer. La MADELAINE donne son nom au courant commun.

Entre les Cordillières dont nous venons de parler, sont contenues trois larges et profondes vallées : celle de l'Orénoque, de Rio-Negro, de la rivière des Amazônes, et celle des Pampas de Buenos-Ayres. Toutes s'ouvrent à l'Est, mais sont fermées à l'Ouest par la longue chaîne des Andes. La vallée du milieu, ou celle des Amazônes, est couverte des forêts si impénétrables , que les rivières seules y forment des chemins. Au contraire, celles de l'Orénoque et des Pampas sont des plaines couvertes d'arbres , de savannes, qui ne contiennent que quelques palmiers épars. Elles présentent les mêmes chaleurs, le même manque d'eau que les déserts d'Afrique ; quelques-unes sont si unies, que, dans un espace de 800 lieues carrées, souvent on ne trouve pas une inégalité de plus de 8 ou 10 pouces de hauteur. Des parties voisines de montagnes de 3,000 toises de haut, n'ont que 40 à 50 toises d'élévation au-dessus du niveau actuel des eaux. La pente de ces Llanos est si douce, les inégalités en sont si peu sensibles, qu'un rien détermine une rivière à couler de tel ou tel côté.

De la CHAÎNE ATLANTIQUE et de la CHAÎNE CENTRALE OU TRANSVERSALE coulent toutes les rivières qui donnent naissance au grand fleuve ST. FRANÇOIS, qui se décharge vers l'Est par une seule embouchure. La PARAÏBA a sa source dans la chaîne atlantique, et coule droit à l'Orient dans l'océan.

La CÉLÈBRE RIO (ou la rivière) de la PLATA (rivière d'argent), est formée par trois grandes rivières du PARANA, qui, après avoir formé une chûte ou cascade remarquable (celle de CANENDIYU ou GUAYRA), reçoit le PARAGUAY du Nord (qui, avant cette réunion, a reçu lui-même à droite le PILCOMAYO et le RIO GRANDE ou VERMEYO), se détourne vers l'Est, se grossit des eaux de l'URAGUAY, en versant les siennes dans le vaste estuaire qui prend le nom de RIO DE LA PLATA, depuis la mer jusqu'à la ville de BUENOS-AYRES, au-dessus de laquelle il est appelé PARANNA. Ces rivières, ainsi qu'un grand nombre d'autres tributaires de la Rio de la Plata, coulent de la Cordillière des Andes , de la chaîne centrale , ou des flancs méridionaux du plateau de Matto Grosso, etc. etc. La Rio de la Plata et la plûpart des rivières qui la composent, éprouvent, comme le Nil, des débordemens périodiques , qui fertilisent considérablement les terres qui en sont arrosées.

Les rivières qui sont au sud de Rio de la Plata, ont des cours très-bornés ; elles coulent toutes au Sud. Cependant la rivière de MENDOZA ou de RIO-COLORADO se fait remarquer par la longueur du trajet qu'elle parcourt, et RIO-NOGRO plus au Sud, etc.

GOLFES ET BAIES. — Le golfe de PANAMA, la baie de CHOCO, le golfe de GUAYAQUIL, le golfe de PENAS, la GRANDE BAIE, le golfe de ST. GEORGES, le golfe de ST. MATHIAS, la baie de l'ASSOMPTION, le golfe de PARIA, le golfe de CAMANA, le golfe de TRIETE, le golfe de MARACAÏBO, la baie de la MADELAINE, le golfe de CARTHAGÈNE, le golfe de DARIEN, etc.

DÉTROITS. — Le détroit de MAGELLAN entre la terre magellanique et la terre de feu, découvert en 1519 par Fernando Magalhaens ; le détroit de LE MAIRE entre la terre de feu et l'île des états.

Tableau sommaire des pays de l'Amérique septentrionale divisée en cinq contrées.

Contrées	Divisions	Pays	Villes
I. Contrées du Nord où des Lacs.	La Nouvelle-Bretagne.	Le Grœnland (2).	Gotthaab. Juliaushaab. Friederichshaab. Lichtenfels.
		Pays autour de la baie d'Hudson (3)	Nouv. Galles septent' / Nouv. Galles mérid" } l'on ne remarque que les forts d'Albany. d'York etc.
		Le Labrador (4).	
		La terre de Baffin (5).	
		Le Canada (6)	haut . . York (7), King'son. / bas. Quebec (8), Montréal (9), Trois rivières.
		Le Nouveau-Brunswick (10)	Brunswick, cap. Chelburn.
		La Nouvelle-Ecosse ou Acadie (11)	Hallifax, Anapolis.
		L'archipel des Bermudes.	aux Anglais, qui y ont établi une colonie.
		James (12)	Nort-Main-Southamptou.
	Isles	Terre-neuve (New-Found-Land) (13)	Plaisance, cap. St Jean, port.
		St. Pierre et St. Miquelon (14).	
		Anticosti.	an milieu de l'embouchure du fleuve St. Laur.
		St. Jean.	
		L'île royale ou le cap Breton (15).	Louisbourg, port.
II. Contrées du Sud, ou vice-royauté de la Nouvelle-Espagne.	Le Vieux-Mexique, ou la Nouvelle-Espagne (16). Le Nouveau-Mexique (28). Les deux Californies divisées en 15 Intendances; savoir:	de Mexico	Mexico (17), Queretaro, Acapulco.
		de la Puebla ou Tlascala	Puebla de los Angelos, Cholula (18).
		de Guanaxuato	Guanaxuato (19), San-Miguelel Grande.
		de Valladolid	Valladolid (3).
		de Quadalaxara	Quadalaxara (21).
		de Zacatécas	Zacatécas (22).
		de Oaxaca ou Guaxaca	Oaxaca (23).
		de Mérida ou Yucatan	Mérida, Campêche (24).
		de Vera-Cruz	Vera-Cruz (25), Xalapa (26).
		de San-Luis-de-Potosi	San-Louis-de-Potosi, Catorce (27).
		de Durango	Durango, Sonora, Culiacan.
		du Nouveau-Mexique.	Santa-Fé (29), Albuquerque.
		de la Vieille-Californie (30).	Loretto.
		de la Nouvelle-Californie (31).	San-Carlos-de-Monterey (32), San-Francisco.
	Le Texas (83)	Ancien champ d'Azile.	
	La Capitainerie de Guatimala, comprenant (34)	Le Guatimala proprement dit.	Guatimala (35).
		Le Chiapa	Chiapa des Indiens, Chiapa des Espagnols ou Chiudad-Réal-
		Le Verapaz	Verapaz.
		Le Honduras	Truxillo (36).
		Le Nicaragua (37)	Léon, Grenade.
		La Costa Rica (38)	Carthage,
		Le Veragua (39)	San-Yago.
III. Contrées de l'Est.	Isles	Revilla pigigedo.	
	Etats-Unis (4) divisés en 20 provinces; savoir	New-Hampshire	Portsmout.
		Maasschusset.	Boston (41),
		Rhode-Island	Newport.

III. Contrées de l'Est.	États-Unis etc.	Connecticut	*Hartfort.*
		New-York	*New-York* (42), Saratoga.
		New-Jersey	*Trenton.*
		Pensylvanie	*Philadelphie* (44).
		Delaware	*Wilmington.*
		Maryland	*Anapolis,* Baltimore, *Washington* (45).
		Virginie	*Richemont,* Norfolk, Mount-Vernon.
		Caroline septentrionale	*Raleigh* (47), Edenton, Wilmington (46).
		Caroline méridionale	*Charleston* (48), Colombia (49), Beaufort, Lafayette.
		Georgie	*Savannah,* Augusta.
		Vermont	*Bennington.*
		Kentucky	*Lexington,* Francfort.
		Tennessée	*Nahsville.*
		Ohio ou Chélicotte	*Chélicotte.*
		Nouvelle-Orléans	*Nouvelle-Orléans* (5o), Natchèz.
		Indiana (51)	*Mariette,* Fort-détroit.
		Louisiane (52)	Nouvelle-Madrid, St. Louis, Natchitosches.
IV. Contrées du N. O. (55)	Les Florides (53)	orientale	Saint-Augustin, capit.
		occidentale	Pensacola, capit. le fort-Mobile (54).
	Isles	Rhode-Island.	
		Long-Island.	
		Port royal.	
	La côté occidentale du Sud (56)	La Nouvelle-Albion.	
		La Nouvelle-Georgie (Colombia).	
		La Nouvelle-Hanovre.	
		La Nouvelle-Cornouailles.	
		Le Nouveau-Norfolk.	
	La côte occidentale du Milieu, ou l'Amérique russe (57) Les îles	Aléutiennes	Ounalaska (58). Kadiak (voy. la note 57).
V. Contrées du Centre ou du Missouri, divisées en 3 régions.	Le territoire de Colombia (59)		
	L'archipel de Vancouver	du roi Georges.	
		de l'amirauté.	
		du duc d'York.	
		du prince de Galles.	
		de la reine Charlotte.	
		de Quadra ou Vancouver	Nootka (61).
	La région de l'Est ou la région de l'Ohio qui comprend les états civilisés à l'O. des Alléghanys et à l'E. du Mississipi (62)	L'Ohio.	
		Le Kentucky	voy. plus haut les États-Unis.
		L'Indiana	
		Le territoire du Mississipi	
	La région S. O. à l'o. du cours du Mississipi, réuni au Missouri et aux grandes riv. qui s'y versent (63)	La Louisiane, partie or. et une vaste étendue de pays sauvages,	Cette partie ainsi que le territoire du Mississipi sera reçue dans l'union, à mesure que chacune aura la population requise pour l'envoi d'un député au congrès.

V.
Cont. du
Cent.etc.
{ La région du N. ou les bassins du Missouri et du Mississipi, et de leurs affluens, depuis leurs sources jusqu'à leur jonct.ⁿ près du fort St. Louis (64). } occupée par des peuples sauvages. [Voy. première partie, page 71.]

Le grand archipel des Antilles (65).

Les grandes Antilles. . . .

- Cuba . . . 3,000,000 habitans, 230 l. de long sur 40 de large. La Havane. Porto-del-Principe. à l'Espagne (66).
- La Jamaïque . . . 280,000 habitans, 60 l. de long sur 22 de large. San-Yago de la Vega. Kingstown, à l'Angleterre (67).
- Saint Domingue, Hispaniola, ou Haïti (68). { 600,000 habitans en 1793, 150 l. de long sur 60 de large, (indépendante). Le cap français. Port-au-Prince. San-Domingo. }
- Porto-Rico . . 140,000 hab. 35 l. de long sur 15 de large. San-Juan de Porto-Rico, à l'Espagne. Les îles des Vierges, aux Anglais et aux Danois.

Petites Antilles ou îles Caraïbes subdiv.ᵉ en

Les Caraïbes ou ou îles du vent (70) . . . . .

St. Jean	6,400 habitans, 2 lieues carrées.
St. Thomas.	5,000 habit. 2 l. carrées, aux Danois.
Ste. Croix	360 plantations, 8 l. carrées.
L'Anguille	2,100 habitans, aux Anglais.
St. Martin	5,000 habit. 4 lieues carrées, aux Belges.
St. Barthélémi . . .	6,000 habit. 3 l. carrées, aux Suédois.
La Barboude. . . .	1,500 habitans, aux Anglais.
Saba	aux Belges.
St. Eustache. . . .	aux Belges.
St. Christophe . . .	31,000 habit. 3 l. carrées, aux Anglais.
Nièves	
Antigoa.	40,000 hab. 50 l. carrées, aux Anglais.
Montferrat	
La Guadeloupe (71)	150,000 h. 31 l. c. aux Français. Point-à Pitre.
La Désirade	dépend de la Guadeloupe.
Marie-Galande . . .	dépend de la Guadeloupe.
Les Saintes	
La Dominique. . .	26,000 hab. 14 l. carrées, aux Anglais.
La Martinique . . .	75,000 hab. 17 l. carr. aux Français (72).
Ste. Lucie	24,000 habit. 10 l. carrées, aux Anglais.
St. Vincent.	aux Anglais.
La Barbade	78,000 hab 10 l. carrées, aux Anglais.
La Grenade	30,000 hab. 8 l. carrées, aux Anglais.

Isles sous le vent, par rapport au vent de l'E. qui souffle regulièrement chaque jour dans la zône torride (69)

Tabago	18,000 hab. 6 l. carrées, aux Anglais.
La Trinité	33,000 hab. 78 l. carrées, aux Anglais.
Curaçao	12,000 h. 8 l. c. aux Belges, rem. par ses oranges.
Ste. Marguerithe. .	La pêche, principale occupation des habitans.
Buen-Ayr	nourrisseut du bétail.
Orva	nourrisseut du bétail.
Tortuga.	

L'archipel de Bahama ou des Lucayes (73).

- Bahama . . . la plus grande, inhabitée . . . aux Anglais.
- La Providence . . . Le fort Nassau . . . aux Anglais.
- Guanahani ou St. Salvador, la première terre que découvrit Christ. Colomb, aux Angl.

NOTES RÉLATIVES AU TABLEAU.

(1) Cette division comprend tout le territoire renfermé entre la mer glaciale, le fleuve Mackenzie, les montagnes pierreuses, les États-Unis et l'océan atlantique.

(2) Le Grœnland, à l'est de la baie de Baffin, est une grande île ou presqu'île dans l'océan septentrional, depuis le 59—81 degré de latitude. Selon M. Kerguelen de Tremerec, le *Grœnland* a été découvert par un nommé *Gunbiorn*, et plus particulièrement reconnu par un Norwégien nommé *Eric*, qui y passa d'Islande. Celui-ci lui donna le nom de *Granland*, qui veut dire *terre verte*, à cause de la verdure qu'il trouva sur ses bords ranimés par la belle saison. Selon d'autres la mousse qui tapisse les côtes de ce pays, lui a fait donner ce nom. Ce pays fut oublié de nouveau jusqu'en 1721, qu'*Egède*, prêtre danois, y établit une mission protestante. C'est à ce zélé missionnaire que l'Europe doit les plus justes notions de ce pays éloigné, où le Danemark expédie, depuis 1734, trois vaisseaux tous les ans.

La côte orientale ou le *vieux Grœneland* est inaccessible; les glaces y bouchent un passage qui a environ 35 lieues de largeur entre le Grœnland et l'Islande. On connait mieux la côte occidentale ou le *nouveau Grœnland*, dont la pointe méridionale a reçu du capitaine *Jean Munk*, en 1616, le nom de *Farwel*, qui veut dire *adieu*. Le *sol* est montagneux et hérissé de rochers nuds et arides. Le sol des vallées consiste en marais et en tourbes. Dans les parties voisines de la mer ou qui environnent les go'fes, il se trouve de gras pâturages qui, pendant l'été du pays, pourraient nourrir de nombreux troupeaux, si le Grœnland recouvrait une partie de son ancienne population, qui est réduite à 6,000 ames. Le *climat* est très-froid. Le froid devient si perçant au mois de Février et de Mars, que les pierres se fendent, et que la mer fume comme un four, surtout dans les baies. L'été commence au mois de Mai et dure jusqu'à la fin de Septembre. Durant ces cinq mois, les Grœnlandais campent dans des tentes, et l'action du soleil y est assez forte pour obliger à se dégarnir quand on marche, surtout dans les vallons ou dans les baies; quoique les rayons de cet astre tombent obliquement, même pendant l'été, la poix et le goudron se fondent quelquefois autour des vaisseaux. L'été n'a pas de nuit pour les Grœnlandais. Ce n'est pas que le soleil ne disparaisse environ trois heures et demie de dessus l'horizon; mais dans les mois de Juin et de Juillet, on voit encore ses rayons dardés ou réfléchis sur la cime des montagnes, et le crépuscule est assez fort pour permettre de lire très-bien et d'écrire sans chandelle. Par la même raison, depuis le 30 Novembre jusqu'au 12 Janvier, le soleil disparait et abandonne cette région; mais la lune et les étoiles qu'on n'y voit guère pendant l'été, veillent alors sur ces climats ténébreux. Ces astres semblent y redoubler de lumière et de scintillation; leur lueur et celle des aurores boréales sont assez vives pour que l'on puisse marcher et même lire sans lanterne. Le *sol* est plus stérile que celui de l'Islande, cependant quoique la nature paraisse peu libérale pour ces régions, la mer ni la terre n'y sont point dénouées de ressources. Le Grœnland a ses *rennes*, ses *ours blancs*, ses *lièvres*, ses *renards*, ses *chiens*, dont on mange la chair et qu'on attèle aux traineaux. Les poules d'eau, eiders, canards, cormorans y abondent, ainsi que les harengs, faucons, truites, requins, phoques et baleines. Le veau marin est un précieux don de la nature pour les Grœnlandais; la chair est leur principale nourriture, la peau leur fournit des vêtemens, les nerfs sont convertis en ficelle, la vessie en bouteille, la graisse remplace le beurre et le suif, le sang même leur sert de boisson. Dans le règne *végétal*, le Grœnland a ses mousses, ses lichens, qui présentent des qualités nutritives peu communes aux animaux qui en font leur pâture. L'oseille, l'angélique, le cochléaria et autres plantes analogues donnent aux matelots leurs sucs fortifians contre les attaques du scorbut. Mais au-delà du 65e degré de latitude, toute végétation cesse presque entièrement. Si la nature refuse des forêts au Grœnland, la mer l'en dédommage. Les courans lui apportent des bois flottans, des pins, des sapins de la grosseur d'un mât de navire; ce bois vient de quelque pays fertile, sans doute, mais froid et montagneux. Quel est-il? ou l'ignore. Parmi les *minéraux* ou trouve l'asbeste, dont ou fait des mèches, du marbre, du charbon de terre, de la pierre ollaire, dont les Grœnlandais font des lampes, des chaudrons et autres ustensiles. Les Grœnlandais sont une branche des Esquimaux ou Samoyèdes d'Amérique. Leur taille est au dessous de cinq pieds, mais assez bien proportionné; ils ont le visage large et plat, les joues rondes et potelées, mais les pommettes saillantes, les yeux petits et noirs; le nez, sans être plat, n'est pas assez grand, ni saillant; la bouche petite et ronde, le teint brun, mais animé d'un rouge vif. Leur couleur en général est olivâtre; cependant leurs enfans naissent assez blancs. Cette couleur sombre vient de leur grande mal-propreté. Ils sont toujours dans la graisse ou dans l'huile, assis à la fumée de leurs lampes, et se lavant très-rarement. Les femmes se lavent dans leur urine, leur parfum favori, leur odeur suave et de préd lection.

Le Grœnlandais porte pour vêtement une espèce de tunique de peau de veau marin. Au-dessous il met une chemise de cuir de renne, de peau de sarcelle, de drap ou même de toile; il a des culottes très-courtes, des bas et des souliers de peau. L'habillement des femmes diffère peu de celui des hommes. Le bas de leur tunique, qui descend jusqu'aux genoux, se termine devant et derrière en pointe, et elles ont aussi des culottes. Les hommes portent les cheveux courts. Ceux des femmes, relevés en touffe sur le sommet de la tête, sont ornés de grains de verre. Celles qui nourrissent ont un vêtement assez ample pour y porter un enfant. Pendant l'hiver les Grœnlandais habitent des cabanes grossièrement construites, élevées en pierres, entassées les unes sur les autres, et cimentées avec de la terre et du gazon. Une lampe continuellement allumée, alimentée avec de l'huile de poisson et garnie d'une mèche de mousse, sert à chauffer et éclairer l'habitation et à cuire les alimens. L'odeur de ces lampes, celle qui s'exhale des matières animales à demi-corrompues, et de l'urine qu'on laisse croupir, font de ces maisons un domicile insupportable pour l'Européen. Lorsque la fonte des neiges menace l'édifice d'une prochaine destruction, le Grœnlandais la quitte et construit des tentes pyramidales, recouvertes en peaux de veaux marins. Ces tentes

sont spacieuses et peuvent même contenir plusieurs familles. Les Grœnlandais ont abandonné l'arc et les flèches depuis que les Européens leur ont apporté l'arme à feu; mais ils ne se servent de cet instrument de mort que contre les ours et les rennes; jamais la guerre ne vient ensanglanter cette paisible contrée. Ce peuple pêcheur a singulièrement perfectionné les instrumens qui servent à la pêche; les bâteaux sont formés avec des peaux de veaux marins, étendues sur une charpente légère, formés dans le goût de ceux des habitans d'Onalaska, qui seront décrits ci-après. Arrivé à l'âge de vingt ans, le Grœnlandais pense à se marier; il fait part à ses parens de son choix. Deux vieilles femmes sont chargées de négocier l'affaire auprès de ceux de la fille. Au premier mot de mariage, la jeune Grœnlandaise se retire avec toutes les marques extérieures de l'affliction. Elle met ses cheveux en désordre, quelquefois elle se les coupe. C'est le dernier acte du désespoir, et après cela il n'est plus permis de la demander en mariage. Mais ordinairement la jeune fille ne pousse point les choses aussi loin, et deux femmes, dans les intérêts du garçon, vont chercher l'objet de son choix, et l'entraînent de gré ou de force dans sa demeure. Pendant quelques jours, plongée dans la douleur et l'abattement, la jeune épouse ne cherche que l'occasion de fuir; mais le mari emploie tour à tour les semonces et les coups pour la soumettre à son joug. Voyez la planche LXXXII, qui représente en même tems la colonie de *Lichtenfels*, formée par les frères moraves. Cette colonie, avec celle de *Nouvel-Herrenhut* et de *Lichtenau*, comptaient 1043 individus en 1805.

(3) La baie d'*Hudson* a été découverte par Henri Hudson en 1609. La fin de ce navigateur anglais est digne de pitié. Après avoir passé dans les tristes parages du nord du Nouveau Monde, l'hiver de 1610, au milieu de toute sorte de misères, d'un froid rigoureux et d'une cruelle disette, il voulut mettre à la voile au commencement du printems pour revoir sa patrie; mais la révolte s'était mise dans son équipage. Un scélérat nommé *Henri Gréen*, auquel Hudson avait sauvé la vie à Londres, se mit à la tête des révoltés, se saisit avec ses complices du capitaine, de Jean Hudson son fils, qui était en bas âge, du mathé-

maticien du navire, du charpentier et de cinq autres. Ils les mirent tous dans une chaloupe, sans vivres, sans armes, et les abandonnèrent ainsi cruellement dans cette affreuse contrée. On n'a jamais eu d'autre information de leur sort. Les habitans de la *Nouvelle-Galles* sont les *Esquimaux*, qui vivent dans des cabanes couvertes de mousse et de peaux de bêtes fauves. Leurs occupations principales sont la pêche et la chasse.

(4) Ce pays découvert par *Forbisher* en 1576, n'est connu que le long des côtes ; le climat excessivement froid, s'oppose à toute culture ; cependant les frères moraves y ont fondé quelques colonies, et les Anglais y possèdent quelques factoreries. Les habitans au nombre d'environ 6,000, sont des Esquimaux. Ce pays abonde en animaux à fourrure, oiseaux aquatiques et poissons. On y trouve l'asbeste, le cristal de roche. C'est aux frères moraves, que l'on doit la découverte de cette belle pierre colorée, nommée *pierre de Labrador*, et qu'on n'a encore trouvée que dans ce pays. On trouve sur les côtes des baleines, des morues, des crustacées, etc.

(5) La *baie de Baffin*, découverte en 1622 par *Guillaume Baffin*, Anglais, est un des plus grands golfes du globe. Au milieu de cette baie est l'île de *James*, dont l'existence est encore douteuse. Peut-être n'est-elle qu'une masse de glace ; car on a vu cette mer remplie d'îles de glaces fixes, qui avaient 100 lieues de long, et des montagnes de 400 pieds d'élévation.

(6) Le *Canada* fut découvert en 1497 par les Français, qui commencèrent à y former des établissemens en 1539. En 1608 Champlain y bâtit Quebec, qui en devint la capitale. Les Anglais s'en emparèrent, les Français y rentrèrent bientôt, mais ils eurent de longues guerres à soutenir contre les Iroquois, qu'ils dépossédèrent. Enfin les armes européennes triomphèrent de cette nation, réduite aujourd'hui à quelques peuplades réléguées dans le Haut-Canada, où elles continuent, ainsi que les Hurons, de mener une vie sauvage. Le Canada appartient aux Anglais depuis 1763. Ce pays qui a 200 lieues de long sur 60 de large, est situé sous la même latitude que la France ; mais le climat y est plus froid, et l'hiver y est extrêmement rude ; ce qu'il faut attribuer à l'élévation du sol, à la grande quantité de forêts, de lacs, de

rivières et au voisinage de la baie d'Hudson, d'où viennent les vents glacés. Malgré la rigueur d'un long hiver, le sud du Canada est très-fertile. Il produit du blé, du maïs, du chanvre, du lin, du tabac, du houblon, des fruits, des légumes et même du vin. On y trouve des bêtes à cornes et à laine, des chevaux, des porcs, des bisons, des chèvres, des castors, des loutres, des animaux à fourrure, du gibier, de la volaille, des poissons en quantité, des baleines, des phoques, des chiens de mer, du fer, du cuivre, du soufre et du charbon de terre.

Le nombre des habitans est évalué à 200,000. Cette population est composée de Français en très-grand nombre, d'Anglais, de nègres et de plusieurs tribus de naturels du pays, dont les plus connues sont celles des Iroquois, des Algonquins, des Hurons et des Mohawks. La *religion* catholique est professée par la grande majorité. Le principal *commerce* consiste en pelleteries et en bois de construction.

(7) Capitale du Haut-Canada, et *Kingston* le principal entrepôt des pelleteries du Haut Canada.

(8) Capitale du Bas-Canada, sur le fleuve St. Laurent ; elle est fortifiée, a une citadelle, un bon port, et fait le commerce en pelleteries. [20,000 habitans].

(9) Ville bien bâtie et fortifiée dans une île du fleuve St. Laurent. [5,000 habitans].

(10) Pays peu cultivé ; mais il fournit beaucoup du bois et de poissons.

(11) Le *climat* y est froid et nébuleux pendant une partie de l'année, le *sol* assez fertile et cultivé sur les bords des rivières. On pêche sur les côtes des morues, des harengs et d'autres poissons. La Nouvelle-Écosse et le Nouveau-Brunswick appelés autrefois *Acadie*, contiennent avec le cap Breton 1,959 lieues carrées et 160,000 habitans.

(12) Voy. note 5.

(13) L'île de *Terre-Neuve* a 117 l. de long sur 66 de large. Le *sol* est montagneux, marécageux et en grande partie stérile ; il n'est fertile que sur les bords des rivières. Le *climat* est très-âpre, nébuleux et orageux. On y trouve de bons pâturages, des forêts d'où l'on tire du bois de construction, et des mines de charbon de terre, qui paraissent inépuisables.

(14) Ces deux îles sont aux Français qui s'y arrêtent lors de la pêche de la morue.

(15) Au N. de la Nouvelle-Ecosse; elle a 80 l. de tour; elle appartenait aux Français. Les Anglais en sont aujourd'hui les maîtres.

(16) *Fernand Cortez* en fit la conquête en 1521 sur *Montézuma*, souverain puissant, qui avait sous lui les *Caciques* ou princes préposés au gouvernement des différentes parties de ce grand état. Les Mexicains étaient à cette époque assez avancés dans la civilisation et dans les arts.

Son *étendue* est de 42,000 l. carrées, et sa *population* de 6,000,000 d'ames. Le *sol* très-varié de la Nouvelle-Espagne, donne abondamment les plus précieux produits du règne végétal, et recèle dans ses profondeurs les métaux les plus recherchés.

(17) Capitale de la Nouvelle-Espagne, compte 137,000 habitans. Cette ville est au nombre des plus belles que les Européens aient fondées dans les deux hémisphères, quoiqu'elle soit beaucoup moins grande que celle qu'avaient bâtie dans le même emplacement les anciens *Mexicains*. Elle est le centre de communication entre les deux principaux ports de cette division, entre *Vera-Cruz*, sur la mer atlantique, et *Acapulco*, sur le grand océan. Elle peut donc être considérée comme la ville centrale du commerce des trois mondes. Le lac *Tezcuco*, sur lequel est située cette ville, est orné de jardins flottans ou *chinampas*, espèces de radeaux sur lesquels on cultive des fleurs et des légumes.

(18) Ville sainte dans les tems antérieurs à la conquète. On trouve aux environs un monument des anciens Mexicains, consistant en une pyramide de 162 pieds de hauteur. [16,000 habitans].

(19) Capitale qui fleurit principalement par ses mines d'argent. [70,000 habitans]. Elle est située sur le plateau de la cordillière d'*Anahuac*.

(20) L'ancien *Mechoacan*, capitale bien bâtie, fait un grand commerce. [18,000 habitans].

(21) Siège épiscopal et résidence d'un gouverneur. [20,000 habitans].

(22) Capitale avec de riches mines d'or et d'argent. [33,000 habitans].

(23) Capitale bien bâtie, avec des fabriques de coton, soie et laine. [24,000 habitans].

(24) Sur la baie du même nom, a un port et fait le commerce de sel et de bois de Campêche, ou bois bleu, qui sert à la teinture. [6,000 habitans].

(25) Capitale, grande et belle ville, bâtie sur la place où *Cortez* prit terre en 1519. Elle a un port d'où les richesses du Mexique sont transportées en Europe. [16,000 habitans].

(26) Ville considérable, qui a donné son nom à la racine médicinale appelée *Jalap*, que fournit son territoire. [13,000 habitans].

(27) Ville riche en mines d'argent, qui produisent annuellement 18 à 20 millions de francs.

(28) Province belle et fertile, mais faiblement peuplée. Parmi les habitans se distinguent les *Apaches*, ennemis implacables des Espagnols et peuple très-belliqueux.

(29) Capitale et siège épiscopal.

(30) La vieille Californie ou la *Californie proprement dite*, forme une presqu'île longue de 150 lieues. Le sol est montagneux, sablonneux et stérile. On fait sur les côtes la pêche des perles. La population, dispersée sur une étendue égale à l'Angleterre, est de 91,000 ames.

(31) La *Nouvelle-Californie* forme une lisière étroite, qui longe les côtes de l'océan pacifique, depuis l'établissement de *San-Diego* jusqu'au port *San-Francisco*. Le sol fertile et bien arrosé, a reçu avec facilité diverses cultures européennes, et offre de toutes parts des forêts magnifiques et des savannes verdoyantes, où paissent des troupes nombreuses de cerfs et d'élans. En 1802 il y avait 18 missions et la population s'élévait à 16,000 individus.

(32) Chef-lieu et siège du gouverneur des deux Californies. [700 habitans].

(33) C'est dans cette province formant la partie la plus septentrionale et la plus orientale de l'Intendance de San-Luis de Potosi, que les réfugiés français avaient fondé en 1818 une colonie agricole et commerciale, en vertu d'un acte de renonciation en leur faveur par le congrès des États-Unis, qui, depuis l'acquisition de la Louisiane, disputait à la cour d'Espagne la possession du Texas, province que la république regardait comme faisant partie de son territoire. Mais d'après les dernières négociations entre l'Espagne et les États-Unis, le Texas ayant été reconnu comme province espagnole, les réfugiés se sont nouvellement réunis [1819] au Tombechbé, et forment l'état de Marengo, dont la capitale est Aigleville.

(34) Cette Capitainerie faisait autrefois partie du Vieux-Mexique. Elle a 19,000 lieues carrées et 1,200,000 habitans. Le *sol* est en grande partie très-fertile, et abonde en blé, maïs, canne à sucre, coton, cacao, rocou, arbre dont le fruit renferme des grains qui donnent une belle couleur rouge, et surtout en indigo d'une qualité supérieure. Ses prairies nourrissent de nombreux troupeaux, ses côtes sont poissonneuses, ses forêts sont remplies d'arbres à baume et peuplées de gibier.

(35) Capitale, siège d'un archevêché et d'une université. Elle fait un commerce immense de cacao. C'est une nouvelle ville, bâtie plus grande et plus régulière que l'ancienne qui était située à quatre lieues et qui fut engloutie en 1777 par un tremblement de terre, qui fit périr 8,000 familles. [40,000 habitans].

(36) Ville avec un port, dans la province de Honduras, sur la baie du même nom. Cette province est habitée par les *Mosquitos*, nation sauvage et indomptable. Son nom vient de la quantité insupportable de mosquites ou mouches à dard, qui tourmentent les habitans. Les Anglais y ont des établissemens, et recueillent du bois d'acajou, de la salsepareille, arbuste dont la racine sert de médicament, et de l'écaille de tortue.

(37) Il produit du sucre, du cacao, des gommes, des baumes, des fruits, et nourrit beaucoup de cochons. On pêche la pourpre sur ses côtes.

(38) Ce gouvernement est ainsi appelé à cause des mines d'or et d'argent qu'il renfermait; elles sont aujourd'hui épuisées et abandonnées.

(39) Les habitans recueillent beaucoup de coton qu'ils teignent avec la pourpre qu'on pêche sur la côte.

(40) Les États-Unis s'étendent depuis le Canada jusqu'au golfe de Mexique; à l'O. jusqu'à l'océan pacifique, et présente une surface de 2,256,955 milles carrés, dont la partie acquise à l'est du Mississipi par le dernier traité avec l'Espagne, et qui renferme les deux Florides, contient 942,130 milles carrées. Sa population est de neuf millions d'habitans. Elle s'accroît considérablement par les émigrations nombreuses de l'Europe. On a estimé que si le territoire actuel des États-Unis était aussi peuplé que l'est l'Italie actuellement, il offrirait une population de plus de 500 millions d'ames. La population actuelle est un mélange d'Européens de tous les pays et de toutes les sectes; les Anglais, les Français et les Allemands en forment la majeure partie.

Ce qu'on appelle aujourd'hui les *États-Unis*, étaient, il n'y a pas encore longtems, des colonies anglaises, sous la domination de la Grande-Bretagne. Fatiguées des impôts dont les accablait leur mère-patrie, elles brisèrent leurs fers, et après une guerre qui dura 6 ou 7 ans, leur indépendance fut reconnue en 1782, et elles furent admises dans le monde politique comme un état libre et souverain, dont *Washington* et *Franklin* sont les fondateurs. L'Union américaine composée d'abord de 13 états confédérés, l'est actuellement de 18, formant chacun une république particulière, et de quelques territoires gouvernés séparément par le congrès, mais qui seront reçus dans la confédération lorsqu'ils auront la population requise pour l'envoi d'un député au congrès, qui se tient dans la nouvelle ville de Washington, dans lequel réside le pouvoir suprême, et à la tête duquel est le président, qui a le pouvoir exécutif et exerce ses fonctions pendant quatre ans. Les colonies étant originairement anglaises, leurs lois, leurs mœurs et leurs habitudes ont beaup d'analogie avec celles de l'Angleterre. La *langue* du pays est l'anglais; l'allemand et le français y sont très-répandus. Toutes les *religions* y jouissent du libre exercice de leur culte. L'industrie, l'agriculture, le commerce, les arts et les sciences, la législation et l'instruction publique y ont fait des progrès immenses. Tout annonce que cette portion de l'Amérique va devenir une des puissances les plus considérables, tant sous le rapport de la marine que sous celui du commerce. Il y a peu de richesses minérales dans les États-Unis; cependant le fer et le charbon de terre n'y sont pas rares. C'est à l'agriculture, à la pêche, à la navigation et au commerce de transport que ce pays est redevable de ses principales richesses. Les exportations qui sont le produit du sol, consistent en poissons séchés, marinés, huiles de baleine, peaux, fourrures, ginseng, bois de construction et de teinture, goudron, potasse, bœufs, chevaux, porcs, moutons, froment, maïs, riz, tabac, coton et indigo; on exporte encore un peu de sucre brut, de houblon, de cire, de savon, de suif et quelques articles de manufactures.

(41) Port de mer très-commerçant, peuplé de 28,000 habitans. Elle a donné naissance au célèbre Franklin, dont le nom se rattache avec tant de gloire à l'histoire de la liberté du Nouveau-monde et à celle de l'électricité, surtout par l'invention du paratonnerre.

(42) A l'embouchure du fleuve Hudson, dans une île, la première ville de l'Union par son importance commerciale, et la seconde par sa population [100,000 ames]. Elle a un bon port, de beaux édifices publics, une université, des chantiers et des manufactures.

(43) Sur l'Hudson, célèbre par la défaite du général anglais Bourgoyne, qui y fut fait prisonnier avec son armée, en 1777.

(44) Cette ville, dont le nom signifie *Amour fraternel*, fut fondée par le célèbre *Penn*, chef des Quakers, qui ayant reçu du roi d'Angleterre l'investiture de la Pensylvanie, en acheta le territoire des Sauvages, qu'il en regardait comme les propriétaires légitimes. *Philadelphie* est située à 33 lieues de la mer ; elle renferme 120,000 habitans et forme un carré long ; les rues sont larges, droites et bordées da trottoirs. Elle fait un commerce immense des productions du pays ou des objets qui y sont manufacturés, et les échange contre des denrées de l'Europe. Elle était autrefois le siège du congrès. C'est principalement dans la Pensylvanie et le New-York que croit l'érable à sucre. Parmi les habitans de la Pensylvanie il y a beaucoup d'Allemands et de Quakers, qui y font la partie la plus nombreuse ; les premiers sont pour la plupart originaires de la Souabe, du Palatinat et de l'Alsace; aussi les noms de *Berlin, Mannheim, Heidelberg, Strasbourg*, etc. rappèlent le souvenir de ces pays.

(45) *Washington* est situé dans le district de Colombia, entre le Maryland et la Virginie, et appartenait en commun à toute l'union. Elle est depuis 1800 le siège du congrès et la ville fédérale. Elle fut fondée en 1792 ; déjà elle avait de beaux édifices publics ; mais les Anglais s'en étant emparés en 1814, les ont détruits, entre autres le capitole, siège du congrès. Cette ville réunira néanmoins un jour la plupart des avantages, dont jouissent les plus célèbres capitales de l'Europe. [8,000 habitans].

(46) La ville la plus commerçante de la province, avec un port.

(47) *Raleigh*, nouvelle capitale, fondée en 1791 en l'honneur de Walter Raleigh, décapité sous Jacques I. *Edenton* était l'ancienne capitale.

(48) Capitale régulièrement bâtie, avec un port. Elle fait un grand commerce. [30,000 habitans].

(49) Ville fondée en 1787, siège du gouvernement et d'une université.

(50) Capitale sur le Mississipi, à 15 lieues de son embouchure, ville régulièrement bâtie par les Français, sous la régence du duc d'Orléans ; les environs en sont humides, mais très-fertiles. [20,000 h.]

(51) L'*Indiana* ou le *teritoire de l'Ouest*, entre l'Ohio au S., le Mississipi à l'O. et les lacs d'Erie, d'Huron et le lac Supérieur au N. O. Ce pays dont la plupart des habitans sont des Indiens libres de différentes tribus et des colonies dispersées le long de l'Ohio et du Miamy, est gouverné provisoirement par le congrès. Mariette est le siège du gouvernement.

(52) La *Louisiane*, grande province de 7,000 l. carrées, cédée au gouvernement américain par suite d'un marché qu'il conclut avec la France en 1803, est un des meilleurs pays de l'Amérique. Les habitans sont en partie des Européens, qui ont leurs établissemens sur le Mississipi, en partie des Indiens sauvages de différentes tribus. Ce pays est divisé en trois territoires ou états futurs, savoir la *Nouvelle-Orléans*, qui fait déjà partie de l'union, le *Mississipi* et la *Louisiane proprement dite*. Cés deux dernieres provinces prendront le nom d'états et seront reçues dans l'union, lorsque chacune aura la population requise pour l'envoi d'un député au congrès.

(53) Province négligée par les Espagnols, qui, à cause de ses vastes déserts, la regardent comme une barrière contre les États-Unis, et l'abandonnent presqu'entièrement aux Indiens. Depuis 1811 les États-Unis ont pris provisoirement possession de ce pays, divisé par la rivière d'*Apalachacola* en *Floride orientale* et en *Floride occidentale*. [Voy. la note 40].

(54) A l'E. de la Mobile rivière, qui sort des monts Apalaches. Ce fort fut construit autrefois par les Français, pour contenir dans leur alliance les Chactas, les Alimabous et autres nations indiennes, avec lesquelles ils faisaient un commerce considérable de pelleteries. Il fut cédé aux Anglais en 1763.

(55) Les pays de cette côte, que les navigateurs anglais *Cook* et *Vancouver* nous ont fait connaître, s'étendent du cap Mendocin, au nord de la Californie, jusqu'au cap glacial, dans une longueur de 3oo lieues. Le détroit de Behring les sépare de l'Asie. La côte est entrecoupée par des golfes et bordée d'îles. Le *sol* est en grande partie montagneux et stérile. Le *climat* est plus doux que celui de la côte orientale de l'Amérique sous la même latitude, à l'exception de la partie septentrionale, où des masses énormes de glaces éternelles couvrent la mer jusqu'à la côte de l'Asie, et où le froid est très-rigoureux.

Les *productions* de ces contrées incultes consistent en quelques espèces d'arbres, en baies mangeables, et en blé et légumes qui y ont été transplantées de l'Europe. Les animaux à fourrure, les poissons, les baleines y abondent. Les habitans peu civilisés, au nombre d'environ 90,000, vivent de la chasse, de la pêche, et sont payens. Les Anglais et les Russes y ont des établissemens.

(56) Cette côte s'étend depuis les possessions espagnoles jusqu'au mont *Saint-Elie*.

(57) Cette côte s'étend depuis le nord de la Nouvelle-Hanovre jusqu'au détroit de Behring. L'établissement russe, nommé *Nouvel-Arkangelsk*, a été formé en 1804, dans la baie de *Norfolk* ou de *Sicta*, pays abondant en sources, et à 57° de latitude. L'Amérique russe et les îles Aleutiennes, des Renards et l'île de Kadiak, sont gouvernées par une compagnie de négocians russes, auxquels un ukase en a donné la souveraineté. Kadiak est le chef-lieu des établissemens russes dans ces parages.

(58) Les habitans d'*Onolaska* [pl LXXXIII] sont de petite taille, ont de l'embonpoint et de belles proportions, le cou un peu court, le visage joufflu et basané, la barbe peu fournie, les yeux noirs, les cheveux noirs et lisses flôttans par derrière; les femmes les relèvent en touffes. La forme des habits est la même pour les deux sexes, mais ceux des femmes sont de veaux marins; ceux des hommes de robes d'oiseaux, sur lesquels est une jaquette de boyaux impénétrable à la pluie, et qui a un capuchon dont ils se couvrent la tête. Quelques-uns portent des bottes, et ils ont tous une espèce de chapeau ovale fait en bois et peint de diverses couleurs. La partie supérieure en est garnie de longues soies d'un animal de mer, auxquelles sont attachés des grains de verre, et l'on voit au front une ou deux figures en os.

Les deux sexes se percent la lèvre inférieure et y font passer des os. Quelques-uns portent des grains de verre à la lèvre supérieure au-dessous du nez, et tous ont des pendants d'oreilles. Ils se nourrissent des productions de la mer, d'oiseaux, de racines, de baies; ils conservent une partie de ces alimens pour l'hiver. Ils font quelquefois bouillir ou griller leurs vivres, ou dans un chaudron de cuivre ou sur une pierre plate, garnie d'argile sur les bords. Comme ils ne se peignent point le corps, ces Insulaires sont moins sales que ceux de Nootka, mais leurs cabanes sont fort mal-propres. Pour les élever, ils creusent un espace de 40 à 5o pieds de long, de 16 à 20 pieds de large, et ils forment sur cette excavation un toit avec le bois que la mer amène sur leurs côtes; ils le recouvrent d'herbe et de terre, y font à chaque extrémité deux ouvertures carrées pour recevoir le jour et pour entrer ou sortir, au moyen d'un pieu entaillé, qui leur sert d'échelle. Plusieurs familles s'y logent ensemble, séparées par des branches de bois; elles couchent et travaillent dans une espèce de fossé couvert de nattes, qui entoure la maison. Des jattes, des cuillers, des seaux, des vases à boire, des paniers, des nattes et quelquefois un chaudron, voilà à quoi se bornent leurs ustensiles de ménage. Ces meubles sont proprement faits et d'une belle forme. Leurs couteaux et leurs haches sont informes. Ils ont peu de fer et paraissent n'en pas désirer davantage. Les aiguilles dont ils se servent sont d'os, et avec des nerfs ils font des broderies curieuses. Presque tous ont l'habitude de fumer. Les femmes sont les tailleurs, les cordonniers, les constructeurs et les couvreurs de canots; les hommes en fabriquent la charpente, et font des paniers d'herbe aussi jolis que solides. Une pierre creusée, dans laquelle ils mettent de l'huile et de l'herbe sèche, leur tient lieu de lampe, de poële et d'âtre. Pour faire du feu, ils frottent une pierre avec du soufre et la frappent avec une autre; ou ils tournent avec vitesse un bâton dans le creux d'une planche, et au bout de quelques minutes ils ont du feu. Ils semblent n'avoir aucune arme offensive et défensive. Leur attirail de pêche et de chasse est toujours dans leur pirogue, assujetti par des bandes de cuir. . Leurs instrumens, semblables à ceux des Grœnlandais, sont tous de bois ou d'os; la pointe de leurs dards n'a qu'un pouce de long. Ils harponnent le poisson sur la mer ou dans les rivières; ils se servent aussi d'hameçons et de lignes, de filets et de verveux. Ces hameçons sont faits avec des os, et ces lignes avec des nerfs. Leurs canots ont la forme de ceux des Grœnlandais et des Esquimaux. La charpente est composée de lattes de 11 pieds de long, sur un pied et demi de large, et 12 à 14 pouces de profondeur. La pirogue peut, en cas de besoin, porter deux hommes. L'un d'eux occupe la capacité du trou rond, percé à peu-près au milieu. Ce trou est bordé en dehors d'un chaperon de bois, autour duquel est cousu un sac de peau qui se serre comme une bourse autour du corps de l'Insulaire. En serrant sa jaquette aux poignets et en tirant le capuchon sur sa tête, où il est fixé par le chapeau, il ferme ainsi de tous côtés l'accès à l'eau, et une éponge lui sert à enlever celle qui peut s'y introduire. Une pagaye double qu'il tient par le milieu et dont il frappe l'eau d'un mouvement vif et régulier, d'abord d'un côté, ensuite de l'autre, lui sert à guider son canot avec vitesse où il lui plait et en ligne droite.

Les habitans ensevelissent leurs morts au sommet des collines. On ignore quelles idées ils se font de la divinité, de l'état des ames après la mort, de la religion en un mot.

(59) Le territoire de *Colombia* a offert un phénomène digne de remarque aux voyageurs *Lewis* et *Clarke*, qui, les premiers qui y sont arrivés par terre. Ils avaient traversé les immenses plaines où coulent le Missouri et le Mississipi, et ils les trouvèrent singulièrement dénuées de bois; les chaînes des monts rocheux leur offrirent les mêmes sommets dépouillés et sans ombrage. A partir de son point de jonction avec la rivière de Lewis, la rivière *Colombia* arrose encore une plaine dépourvue d'arbres, qui n'offre que quelques saules très-petits sur les bords de la rivière. La dernière rangée de montagnes à l'Ouest, avant et après la chûte de la Colombia, se présente encore nue et sans arbres; enfin, après que la rivière a franchi des rapides, et à moins de 20 lieues de la côte, les montagnes, les collines, les plaines basses et les lieux élevés, sont également couverts de fo-

rêts, de pins, de sapins, d'aulnes et de frênes les plus grands, les plus beaux qu'il y ait au monde, qui s'étendent du Sud au Nord, à plus de 20 lieues de distance, et se continuent à l'Ouest jusqu'à l'embouchure de la Colombia. La grande espèce de sapins que nourrit ce sol riche et fécond, s'élève quelquefois à 300 pieds de hauteur; la tige de ces géants du règne végétal a 45 pieds de circonférence, et monte perpendiculairement jusqu'à 200 pieds sans que la régularité de cette magnifique colonne soit interrompue par la moindre branche. Ainsi le *continent boréal du Nouveau-Monde* produit les arbres les plus élevés du globe; car les sapins surpassent en hauteur les hauts palmiers de l'Amérique méridionale. La température est douce à l'embouchure de la Colombia. Le calme de ces lieux forme un contraste agréable avec les caps rocheux que l'on aperçoit au Nord et au Sud, et qui rétentissent sans cesse du bruit des vagues brisées par leurs flancs élevés. Les habitans de cette côte sont pêcheurs. Les peaux d'élans, d'ours, de loutres, de castors, de renards, de chats tigres, sont les seuls objets qu'ils ont à donner en échange des grains de verre bleu, des fusils, de la poudre et des ustensiles de cuivre qu'on leur porte.

(60) Cette côte s'étend depuis le détroit de Behring jusqu'au cap glacial. Ou n'y connait que quelques caps et baies. D'énormes montagnes de glace viennent sans cesse s'y amonceler. De nombreux troupeaux de lions marins fréquentent les rivages. L'intérieur est peuplé d'ours blancs.

(61) La pl. XXIV, fig 5, présente un homme de Nootka, vu par le capitaine Cook dans son troisième voyage. Le lecteur, curieux de remonter au principe des choses, étonné de voir chez cette peuplade de Nootka ou du roi Georges, des meubles chargés d'ornemens divers, de ciselures en creux et en relief, qui ne sont pas dépourvus d'agrément, ni d'une espèce de perfection, surpris encore de voir l'architecture, la musique, la peinture, presque tous les arts de l'Europe réunis chez des Indiens qui, sous d'autres rapports, lui offrent l'état des Sauvages, se demande à lui-même quelle est donc l'origine de ces habitans? MM. Jean-Reinhold Forster et de Fleurieu ont essayé de résoudre ce problème, et leurs conjectures ont le mérite de la vraisemblance. Selon ces savans, leur

semble prouver que le nord de l'Asie est la mère-patrie des Indiens de Nootka.; telle était même la tradition et la croyance des premiers Mexicains sur leur propre origine. Cette tran-migration de l'Asie ayant dû commencer à s'opérer sur les côtes N. O. de l'Amérique, les nouveaux colons, attirés bientôt par l'attrait d'un accroissement progressif de chaleur, ont pu parvenir jusqu'à Nootka, et descendre ensuite jusqu'aux plaines fertiles du Mexique, où la richesse du sol et la beauté du climat ont dû les déterminer à fixer leur demeure.

Anderson qui était du troisième voyage de Cook et qui a dressé le vocabulaire de la langue de Nootka, y trouve la conformité la plus grande avec plusieurs expressions américaines.

(62) Dans ce vaste espace, dont la population se monte à environ 400,000 ames, la civilisation ne s'est encore emparée que de quelques points. L'Ohio arrose de vastes prairies, qui se prolongent surtout vers le Nord. Ces contrées paraissent propres à devenir le séjour des nations nombreuses et civilisées.

(63) Cette région offre un mélange de forêts et de prairies basses, couvertes d'efflorescences salines. Ce pays est, pour les Sauvages errans qui l'habitent, un délicieux Éden ; le climat est tempéré, et de toutes les contrées où l'homme civilisé a jamais porté ses pas, il n'y en a peut-être point où le gibier de toute espèce et de toute nature soit plus multiplié.

(64) Cette région est entièrement habitée par des peuples sauvages. Les bords du Mississipi offrent tantôt des collines peu élevées, tantôt de riches prairies entrecoupées de bosquets d'arbres. Les collines, au lieu d'être parallèles au fleuve, forment une succession continuelle de hauteurs à pic, et de vallées profondes qui présentent les aspects les plus variés ; mais ces paysages pittoresques sont quelquefois interrompus par de larges plaines, qui rappellent les fertiles guérets de l'Europe civilisée. Les savanes basses où coule le Missouri, sont couvertes d'une herbe ondulante de 5 pieds de haut, qui s'élève graduellement jusqu'à une seconde plaine plus haute et diaprée de belles fleurs, entrecoupée de buissons et de bosquets, dont les arbres produisent toute sorte de fruits et de baies sauvages. C'est dans ces prairies, qui souvent prennent feu et brûlent avec une rapidité

extraordinaire, qu'errent ces bœufs et ces bisons d'Amérique, qu'on pourrait regarder comme les véritables possesseurs de cette belle contrée. Ils sont d'autant plus nombreux qu'on approche davantage des flancs orientaux des *Monts-Rocheux* ou des sources du *Missouri*. C'est là que Lewis et Clarke en ont vu des troupeaux composés de plus de dix mille individus. On n'en trouve presque plus de l'autre côté des montagnes et dans les plaines de la *Colombia* ; mais en récompense, le cheval apprivoisé, présent des Espagnols, y est aussi commun parmi les indigènes, qu'il est rare parmi ceux qui habitent les contrées que nous décrivons. Au sud de l'embouchure de la rivière *Platte*, le Missouri présente beaucoup d'îles. Tout ce pays est fertile, bien arrosé, pourvu d'ombrage et offre de riches aspects; mais au nord de la rivière Platte, on ne voit presque plus de bois. La plupart des eaux sont saumâtres, et le sel est quelquefois si abondant, que le sol en est tout blanc ou est parsemé de taches semblables à de la neige. Dans le pays des *Mandanes* et du côté où le Missouri fait un grand détour vers le N., ce sont des plaines immenses entièrement unies, interrompues par quelques élévations, qui paraissent des soufrières ou de mines des charbon de terre enflammées ; ces lieux abondent en sources salées, et de nombreuses troupes de castors déploient en liberté leur merveilleuse industrie. En s'avançant à l'Ouest, le Missouri roule à travers des rochers et dans de grands bancs calcaires; là ses eaux bleuâtres ont creusé des grottes, alligné des murailles, arrondi des colonnes, et figuré de vastes et précieux édifices, dont l'aspect est aussi étonnant que pittoresque. Vers le 112° de longitude, à l'ouest de Paris, ce beau fleuve forme une chûte de 88 pieds de hauteur ; il tombe ensuite sur des rapides de distance en distance. Ce qui nécessite un portage de plusieurs lieux à ceux qui descendent ou remontent son cours, à 43° 30' de latitude, il cesse d'être navigable; et vers ses sources, les *montagnes rocheuses*, composées d'un granit noir et entièrement nues, forment les remparts majestueux, mais tristes et stériles, qui séparent les contrées centrales de celles de l'Ouest.

(65) L'archipel des *Antilles*, qu'on a nommé si improprement *Indes occidentales*, forme un arc de cercle qui s'étend depuis la pointe de la Flo-

iide jusqu'aux bouches de l'Orénoque dans l'Amérique méridionale. L'*étendue* de ces îles dont on compte environ 400, est évaluée en nombre rond à 5,000 lieues carrées, mais la plupart sont petites, incultes et inhabitées. Toutes ces îles sont au sud du tropique du Cancer, et par conséquent dans la zône torride. Pendant l'été la chaleur y est tempérée par les brises de mer; pendant l'hiver, ou plutôt dans la saison des pluies, elles sont exposées à de terribles ouragans, qui dévastent tous les fruits de la terre et souvent même changent la face du sol. Le *climat* y est mal-sain pour les Européens, surtout lorsqu'ils s'y adonnent à quelques excès. Toutes ces îles sont traversées dans le milieu par de hautes montagnes, et c'est dans les plaines et dans les vallées fertiles qui sont sur les côtes, que les colons européens s'enrichissent par des cultures, qui ne peuvent troubler les hordes sauvages et les animaux féroces des continens. Toutes ces belles îles produisent du sucre, du café, du tabac, de l'indigo; la plus grande partie de leurs exportations est le produit de plantes exotiques qu'on y a naturalisées. On y trouve aussi du maïs, du rocou, du cacao, du manioc, des patates, du pisang, arbre dont le fruit sert de nourriture ordinaire aux habitans des pays chauds; du piment ou poivre de la Jamaïque, du gingembre, de la casse, du sassafras, arbre dont le bois, la racine et même l'écorce sont employés dans la médecine; de la salsepareille, des fruits du Sud, des cocotiers, du bois d'acajou, guajac, des cèdres et d'autres espèces de bois précieux. Outre les animaux domestiques de l'Europe, on ne connaît que quelques espèces de quadrupèdes indigènes, dont le raton et le cochon à musc sont les plus multipliés. On y trouve une quantité de beaux oiseaux, tels que flammans, perroquets, colibris etc.; beaucoup de tortues, de crustacées et de poissons. Les montagnes renferment aussi des mines. Les *habitans*, au nombre d'environ 1,500,000, sont Européens, Créoles, Mulâtres et Nègres transportés d'Afrique. Ces derniers qu'on peut évaluer à 1,000,000, cultivent les différentes plantations et exercent des métiers. Les *Caraïbes*, habitans primitifs, ont été exterminés presqu'entièrement ou ont passé dans le continent de l'Amérique.

(66) Le sol de cette île, la plus grande de toutes les Antilles, est excellent, plus tempéré et moins humide que celui de St. Domingue. Le tabac de *Cuba* est le meilleur de toute l'Amérique. Il y a de riches mines de cuivre; et outre ces deux produits, les bois, le gingembre, le poivre long, le manioc, l'aloès et la cire composent les exportations. L'oranger y est tellement commun, qu'on chauffe les chaudières de sucre avec cet arbre.

(67) Le sol de la Jamaïque, dans la partie septentrionale, est gras, fertile et couvert d'une verdure magnifique. L'intérieur est rempli de forêts, et les précipices sont entremêlés de savanes délicieuses. Les principales exportations consistent en sucre, rhum, café, indigo, gingembre et piment.

(68) L'île de *St. Domingue*, surnommée la reine des Antilles à cause de la fécondité de son sol, est partagée entre trois gouvernemens: un monarchique régit le nord, dont le *cap*, ville opulente, est la capitale. L'ouest et le sud sont constitués en république; le *Port-au-Prince* en est le chef-lieu. Le vaste pays à l'est, inculte, mais fertile en pâturages, est resté sous la domination de l'Espagne. Cette île, appelée *Haïti*, ce qui signifie terre chargée de monts, a été découverte par les Espagnols; leur conquête fut souillée par le massacre des peuples innocens qui l'habitaient. Des aventuriers, occupant dans le voisinage l'île de la Tortue, firent la guerre aux Espagnols, et, après leur avoir enlevé une partie de leur conquête, ils se placèrent volontairement sous la protection de la France. C'est ainsi que se forma la colonie de St. Domingue. Jamais accroissement ne fut ni plus rapide, ni plus extraordinaire. La mer se couvrit de nouvelles richesses, qui faisaient l'orgueil de la France; mais cette prospérité dépendait d'un esclavage qui violait toutes les lois divines et humaines. Cinq cent mille esclaves, vingt-six mille affranchis et trente mille colons composaient la population de la colonie, lorsque la révolution française y porta tout-à-coup la liberté: elle étonna les maîtres et fit penser les esclaves; on vit alors une guerre civile compliquée, atroce et opiniâtre. Cette guerre se mêla ensuite à une guerre étrangère. La liberté elle-même fut suivie de malheurs sanglans; les esclaves après avoir tué et chassé leurs maîtres, s'égorgèrent entre eux. *Toussaint*, chef puissant dans la guerre, habile dans la paix, avait mis un terme à tant de maux, lorsque la téméraire politique de Bonaparte

en occasionna de plus déplorables encore. Il voulut rétablir l'esclavage à St. Domingue par la puissance des armes. Cinquante mille Français y trouvèrent leur tombeau. Les noirs vainqueurs sécouèrent le joug de la France; et après être sortis de l'esclavage domestique, ils formèrent, sous le nom d'Häiti, deux états séparés, l'un monarchique, l'autre républicain. Le monarchique a pour roi (depuis 1811) *Christophe*, qui était un esclave employé dans une hôtellerie du cap. Le pouvoir y est arbitraire, quoique le prince demeure soumis aux lois. *) La république est gouvernée par une chambre de députés et un sénat qui font les lois, et par un président qui veille à leur exécution. Le président peut être accusé et jugé par le sénat. Ces deux peuples marchent ensemble vers la civilisation; ennemis par leur constitution, ils sont unis par la défense commune. Des 40,000 Blancs, des 574,000 Noirs et hommes de couleur qui formaient, en 1789, la population de St. Domingue, il y reste 480,000 Noirs, 20,000 hommes de couleur et environ 1000 Blancs; 261,000 habitent la république de Péthion et 240,000 le royaume de Christophe. Les produits de la colonie, évalués, en 1780, à 461,000,000 et qui, en 1800, sous le gouvernement de Toussaint-Louverture, étaient encore de plus de 400,000,000 de francs, sont réduits à 100,000,000. Les revenus des deux gouvernemens actuels s'élèvent à 48,000,000, et leurs dépenses ne sont évaluées qu'à 18,000,000; ce qui présente une économie de 30 millions chaque année. La force de l'armée royale est de 23,800 hommes, et celle de la république de 25,800; mais en cas d'attaque, toute la population est tenue de prendre les armes, et l'armée de chaque gouvernement serait alors de près de 100,000 hommes.

(69) Presque toutes ces îles, ainsi que les Antilles, s'enrichissent par la culture du sucre et du café.

(70) Le centre de chacune de ces petites îles est occupé par une montagne, qui paraît dominer toutes les autres, et qui quelquefois est volcanique comme dans l'île *St. Vincent*; la *Martinique* offre aussi un grand nombre de débris d'anciens volcans.

(71) La rivière salée qui communique des deux côtés avec la mer, mais qu'on passe en bac, en fait réellement deux îles distinctes, dont la plus orientale se nomme *Grande-Terre* et l'autre *Basse-Terre*. Cette dernière est la plus fertile.

(72) La *Martinique*, hérissée de rochers et de montagnes, mais dont les bords sont faciles, les ports commodes, produit le meilleur café des Antilles.

(73) L'archipel de *Bahama* s'étend au sud-est de la Floride, dont il est séparé par le canal de Bahama. Les îles de cet archipel se montent à environ 500; mais il n'y en a que peu qui soient cultivées et habitées. La plupart ne sont que des pointes de rochers. Elles produisent du maïs et des fruits, du bois d'acajou et de l'indigo. Elles appartiennent aux Anglais, et servent de retraite aux corsaires qui viennent y vendre leurs prises.

*) Le roi d'Haïti a jeté les fondemens d'une nouvelle ville, nommée *Sans-Souci*, qu'il destine à être la capitale de l'état. Il y a fait bâtir un palais magnifique.

Tableau sommaire des pays de l'Amérique méridionale.

Possessions espagnoles.	La Capitainerie générale de Caracas, érigée en état libre dès 1811 (1).	La province de Caracas ou de Vénézuéla	Léon de *Caracas*(2) Valencia(3). Corora. Coro ou Vénézuéla (4).
		La province de Macaraïbo . . .	Macaraïbo (5).
		La province de Cumaua ou la Nouvelle-Andalousie.	Cumana. Barcelona.
		La Guiane espagnole	San-Thomé.
		La province de Varinas (6). . . .	Varinas.
	La Vice-Royauté de la Nouvelle-Grenade (7).	La province de l'Isthme ou le roy^e de Terre Ferme.	*Panama*. Porto-Bello(8). Carthagène(9) Sainte-Marthe.
		Le royaume de la Nouvelle-Grenade ou la Nouvelle-Grenade propre .	*Santa-Fé-de-Bogota* (10). Popayan(11)
		La province de Quito, autrefois partie du Pérou	Quito (12). Guayaquil. Cuença (13). Rio-Bamba (14).
		Iles apparten. à cette Vice-Royauté.	Les Gallopagos (15) } Albemarle. Chatam. Les Gallegos.

Possessions espagnoles.	La Vice-Royauté du Pérou (16).	La province de Lima	Lima (17).
		— de Truxillo	Truxillo (18). Caxamarca (19).
		— de Guamanga . . .	Guamanga (20). Guanca-Velica.
		— de Cusco -	Cusco (21). Arequipa.
		— de la Paz	La Paz (22).
	La Capitainerie génér. du Chili (23).	La province de San-Jago	San-Jago de Chili (24). Valparayso (25).
		— de la Conception . .	La Conception (26).
		— de la Valdivia . . .	Valdivia.
		Iles appartenantes à cette capitale.	Juan Fernandez (27). L'archipel de Schiloé ou de Chonos (28).
	La Vice-Royauté de Rio de la Plata ou Buenos-Ayres (29).	La Plata ou le Pérou méridional .	La Plata (30). Potosi (31). Santa-Cruz de la Sierre.
		Le Tucuman	Cordula del Tucuman (32). San-Felipe. San-Miguel.
		La prov. de Cuyo ou le Chili oriental.	Mendoza (33).
		Le Paraguay espagnol (34)	Buenos - Ayres (35). St. Sacrement. Maldenado (36). Monté-Vidéo (37). Santa-Fé. L'Assomption (38). Charcas. Corrientes.
	La Patagonie (39)		La Ciudadréal de Felipe (40).
	Iles	Madré de Dios ou San-Trinidad. La Terre de feu (41). Les îles des Etats. L'île l'Hermite. Les Malouines ou Falkland (42). Les îles Orlow (Mani-Tuatin) (43). La Nouvelle-Georgie ou Georgie du Sud, ou île du roi Georges. La Terre de Sandwich ou Thule australe (44).	Le port Soledad, Egmont, ports abandonnés.
Possessions portugaises	Royaume du Brésil (45).	Rio-Janeïro	Rio-Janeïro (46).
		Saint-Paul	Saint-Paul (47). Santos.
		Mattogrosso (48)	Cuyaba. Villa-Bella.
		Goyaz	Villa-Boa.
		Minas-Geraes (49).	Villa-Rica (50). Mariana. Villa-Nova-do-Principe.
		Bahia (51)	San-Salvador (Bahia) (52). Sergipe. Portoseguro. Spiritu-Santo.
		Fernambouc	Fernambouc ou Olinde (53). Paraïba (54).
		Maranhao	San-Luis de Maranhao (55).
		Para (56).	Belem ou Gran-Para (57).
	Iles	Sainte-Catherine (58). Fernando-de-Noronha (59). Caviana (60). Marayo (61).	
Possessions françaises, holland.es et anglais.	La Guiane (62).	Portugaise (63).	fait partie du gouvernem. de Rio-Negro.
		Espagnole	fait partie du gouvernem. de Caracas. St. Thomé (64).
		Française ou la France équinox.le (65)	Cayenne (66). Sinnamari (67).
		Hollandaise ou Surinam (68) . . .	cap. Paramaribo (69). Berbice, cap. Nouvelle-Amsterdam (70). Essequebo. Kikoveral. Nouveau-Middelbourg (71).
		Anglaise.	Demerari. Stabrock, cap. (72).
Pays des Indiens libres.	Les Caraïbes Les Otomaques	} dans la Guiane.	
	Les Maynas Les Omaguas	} — le Pérou.	
	Les Abipons Les Macols	} — le Paraguay.	
	Les Araucans Les Cunches Les Huiliches	} — le Chili.	
	Les Tupinayues Les Topinambas Les Tapuyes	} — le Brésil.	

NOTES RELATIVES AU TABLEAU DE L'AMÉRIQUE MÉRIDIONALE.

(1) La capitainerie de *Vénézuéla*, érigée en état libre dès le 5 Juillet 1811, est situé dans la partie de l'Amérique méridionale, confine par l'Ouest au gouvernement de la Nouvelle-Grenade, et par l'Est à l'océan atlantique. Le *climat* est doux et le sol fertile. Les principales *productions* sont le maïs, le riz, la vanille, le cacao, le coton, le sucre, le tabac, le quinquina, le bois de teinture. On y élève beaucoup de bêtes à cornes et à laine, des chevaux et des mulets; il y a aussi des mines de métaux nobles et des eaux minérales. La *population* se monte à environ 1000,000 d'ames. Les premiers conquérans ayant remarqué des villages indiens, bâtis sur pilotis dans les îles du lac Maracaïbo, lui donnèrent le nom de *Vénézuéla*, c'est-à-dire, *Petite-Venise*.

(2) *Léon de Caracas*, ancienne capitale de la capitainerie de Vénézuéla, est le siège d'un archevêque et d'une université. Cette ville commerçante a une population de 42,000 habitans.

(3) Cette ville est le lieu de la résidence des autorités de la confédération, dès l'année 1812.

(4) Ancienne capitale, bâtie sur pilotis dans de petites îles; elle fait un grand commerce en bestiaux. [10,000 habitans].

(5) Capitale dans un terrain sablonneux, sur la rive gauche du lac de ce nom. [22,000 habitans].

(6) Cette province produit d'excellent tabac. La ville de *Varinas* a 10,000 habitans.

(7) La vice-royauté de la *Nouvelle-Grenade* comprend l'isthme de *Panama* ou de *Darien*, la plus grande partie de la *Terre-Ferme* et la province de Quito. Elle s'étend depuis le 7° de latitude S. jusqu'au 12° de latitude N. Elle a une population de 2,500,000 habitans, sur une superficie d'environ 67,000 lieues carrées. Le *climat* est en grande partie très-chaud; mais la chaleur est tempérée par l'air des montagnes et par les vents de la mer, et dans la province de Quito par l'élévation du sol. On n'y connait que deux saisons, la sèche et la pluvieuse. Le *sol* est très fertile dans l'intérieur, sablonneux et aride sur la côte. Les *productions* sont d'une grande variété et très-importantes; telles que le blé; le maïs, le riz, les patates, les yams, les cassaves, trois sortes de tubercules semblables à la pomme de terre; les ananas, les melons, le coton, le tabac, les cannes à sucre, le café, le cacao, la vanille, l'indigo, le quinquina, le jalap, l'ipécacuanha, la salseparcille, trois plantes méridionales, la réglisse, le poivre, beaucoup de bois de teinture; plusieurs animaux domestiques européens s'y sont acclimatés; il abonde de même en buffles, sangliers, jaguars [tigres du nouveau continent], en singes, dont les indigènes sont carnivores, en armadilles ou tatous, en coudors [le grand vautour américain]; en tortues, en vampires, la plus grande des chauves-souris, en serpens à sonnette, en mousquites et plusieurs autres reptiles et insectes incommodes; en poissons électriques et en caimans, espèce de crocodile. Les montagnes renferment des mines d'or, de platine, d'argent, de cuivre, de marbre, de pierres précieuses. Le tems n'est peut-être pas éloigné où nous saurons l'issue de la lutte opiniâtre des indépendans de cette province avec la métropole, et où se trouvent engagées les autres possessions espagnoles.

(8) Ville sur la côte septentrionale de l'isthme, avec un bon port, autrefois florissante par le commerce des métaux précieux envoyés du Pérou en Europe; l'insalubrité de l'air lui a fait donner le nom de tombeau des Espagnols.

(9) Ville forte et très commerçante, avec un bon port sur le golfe du Mexique, un évêché et une université. [25,000 habitans].

(10) Capitale, résidence du vice-roi, siège d'un archevêché et d'une université. Le *Rio-de-Bogota* forme près de la ville une cascade, dont les eaux se précipitent de 500 pieds de hauteur par une ouverture étroite. [36,000 habitans].

(11) Ville considérable dans la province du même nom, fait un commerce d'entrepôt avec Quito et Carthagène. [20,000 habitans].

(12) Capitale, près de l'équateur, au pied du volcan Pischincha et pas loin du Chimborasso. Cette ville est située à 8,800 lieues au-dessus du niveau de la mer, et se trouve par conséquent être la cité la plus élevée de la terre. Elle compte environ 50,000 ames; elle a des manufactures de coton, de laine et de lin; le ciel y est triste et nébuleux, et quoique placée presqu'immédiatement sous l'équateur, un froid assez vif s'y fait sentir. Les volcans voisins menacent cette ville par de continuels tremblemens de terre, et nulle part cependant il ne règne plus de gaité, un penchant plus vif pour le luxe, les divertissemens et les plaisirs.

La pl. LXXXV présente le costume d'un paysan de Quito, d'une métive et d'une paysanne menant un enfant par la main. Des caleçons qui vont jusqu'à mi-jambe, par-dessus une chemisette qui descend jusqu'aux genoux et laisse les bras nuds, voilà tout ce qui compose l'habillement simple du paysan, qui marche nu-pieds dans les lieux froids comme dans les lieux chauds. Les femmes métives mettent sur le corps une chemise, qui ne descend que jusqu'à la ceinture, un jupon rond et une manteline, qui leur ferme tout le haut du corps et qui consiste en une aune et demie d'étoffe, dans laquelle elles s'enveloppent sans autre façon et telle qu'elle est coupée de la pièce. Les femmes d'une caste plus riche et plus relevée se distinguent par des étoffes plus fines et des garnitures précieuses. Les naturelles du pays ou les Indiennes ont deux sortes d'habillemens. Les jeunes sont vêtues d'une espèce de jupe fort courte et d'une manteline; d'autres ont, pour toute parure, un sac de même forme et de même étoffe que les chemisettes des Indiens; elles les arrêtent sur l'épaule avec une grosse épingle. Par-dessus le sac qui descend jusqu'aux jambes; elles se passent une ceinture autour du corps. Les Indiens ont la tête bien fournie de cheveux; ils ne les coupent jamais; ils aiment à les laisser flottans, sans jamais les assujettir, pas même pendant le sommeil. Les femmes attachent leurs cheveux avec un ruban;

elles y tiennent beaucoup, et la plus grande peine afflictive qu'un maître puisse infliger à ses esclaves, est de les faire raser. On remarque dans la même planche, à droite, deux lamas, appelés par quelques-uns moutons du Pérou, et qui sont pour le pays ce qu'est le chameau pour l'Afrique. Le lama et le vigogne fournissent une laine très-fine.

(13) Dans la province du même nom, pas loin du golfe de Gayaquil. Cette ville, peuplée de 80,000 ames, a des fabriques de tapis.

(14) Au pied du Chimborasso.

(15) A l'ouest de Quito; elles abondent en tortues énormes et sont inhabitées.

(16) La *vice-royauté du Pérou*, située entre la province de Quito, le Brésil, la vice-royauté de Rio-de-la-Plata ou de Buenos-Ayres, le pays des Indiens libres, le Chili et la mer du Sud, a une étendue de 44,650 lieues carrées, et une population de 1,500,000 habitans, parmi lesquels on compte environ 400,000 indigènes. Il commence à peu de distance de l'équateur, et se prolonge jusqu'au tropique du capricorne. Une chaîne de montagnes stériles et très-âpres, offrant souvent de petits lacs sur leurs sommets, plusieurs plaines de sable, qui s'écoulent dans l'intervalle resserré entre ces montagnes et la mer; des espaces de 30 lieues, arides et rebelles à toute espèce de culture; des ravins profonds, et des *quebradas* ou crevasses formées par des ruisseaux, qui se précipitent comme des torrens dans le grand océan, et dont les bords fertiles sont parés de tous les végétaux propres à la nourriture de l'homme, tel est l'aspect général du *Pérou*. Les vallées qui jouissent de l'avantage de l'irrigation des canaux, présentent à la vue une suite de plaines délicieuses, remplies de villes et de bourgades. Les parties basses de la côte ont une atmosphère chaude et sèche; les orages y sont inconnus; depuis le 5° jusqu'au 15° de latitude, on ne voit presque jamais de pluies, mais les évaporations du grand océan produisent de fortes rosées. Sur les montagnes les pluies sont presque continuelles, et tous les genres de météores y sont fréquens; sur les hauteurs le froid est âpre et rigoureux, et un hiver perpétuel règne sur les sommets des Andes. Le sol est ébranlé et quelquefois bouleversé par de fréquens tremblemens de terre. C'est dans les montagnes les plus arides de cette contrée, en général stérile, que sont les mines les plus riches. Voyez ce que nous en avons dit à la page 110.

Après les métaux, les seules exportations de ce pays sont le sucre, la laine de vigogne, le coton et le quinquina.

Le Pérou, à l'époque où *Pizarre* en fit la conquête [1533], était depuis quatre siècles gouverné par des rois nommés *Incas*, dont le dernier fut *Atahualpa* ou *Atabalipa*. On peut juger de la richesse de ce pays par l'offre que fit ce prince à Pizarre, de lui payer pour sa rançon autant d'or qu'en pouvait contenir un appartement de 22 pieds de long, de 17 de large et de 6 de hauteur. On sait comment les Espagnols assouvirent leur cruauté et leur insatiable soif de l'or. Les Péruviens étaient le peuple le plus civilisé de l'Amérique, et l'industrie avait fait plus de progrès chez eux que chez les Mexicains. Tandis que les autres peuples du Nouveau-Monde étaient adonnés au fé-

tichisme le plus grossier: Les Péruviens, ainsi que les Mexicains, adoraient le soleil, dont leur roi était regardé comme le fils. Leur dieu tout-puissant, adoré sous le nom de *Pachacamac* ou *créateur de l'univers*, avait, à quatre lieues au sud de *Lima* et sur la côte, un temple, dont on voit encore les ruines, près des petites îles qui portent le nom de *Pachacamac*. Les vierges du soleil, chez les Péruviens, avaient une ressemblance frappante avec les Vestales des Romains; et lorsqu'elles violaient leurs vœux de chasteté, elles étaient, dit-on, ensevelies vivantes. Quoique la théocratie du Pérou eut un caractère de douceur et de bienfaisance, qui la distinguait avantageusement de la religion féroce du Mexique, cependant elle lui ressemblait par l'usage affreux d'immoler des victimes humaines sur le tombeau des monarques.

(17) Bâtie par *Pizarre* dans une plaine spacieuse qu'arrose la petite rivière *Rimac*. Le vice-roi du Pérou y réside. Elle réunit tous les avantages d'une capitale de l'Europe; mais elle est sujette à des tremblemens de terre. Celui de 1747 la détruisit presqu'entièrement. Il y a un archevêché, une université fondée par Charles V, une Cour supérieure. [52,000 habitans].

(18) Ville impériale, pas loin de la mer, bâtie par Pizarre, qui lui donna le nom de sa ville natale. On y voit des ruines de palais et d'aqueducs du tems des Incas. [10,000 habitans].

(19) Cette ville a des eaux thermales, appelées le bain des Incas, et renferme des restes du palais d'Atahualpa. [12,000 habitans].

(20) Cette ville, bien bâtie, a un évêché, une université, des fabriques et fait un grand commerce. [26,000 habitans].

(21) *Cusco* possède 32,000 ames; elle est située dans les montagnes et dans une province remarquable par de nombreux monumens de l'ancien empire des Incas, dont elle était la capitale. Un couvent de religieuses a été bâti sur le terrain qu'occupait la demeure des vierges du soleil. C'est entre *Cusco* et *Cayambe*, et surtout à *Cannar* et dans les environs, qu'on rencontre le plus grand nombre de restes de l'architecture péruvienne.

(22) Au sud du lac Titicaca; fait un grand commerce avec le Paraguay. Elle a un évêché et de beaux édifices. Ce fut dans le lac de Titicaca que, selon la tradition, les Indiens jetèrent, lors de la conquête, la plupart de leurs trésors et surtout la grande chaîne d'un Inca, qui avait 233 aunes de long. [20,000 habitans].

(23) Le *Chili*, découvert par Don *Diègue d'Almagro*, en 1525, occupe du Nord au Sud une étendue de côtes de 550 lieues de long du grand océan, et n'a que 80 lieues dans sa plus grande largeur, de l'Est à l'Ouest. La population est d'environ un million d'habitans. Dans cette contrée délicieuse, la fertilité du sol répond à la douceur du climat, peut-être le plus égal et le plus serein du monde entier; la terre est propre à recevoir et à nourrir les plantes les plus précieuses d'Europe; le froment, la vigne et l'olivier y prospèrent sans le secours d'aucun engrais; tous les fruits qui y ont été apportés de l'ancien monde, y arrivent à une parfaite maturité, et les animaux domestiques qu'on y a transportés de notre hémisphère, s'y multiplient et y perfectionnent leurs

races; la mâle beauté des coursiers d'Andalousie et la fine toison des mérinos d'Espagne n'y ont point dégénéré; un arbrisseau y transsude de l'encens qui égale celui d'Orient; la casse salutaire croit sur les bords des rivières *Maypo* et *Salvia*; sur 97 espèces d'arbres dont se composent les forêts, 13 seulement perdent leurs feuilles en hiver. Les richesses minérales s'y joignent à celles de l'agriculture, et les montagnes qui protègent ce pays, abondent en or, en argent et en autres métaux précieux. Mais quatorze volcans brûlent dans cette partie de la chaîne des *Andes*, qui borde le Chili, et produisent quelquefois des tremblemens de terre, qui répandent le trouble et l'effroi parmi les habitans de cet heureux pays. Les Espagnols qui ne possèdent qu'une partie du Chili, sont souvent inquiétés par les naturels du pays, partagés en plusieurs peuplades, dont les plus nombreuses et les plus redoutables sout celles des Araucans. [Voy. page 73].

(24) Capitale de tout le pays, siège d'un capitaine général et d'un évêque, et ville commerçante. [46,000 habitans].

(25) Cette ville, avec un port fortifié, est la meilleure place de commerce du Chili.

(26) Ville forte, avec un port et un siège épiscopal. [10,000 habitaus].

(27) Au nombre de deux; la plus éloignée du continent et la plus petite est appelée *Massafuero* et l'autre *Massatierra*. Celle-ci servit de relâche à l'amiral Anson dans son voyage autour du monde. Les aventures d'un matelot écossais, nommé Alexandre Selkirch, abandonné dans la même île, ont donné l'idée du roman de *Robinson Crusoé*. Ces îles sont entrecoupées par des vallées profondes, arrosées par de clairs ruisseaux, émaillées par de belles fleurs, ombragées de beaux arbres, rafraîchies par des citernes naturelles.

(28) Cet archipel est composé de 47 îles, dont 25 peuplées et cultivées. La principale, nommée *Chiloé*, produit du blé, de l'orge et du lin; les forêts renferment de beaux bois de construction et sont remplies de sangliers, dont on fait d'excellens jambons. On en exporte du bois et du poisson salé

(29) La vice-royauté de *Rio-de-la-Plata*, dont la ville de Buenos-Ayres est la capitale, est bornée au Nord par le royaume du Pérou et partie du Brésil; au Sud par la Patagonie ou Chica; à l'Est par le Brésil; à l'Ouest par la capitainerie générale du Chili. Elle contient environ 40,000 lieues carrées [selon d'autres 52,000], et une population d'un million et demi d'habitans. Les parties occidentales et septentrionales sont montagneuses, étant traversées par des ramifications des Cordillières; les autres renferment de plaines immenses et sablonneuses, appelées *Pampas*, et des déserts de sel et de nitre. Le *sol* est en partie fertile dans les vallées et les plaines arrosées. Les *productions* sont du blé, du maïs, du chanvre, du lin, d'excellens fruits, du vin, de bon tabac, du sucre, de la vanille, du coton, des patates, du manioc, dont la racine sert à faire du pain; de la rhubarbe, de l'ipécacuanha, du thé du paraguay, feuille d'un arbre de la grandeur d'un pommier moyen, dont on exporte une quantité considérable au Pérou et dans diverses autres parties du continent

l'*hévéa guianensis*, ou l'arbre qui donne la gomme élastique. Les vastes et belles forêts renferment entre autres des cèdres et des palmiers. On trouve dans ce pays des troupeaux innombrables de bêtes à cornes, de chevaux, de brébis, de mulets et beaucoup de gibier; de même que le terpir ou l'anta, le plus grand mammifère du continent; le pécari ou le cochon à musc, différentes espèces de viverres, de chats sauvages, des oiseaux rares, des abeilles, de la cochenille, de grands serpens, de l'or, de l'argent, du fer, du verre fossile et du sel.

(30) Capitale, a un évêché, une université et une Cour supérieure de justice. [1,500 habitans].

(31) Ville fameuse par ses riches mines d'argent, qui, depuis sa découverte en 1545 jusqu'à l'année 1789, ont fourni la somme de 788,258,512 piastres; aujourd'hui elles sont presque épuisées. Elle est le siège de l'administration des mines et des divers établissemens, qui y sont rélatifs. On lui donne une population de 100,000 ames.

(32) Cette ville est la meilleure du Tucuman, contrée peu fréquentée et peu connue. [4,600 habitans].

(33) Capitale de la province de Cuyo ou du Chili oriental, située dans une plaine au pied des Andes. Elle a de riches mines d'argent. [6,000 habitans].

(34) Le *Paraguay espagnol* est une partie du Paraguay, vaste pays qui tire son nom de la rivière Paraguay. La partie orientale appartient aux Portugais. Il fut longtems célèbre par les missions, qu'y avaient établies les Jésuites.

(35) Ville située sur la côte méridionale du vaste estuaire de la Plata, dans une belle plaine. Elle tire son nom du bon air qu'on y respire; elle a une citadelle, un port et fait un grand commerce. C'est le siège du gouvernement de la république fédérative de Rio-de-la-Plata. [60,000 habitans].

(36) Forteresse et port près l'embouchure de la Plata.

(37) Ville forte sur la Rio-de-la-Plata, vers son embouchure, avec un bon port où se fait un commerce important. [15,000 habitans].

(38) Sur le Paraguay, a un siège épiscopal. [7,000 habitans].

(39) La *Patagonie* ou *Terre-Magellanique* s'étend depuis le 41e degré—56e de latitude sud, et contient 22,350 lieues carrées. Il comprend la partie la plus méridionale de l'Amérique, depuis la Rio-de-la-Plata jusqu'au détroit de Magellan. Cet illustre navigateur le cotoya et découvrit le détroit qui porte son nom, en 1519. Les Patagons, habitans de cette contrée et qui lui ont donné leur nom, vivent de pêche et de chasse. Ils sont d'une haute taille, et furent pris d'abord pour des géants. On est revenu aujourd'hui de cette exagération. Bougainville, qui eut une entrevue avec eux, n'en trouve pas dont la taille fut au-dessous de 5 pieds 5 à 6 pouces, ni au-dessus de 5 pieds 9 à 10 pouces. Ils paraissent doux et sociables, sont presque toujours à cheval, n'ont point de maisons et campent à la manière des Tartares. Une peau de guanaque, de cheval ou de vigogne, qui est le mouton du Pérou, compose tout leur habillement. Les femmes l'accommodent en forme de tunique fendue sur les côtés, le poil en dedans.

Les Patagons ont pour armes les flèches et la fronde. Le *climat* de ce pays est tempéré, le sol fertile , mais il n'y a pas de culture. On y trouve des bœufs et des chevaux dans l'état sauvage, et beaucoup d'autres animaux.

(40) La *Ciudad-réal de Félipe*, sur le détroit de Magellan , colonie fondée par les Espagnols , est l'endroit le plus important.

(41) Cette terre qui se compose de plusieurs îles, séparées du continent par le canal de *Magellan*, et de l'île de *Staaten* ou des *États* par le détroit de *Le Maire*, éprouve, sous le 53ᵉ degré de latitude australe, un froid plus rigoureux que la Laponie sous le 7ᵉ degré de latitude boréale. Cependant les vallées des parties orientales et septentrionales sont souvent embellies par des ruisseaux et de la verdure; des arbres ornent les flancs des collines; mais la côte occidentale et méridionale n'offre à la vue qu'un rivage vide, battu sans cesse par les vents et les flots; des granits, des basaltes y forment d'énormes falaises couronnées de neiges. Le volcan qui est au fond de la baie de *Nassau*, vis-à-vis l'île du cap et le cap *Horn*, à 55° de latitude sud, est le dernier et le plus méridional de cette longue et nombreuse suite que présente la chaîne des Andes, depuis le tropique du capricorne, c'est-à-dire, sur une longueur de 32°, ou dix-neuf cents vingt milles du Nord au Sud.

(42) Les îles *Malouines* ou *Falkland* sont composées de deux grandes îles, séparées par un canal, et de plusieurs petites; elles sont toutes inhabitées. Le *sol* est rocailleux, pierreux et marécageux; mais il serait susceptible de culture. Le *climat* est tempéré.

(43) Découvertes en 1804 par *Krusenstern*; elles sont situées aux environs du cap Horn. Les habitans qui ressemblent aux Pécherais, leur donnent le nom de *Mani-Tualin*.

(44) Groupe d'îles, ou peut-être grande île, la plus méridionale qui soit connue, située à 4° plus près du cercle polaire arctique que la Nouvelle-Géorgie; elle est couverte de neige et de glace, et ne produit pas une seule plante. La Nouvelle-Géorgie est située entre le 54ᵉ et le 55ᵉ de latitude S.; elle a été découverte par Cook en 1775. Cette île est composée de rochers et couverte de neige et de glace, même au milieu de l'été; elle ne produit que deux espèces de plantes.

(45) Ce vaste royaume, qui a plus de 1,20,000 lieues carrées, dont 1,000 seulement cultivées, s'étend depuis le 2ᵉ de latitude nord jusqu'au 34° de latitude sud. Il est *borné* au N. par les possessions espagnoles et la Guiane française, à l'E. par l'océan atlantique, au S. par le pays neutre qui sépare le Paraguay portugais, et à l'O. également par les possessions espagnoles, et comprend le Brésil proprement dit, découvert en 1500 par *Alvarez Cabral*, Portugais. La plus grande partie du pays des Amazones, une portion du Pérou oriental, et une partie du Paraguay et de la Guiane. Le Portugal y a sagement transporté le siège de son gouvernement, et cet événement, à peine remarqué de l'Europe, uniquement occupée de ses guerres et des calculs de sa politique, aura, ainsi que l'indépendance des colonies anglaises et espagnoles, la plus grande influence sur ses destinées futures et sur celles du monde entier. Le *Brésil* renferme environ deux millions et demi d'habitans, dont la cinquième partie seulement est de race pure portugaise; le reste est composé de Nègres, de Mulâtres et de races métives. On peut ajouter à ce nombre un million et demi de Sauvages. Cette contrée n'est bien connue et habitée que sur les côtes, vû que la chaleur des tropiques se fait fortement sentir; mais dans quelques parties de l'intérieur et sur les hauteurs on jouit d'un climat plus tempéré; la saison pluvieuse commence en Mars ou en Avril, et ne se termine qu'en Août. Le mois de Juillet est le plus humide, et le mois d'Octobre est le plus sec. Le vent d'Ouest est mal-sain, parce qu'il passe par-dessus les lagunes et les marais de l'intérieur. Le Brésil, surtout au Sud, est en général un pays montagneux, parce qu'il est traversé, dans toute sa longueur, par deux hautes chaînes qui courent du Nord au Sud, des deux côtés de la rivière Saint-François; Les montagnes sont couvertes de forêts, obstruées par des plantes parasites, et il s'y trouve des fougères, qui ont la grosseur et la taille des arbres de nos contrées. Le sol est extrêmement fertile; ce pays fournit des bois de construction, d'autres dont on fait usage dans la médecine, plusieurs, comme celui appelé bois de Brésil, employés pour la teinture; du tabac en grande quantité, du coton, du sucre, du café, des drogues et les autres principales productions de l'Amérique. On y trouve des mines d'or, des diamans et d'autres pierres précieuses. Sur les côtes qui présentent une étendue de 600 lieues, on pêche la baleine et beaucoup d'autres poissons. On y nourrit des bestiaux et de la volaille; il y a beaucoup de singes.

(46) *Rio Janeïro*, chef-lieu d'un gouvernement de ce nom, est la capitale du Brésil, et c'est dans cette ville que réside, depuis 1807, le roi de Portugal, dont les successeurs se donneront peut-être, dans un demi-siècle, le titre d'empereur du Brésil. *Rio-Janeïro* n'a qu'une belle rue, bâtie parallèlement au rivage, coupée par d'autres à angle droit, petites et mal-propres. Cependant vues du port, les hauteurs de cette ville, couronnées d'églises et de couvens, les collines des environs, ornées de maisons de campagne et de jardins, offrent un aspect qui n'est pas dépourvu de grandeur.

(47) Capitale régulièrement bâtie, a un siège épiscopal. [15,000 habitans].

(48) Le *Matogrosso* s'étend sur une partie du Paraguay, et embrasse les sources des principaux fleuves, qui se jettent dans le Paraguay et dans l'Amazone.

(49) Ce gouvernement avec ceux de Mattogrosso et de Goyaz renferme les plus riches mines d'or et de diamans, et les contrées les plus élevées du pays.

(50) Cette ville n'est plus si riche, ni aussi peuplée depuis que les mines d'or qui l'entourent, ont été épuisées. Elle renferme 20,000 habitans; elle est bâtie sur le penchant d'une montagne; son territoire est inculte, mais sa situation sur un lieu élevé lui procure une température délicieuse. Les plus fortes chaleurs qu'elle éprouve, sont en Janvier.

(51) C'est dans la capitainerie de *Bahia* qu'on s'adonne avec le plus de succès à la culture de la

canne à sucre et à celle du tabac, dont la plus grande partie s'exporte en *Barbarie* et sur la côte de *Guinée*. Cette capitainerie a aussi de belles races de chevaux et de gros bétail. Le bois de Brésil est plus beau aux environs de *Bahia* et de *Fernambouc* que dans la province de *Rio-Janeïro*.

(52) *Saint-Salvador*, plus connu sous le nom de *Bahia*, autrefois capitale de tout le Brésil, située dans la baie de tous les Saints. Elle est grande, a un siège épiscopal, quelques beaux édifices, parmi lesquels se fait remarquer l'église des Jésuites. Elle a un bon port et fait un commerce considérable. [70,000 habitans].

(53) *Olinda* ou *Fernambouc*, quoiqu'à 8° au S. de l'équateur, est une ville très-saine, parce qu'elle est bâtie sur une élévation, et constamment rafraîchie par les brises de mer. Son territoire qui produit de la vanille, du cacao, du sucre et du riz, est surtout renommé par son coton, dont cependant on a laissé détériorer la qualité.

(54) A l'embouchure du fleuve de même nom.

(55) Capitale bâtie dans une île par les Français, a un siège épiscopal. [20,000 habitans].

(56) La capitainerie de *Para*, qui s'étend le long du fleuve Amazône, est peut-être la plus grande des provinces du Brésil. Son climat brûlant est marécageux et couvert de bois impénétrables, où les habitations isolées ressemblent à des îlots de l'océan.

(57) Capitale à l'embouchure du Gran-Para, située dans un terrain bas et mal-sain. [16,000 hab.]

(58) Ile couverte d'une belle végétation, et séparée du continent par un canal étroit. On y pêche un grand nombre de baleines.

(59) Ile à quelque distance du cap St. Roch.

(60) Ile dans l'embouchure de l'Amazône.

(61) Grande île, formée par l'Amazône et le Gran-Para.

(62) La population de toutes les *Guianes* réunies ne se monte pas à plus de 120,000 habitans, dont les Blancs de pure race européenne ne forment qu'une très-petite partie. Les côtes qui seules sont connues et habitées par des colons, offrent près de la mer un terrain bas, marécageux, recouvert alternativement à chaque marée montante, bordé de palétuviers, de mangliers, formant des forêts impénétrables sur un fond de vase, dans lequel on enfonce quelquefois jusqu'aux genoux. Les terres hautes ou montagneuses présentent une grande variété de sol ; les unes sont sablonneuses, et ne produisent que de l'herbe très-élevée et très-touffue. Ce sont les savanes, dans lesquelles on trouve cependant quelquefois de très-grands arbres. On rencontre des portions de territoire où il n'y a pas une seule pierre, tandis que dans d'autres endroits le sol est couvert, ou se trouve obstrué par des rocs énormes. Dans l'intérieur sont des Llanos ou déserts dénués de végétation. Pas une colline, pas un rocher même ne s'élève au milieu de ce vide immense; la terre présente seulement çà et là des couches horizontales fracturées, qui couvrent souvent un espace de deux cents milles carrés, et sont sensiblement plus élevées que tout ce qui les entoure. Ces plaines se dessèchent et reverdissent alternativement, changeant ainsi d'aspect deux fois l'année. L'extrême sécheresse est, dans ces contrées, immédia-

tement suivie de l'inondation ; alors grossies par des pluies continuelles, toutes les rivières se débordent, et les palmiers avec leurs énormes troncs, leurs labyrinthes d'arbustes, leurs guirlandes de lianes flottent dans l'eau. L'océan soulève son limon jaunâtre et mêle ses ondes amères aux eaux courantes. Les poissons, les oiseaux aquatiques, les caïmans se répandent de toutes parts ; les crabes s'attachent aux arbres, l'huître croît dans les forêts ; et l'Indigène qui, dans son bâteau, parcourt ce nouveau chaos, ce mélange de terre et de mer, ne trouve pas un lieu pour se reposer ; il suspend son hamac aux branches les plus élevées de deux arbres, et dort tranquillement dans ce lit aërien, que les vents balancent au-dessus de la surface des flots. Plus au Sud, dans l'intérieur, on rencontre de grands bois d'une épaisseur impénétrable, solitudes effrayantes et sauvages, qui remplissent la contrée humide située entre l'Orénoque et le fleuve des Amazônes. Là les montagnes et les forêts retentissent sans cesse du fracas des cataractes, du rugissement des bêtes féroces, et des hurlemens sourds du singe barbu qui annonce la pluie.

(63) La *Guiane portugaise*, située entre la chaîne des monts d'Acary, de Tumuquraque et de Paracaïna, qui traversent cette contrée de l'Est à l'Ouest, et le fleuve Amazône, est inconnue et est au pouvoir des Indigènes, ainsi que toutes les contrées qui bordent son cours. Les Portugais ont seulement érigé quelques petits forts pour servir aux missionnaires. Quoique la Guiane soit plus près de l'équateur que le grand archipel des Antilles, cependant la chaleur y est moins forte, et cette contrée est exempte des fréquens ouragans, qui désolent ces îles. Mais le climat est moins salubre ; les productions sont les mêmes que dans les Antilles ; le café et le coton de la Guiane sont très-estimés, et la culture du girofle, de la muscade et d'autres épices des Indes orientales qu'on y a introduite depuis peu, a parfaitement réussi.

(64) Capitale sur l'Orénoque. [8,500 habitans].

(65) La *Guiane française* comprend la partie située entre le fleuve *Maroni* et l'*Oyapock*. Le territoire de la Guiane entière est renfermé entre la mer et les eaux de l'Amazône, du Rio-Négro, du Cassiaquari et de l'Orénoque ; elle a 150 l. de long sur 75 de large. On y compte 12,000 habitans blancs ou noirs, sans la garnison.

(66) Capitale située dans une île du même nom; c'est le chef-lieu du gouvernement. Cette ville, ou plutôt ce bourg, a un port et une citadelle.

(67) Etablissement sur la rivière du même nom, endroit mal-sain, devenu fameux pendant la révolution française (avant le 18 Brumaire), par la déportation d'un grand nombre de malheureux, dont la plupart devinrent victimes de ce climat brûlant, et du dénuement affreux auquel ils furent exposés.

(68) La *Guiane hollandaise*, qui porte aussi le nom de *Surinam*, qui est celui d'une des rivières qui l'arrosent, est le plus considérable de tous ceux que les Européens ont formés dans la Guiane. On y compte 80,000 habitans, dont 75,000 Nègres.

(69) Capitale de la superbe colonie de Surinam, et siège du gouverneur, située sur la rivière de ce

nom. Elle est bâtie régulièrement dans le goût hollandais, a deux églises protestantes et une synagogue. Le luxe des planteurs y est très-grand. [25,000 habitans].

(70) Fort non loin de l'embouchure de la rivière de Surinam.

(71) Deux forts. dans la colonie d'Essequebo.

(72) Capitale de la colonie de Démérari, sur le fleuve du même nom, et principal entrepôt des productions des contrées sur le Démérari et sur l'Essequebo. On y trouve de riches planteurs. [3,500 habitans].

Tableau de la Géographie physique comparée du monde des Anciens, relativement aux Terres.

Les principales montagnes — en Europe.

Nom ancien	Description	Nom moderne	Situation
Hyperborei mont. ou Riphaei	(les monts Riphées)	les monts Ourals.	
Carpathæ		les Carpathes.	
Alpes		les Alpes.	
Alpis penniua		le grand St. Bernard.	
Alpis graïca		le petit St. Bernard.	
Alpis cottia		le mont Genièvre.	
Alpis maritima		les Alpes maritimes.	
Apenninus		l'Apennin.	
Alpes carnicæ		les Alp. de la Carniole.	
Alpes Juliæ		les Alpes Juliennes.	
Cebennæ		les Cévennes.	
Vogesus		les Vosges.	
Pyrenæi mont.		les Pyrénées.	
Ardennæ		les Ardennes.	
Hercinia	la forêt d'Hercinie.	forêt de Germanie.	s. les frontièr. de la Bohème et de la Turinge.
Ethna mont.		l'Ethna ou Gibel.	
Vesuvius		le Vésuve.	
Garganus		mont St. Angelo.	
Vultur		mont Volturno.	
Taygetus mons.		le Thornax.	dans le Péloponnèse.
Mænalus	le mont Menale, célèbre par ses bergers	Penta-Dactylon.	en Arcadie.
Erymanthus	le m. Erymanthe, céléb. par son sanglier		en Arcadie.
Lyceus	le mont Lycée	mont Mintha.	
Hymetus	le m. Hymète, célèbre par son miel		dans l'Attique.
Penthelicus	le m. Penthelique, céléb. par son marbre		dans l'Attique.
Helicon	le mont Hélicon, domaine des muses	Zagoravuai.	en Béotie.
Cytheron	le m. Cithéron, où fut exposé Oedipe	Citherone.	en Béotie.
Parnassus	(aujourd'hui Licaoura)	le Parnasse	d'la Phocide, cons. aux mus, à Apol. et Bacchus
Olympus	l'Olympe, domaine des muses	Monte Lacha.	
Pindus	le Pinde idem	Monte Mezzo-Novo.	
Ossa	le mont Ossa	Casso-Novo.	en Thessalie.
Oeta	le mont Oeta	Casso-Banina.	
Pelion	le Pélion	le mont Patras.	
Scardus	Orbellus	Monte Argentorato.	en Macédoine.
Rhodope	chaîne de l'Hœmus	Despoto-Tag	en Thrace.
Athos	Aghion Orros, cel.e pr l'entrepst fameuse	Monte Santo	en Macédoine.
Ida	le mont Ida (de Xerxès)	Monte Psilori.	dans l'île de Crète.
Thermopylæ	les Thermopyles (25 pieds de larg. entre le bord de la mer et les montagnes	Bocca di Lupo	passage de Thessalie dans la Locride.

en Asie.

Nom ancien	Description	Nom moderne	Situation
Caucasus mont.		le Caucase.	(mont de Circassie).
Corax m.	la plus haute sommité du Caucase	Mont Elbourz.	
Annibi		Monts Altaïques.	
Imaus		le Moustag.	
Taurus		le Taurus.	
Niphates	principale branche du Taurus		grande Arménie.
Ararat		Macis, ou Agri-dag	Idem.
Paropamisi	chaîne du Taurus	les Paropomises	ent. l'Arachosie et la Bactriane
Casius	très-élevé à l'embouchure de l'Oronte		Syrie.
Libanus		le Liban.	Id.
Antilibanus	en grande partie couvertes de cèdres	l'Antiliban	Id
Hermon			N. E. de la Palestine.
Carmel			en Palestine.
Tabor			
Horeb, Sinaï etc.	(Gebel-tour)		Arabie Pétrée.
Scriphi		les monts Sériphes	au S. de la Bactriane.
Emodi		branche du Thibet	à l'O. de la Perse.

Groupe	Nom ancien	Observations	Nom moderne	Situation
Princip. montagnes en Afrique	Atlas		l'Atlas.	
	Aurasius		Degebel-Auras	Numidie.
	Abyla	montagne opposée à celle de Calpe en Europe. Ces deux montagnes formaient les *Colonnes d'Hercule.*		
	Smaragdus m.	aujourd'hui Mandin-Uzzumurud, mine d'émeraude, découverte en 1816 par Mr. Cailliaud, voyag. français.		
Les principaux caps ou promontoires en Europe	Rubea promontorium	(*clypeus sinus* de Pline)		au S. du g. de Livonie.
	Orcas		Dungsby-Head	au N. de l'Ecosse.
	Antivesteum ou	Bolerium	Lands End.	
	Dumnonium		le cap Lézard	S. O. de l'Angleterre.
	Cantium			dans la prov. de Kent.
	Notium		St. Clair	S. O. de l'Irlande.
	Cimbrorum		Scagen	N. du Jutland.
	Gobœum		St. Mahé	près de l'île d'Ouessant
	Artabrum		Finistère	N. O. de l'Espagne.
	Trilencum		d'Ortégal	N. O. de l'Espagne.
	Magnum		de Roca	S. O. du Portugal.
	Barbarium		Epichel	plus au S.
	Sœrum		St. Vincent	S. O. du Portugal.
	Charidenum		de la Cata	s. royaume de Grenade
	Scombraria		de Palos	s. royaume de Murcie.
	Dianium		St. Martin	N. idem.
	Pyrenæum		de Creuse	N. Catalogne.
	Circæum		Capo Antonio	Romagne.
	Misenum		di Misena	près du Vésuve.
	Minervæ	(L. della Campanella)	della Minerva.	plus au S.
	Posidium		della Licosa	royaume de Naples.
	Palynurum		di Palinuro	Idem.
	Pelorum		di Faro	N. E. Sicile.
	Lilybœum		di Boco	N. O. idem.
	Pachynum		di Pesaro	S. E. idem.
	Hyparum		di Spartivento	au N. de ce dernier.
	Japygium		di Luca	S. Calabre.
	Polaticum		il Promontoire	S. de l'Istrie.
	Actium		il Figalo	Epire.
	Tenarium		cap Matapan	S. Péloponèse.
	Malea ou Scyllæum		cap Malée	à l'E. du précédent.
	Criu Metopon Cretæ			S. Chersonèse tauriq.
	Parthenium			O. idem.
	Carambis	(côte du Pont-Luxin)	Carempi	Paphlagonie.
en Asie.	Sigeum			Troade.
	Sacrum		Chelidoni	Lycie.
	Drepanum			à l'O. d. l'île d. Chypre
	Didymi		Ras al-gat	Arabie.
	Syagros		Fartak	Idem.
	Maceta		Mocandon	entrée du g. Persique.
	Barygazum			au S. du g. de Cambaye.
	Colchi		de Manar.	
en Afrique.	Aromata		le cap Guardafui.	
	Drepanum			à l'E de la Pentapole.
	Physcus		Ras-al-sem	O. idem.
	Cephalæ		Mesurata	à l'O. de la g. Syrte.
	Hermæum		le cap Bon	Afrique propre.
	Rasadir			N. de la Maurit. tingit.
	Solœ (Ampelusia)		Spartel	Maurit. tingitane.
	Arsenarium		Verd.	
	Prasum			côte O. d'Afrique.
	Atlas minor		Cantin	Mauritanie.
	Atlas major		Bajador	
	Herculis		de Ger	
	Noti cornu.		Nun	

Les principales îles en Europe.

Britannicæ insulæ, les îles britanniques distinguées en	grandes	Britannia major, ...	l'Angleterre.	
		Barbara v. Caledonia	l'Écosse.	
		minor vel Hibernia.	l'Irlande.	
	petites	Ebudæ	les Hébrides.	
		Orcades	les Orcades.	
		Thulæ.	l'île de Schetland.	
		Cassiterides	les Sorlingues.	
Cadanonia			l'île de Séeland.	
Sarnia			Guernesey.	
Cæsarœa			Jersey.	
Manubia			Man.	
Mona			d'Anglesey.	
Wictis			Weight.	
Vindelis.			Ouessant.	
Uliarius.			Belle-île.	
Stœchades ins. . . .			îles d'Hyères.	
Balearides, les Baleares	les Baleares	Ebusus	Iviça.	
		Ophiusa	Formentera.	
		Balearis (major . .	Majorque.	
		Balearis (minor . .	Minorque.	
Corsica			Corse.	
Sardinia			Sardaigne.	
Sicilia			Sicile.	
Melita			Malte.	
Gaulos			Gozo.	
Ilva			Elbe.	
Eoliæ ou Vulcanæ	les îles Eoliennes dont la princip. est *Hiera*.		Lipari - - -	au N. de la Sicile.
Aegados			Maretimo - -	à l'O. de la Sicile.
Corcyra ou Phœacum			Corfou - - -	dans la mer d'Yonie.
Leucadia			Ste. Maure - -	
Dulichium			Theaki - - -	
Ithaca			Itaco - - -	(Voyez le tableau statistique de la Turquie d'Europe, p. 199, et celui de la Turquie d'Asie, p. 13, 2ᵉ part.
Cephalonia			Céphalonie - -	
Zacynthus			Zante - - -	
Strophades			Strivoli - - -	
Cythera			Cérigo - - -	
Creta			Candie - - -	dans la mer Egée, mare Aegeum.
Gnossus			Ginosa - - -	
Cydonia.			la Canée - -	
Salamis			Colouri - - -	golfe Saronique.
Anticyra			Aspra Spitia -	golfe Malaïque.
Cœa			Jia - - - - -	
Gyaros			Joura - - -	
Mycone.			Miconi - - -	
Donysa			Donussa - - -	les Cyclades.
Naxos			Naxos ou Naxie	
Oliaros			Antiparos - -	
Paros			Paros - - -	
Delos	(la grande *Sdile*) - -		Délos - - -	les Sporades ou îles dispersées dans l'archipel.
Lemnos			Stalimène - -	
Samothrace . . .			Samodrachi - -	
Thasus			Taso - - -	
Cyzique et Proconnes.				dans la Propontide.
Eubæa			Négrepont - -	
Cyprus	fameuse par le culte de Vénus - -		Chypre - - -	
Rhodus	si célèbre par son colosse - - -		Rhodes - - -	
Tænedos	derrière laquelle les Grecs se cachèrent pour surprendre Troie - - -		Ténédos - - -	
Leshos	immortalisée par Sapho - - -		Météline - -	Sporades asiatiques.
Methymna. . . .			Porto-Petera -	
Chios			Scio - - -	
Samos	patrie de Pythagore - - -		Samos - - -	
Icaria			Nicaria - - -	
Cos	patrie d'Hippocrate et d'Apelles - -		Stauchio - -	
Taprobane . . .			Ceylan - - -	

Principales îles — Isthmes et presqu'îles		Latin	(traduction)	Correspondance moderne
Afrique, en Asie		Barussæ et Sindæ		les petites Adamans.
		Manicolæ		la grande Adaman.
		Ins. Bonæ fortunæ		la grande Adaman.
		Sabadibæ		les îles de Nicobar.
		Jabadii insula		l'île de Java.
Europe		Fortunatæ ins.	(les îles fortunées)	les Canaries.
		Hesperidum		les îles du cap Verd.
		Dioscoridis		l'île de Socotora.
		Isthmus corinthiacus		l'isthme de Corinthe.
		Chersonesus cimbrica		la presqu'île d.Jutland
		— taurica	(la Chersonèse taurique)	la Crimée.
		— thraciæ	(la Chersonèse de Thrace)	la presq. de Galliopoli — sur l'Hellespont.
Asie		Chersonesus aurea	(la Chersonèse d'or)	la presq. de *Malacca*; selon M. Gosselin la partie mérid. du royaume de Pégu, arrosé p. la riv. d'Ava.
		Cherson. cœnitarum	(la Chersonèse des Tueurs	aux environs de Goa.

Tableau de la Géographie physique du monde des Anciens rélativement aux Eaux.

Mare externum, mer extérieure, distinguée en		Mare occidentale vel Atlanticum	Océan atlantique.
		Mare Arctoum, mer glaciale.	Les Anciens ne connaissaient rien au-delà de la partie méridionale de la Scandinavie; ils s'imaginaient que la mer qui était au-delà, était glacée. Ils l'appelaient *Mare pigrum, scythicum, sarmaticum, sericum, etc.*
		Mare Germanicum	Mer d'*Allemagne,* depuis l'embouchure de la Meuse — Orcades.
		Mare *Caledonium*	Mer *Calédonienne,* baigne les côtes occid. de l'Ecosse.
		Hibernicum	d'*Hibernie,* — — — de l'Irlande.
	Mare Britannicum, mer de Bretagne.	*Britannicum proprie dict.*	de *Bretagne* proprement dite, depuis le cap Lézard jusqu'à l'embouchure de la Meuse.
		Cantabricum	des *Cantabres,* depuis les Pyrénées — Cap de Pennas.
		Callaicum	depuis le cap de Pennas — Cap Finistère.
Mare internum, la Méditerranée, ou mer intérieure, divisée en		Mare *Erythræum*	Mer des *Indes* — Les Anciens ont appelé *Mare Erythræum,* mer rouge, l'étendue de mer qui est entre le cap Guardafui et le cap Comorin, ou selon quelq. Géographes la presqu'île de Malacca.
		Ibericum	d'Espagne, qui baignait au N. les côtes d'Espagne, au S. les côtes de l'Afrique.
	Mare Sardoum, mer de Sardaigne, divisée en	*Gallicum* ou *Græcum.*	de *Languedoc* et de *Provence.*
		Balearium	de *Baléare,* depuis le cap Gates — Cap Creuz.
		Ligusticum	la *Rivière de Gènes,* depuis le Var — l'Arno.
		Sardoum proprie dictum	les côtes occid. de la Sardaigne, des deux Mauritanies et de la Numidie, depuis l'embouchure de l'Ampsagas — la Mulvia, c'est-à-dire la côte d'Alger.
	Mare Thyrrheneum, Tuscum, Inferum et quelquefois aussi *Ausonium.*	mer de Toscane	renfermée entre la Corse et la Sardaigne, à l'O. le cap Bœo [Lilibœum prom.] en Sicile, et les côtes de cette île et l'Italie jusqu'à l'Arno.
	Mare Jonium, mer d'Jonie, distinguée en	Mare *Adriaticum* ou *Superum.*	La *mer adriatique* jusqu'au cap Ste. Marie de Leuca. Japigium prom.
		Mare *Jonium proprie dict.*	La *mer d'Jonie,* depuis le cap Ste. Marie jusqu'au phare de Messine.
		Mare *Siculum* ou *Ausonium.*	Depuis le phare de Messine — Cap Passaro, Pachinium prom.
	Mare Aegæum, mer Egée (l'archipel) distinguée en	Mare *Creticum*	mer de *Crète,* entre l'île de Candie et la Morée.
		Myrtoum	depuis le cap Maléa, Scyllœum prom. L'île de Négrepont.
		Macedonium	qui baignait la Macédoine et la Thrace.
		græciense	mer de la Grèce, parce qu'elle en baignait les côtes.
		Aegæum prop. dictum	mer *Egée* proprement dite, entre les îles de Lemnos et de Stalimène.
		Icarium	mer d'Icare, entre les îles de Samos, Chio et Nicaria.
		Carpathium ou *Rhodiense.*	mer de *Rhodes,* entre les îles de Rhodes et de Scarpento, jusqu'à la Lycie.

Méditerranée, divis. en — *Mare Parthænium* ou *Sinus virginis,* mer du Levant; les côtes, depuis l'île de Rhodes jusqu'à l'Égypte, divisée en

mer de *Lycie.*	
Pamphilie.	
Cilicie.	*Pontus-Euxinus.* . . . . la mer Noire.
Syrie.	*Propontis* . . . — de Marmara.
Phénicie.	*Palus Mæotis.* . . . — d'Azoff.
Palestine	
Mare *Jonium alterum* 2ᵉ mer d'*Jonie* . . . . depuis Gaza — Pelusum.	
Aegyptium ou Pharium. . . mer d'*Égypte.* . . . . la côte d'Égyte.	

Les principaux golfes

en Europe

Sinus Codanus . .	} la mer Baltique . } la partie qui baigne au Sud les côtes de l'Allemagne, est nommée par Tacite *Mare Suevicum.*
vel Sarmaticus . .	
Gallicus . . .	le golfe de Lyon.
Ligusticus . .	— de Gênes.
Tarentinus . .	— de Tarente.
Tergestinus . .	— de Trieste.
Ambracia . .	— d'Arta . . . au Sud de l'Epire.
Messeniacus. .	— de Coron . au Sud du Péloponèse.
Laconicus . .	— de Colokitia. à l'Est de ce dernier.
Argolicus. . .	— de Napoli . plus à l'Est.
Saronicus. . .	— d'Engia . . entre l'Argolide et l'Attique.
Seramicus . .	— de Salonique. au Sud de la Macédoine.
Corinthiacus .	— de Lepante.

en Asie

Issus	— d'Alexandrette
Persicus . . .	— Persique.
Arabicus . . .	— Arabique.
Canthicolpus .	— de Kutsch.
Barygazenus. .	— de Cambaye.
Avelites . . .	— ouvᵗᵉ de la mer près du détroit de Dirae.
Gangeticus . .	— de Bengale.
Magnus . . .	— de Siam.

Afrique

Syrtis major .	— de la Sidre . (la grande Syrte).
Syrtis minor .	— de Gabes. . (la petite Syrte).
Plinthinetes . .	— des Arabes .

Les principaux détroits

en Europe

Fretum Britannicum vel Caletanum . .	le Pas-de-Calais.
Gaditanum vel Herculeum . .	le détroit de Gibraltar (les colonnes d'Hercule).
Siculum . . .	le phare de Messine.
Euripus . . .	le détroit de Négrepont (l'Euripe).
Hellesponthus. . .	— des Dardanelles (l'Hellespont).
Bosphorus Thracius.	— de Constantinople (le Bosphore de Thrace).
— Cimerius.	— de Caffa ou de Théodosia (le Bosphore cimérien).

Asie

— Diræ . .	— de Babel-Mandeb.

Les principaux lacs

en Europe

Lacus Lemanus . .	le lac de Genève (le lac Léman).
Neocomensis.	— de Neuchatel.
Venetus, s. Brigantinus .	— de Constance.
Verbanus . .	— Majeur, où passe le Tessin.
Larius . . .	— de Come — l'Adda.
Benacus . .	— Garda — le Mincio.
Trasimenus .	— de Perouze, en Toscane (l'Etrurie).
Regillus . .	— de Santa-Praxeda (le lac Régille) dans l'Ombrie.
Frucinus . .	— Alado dans l'Abruzze.
Avernus . .	— Averno — le royaume de Naples.
Stymphalus .	— Vulcino — la Morée (en Arcadie), célèbre par ses oiseaux.
Lerna . . .	le marais de Molui (de Lerne) dans l'Argolide, célèbre par son hydre terrible.

Principaux lacs

en Asie

Mare Caspium . .	}	
S. Scythicum, s. . .	} la mer Caspienne.	
Hyrcanium, . . .	}	
Lacus Corasmen. .	(Oxien) . . .	le lac Arall.
— Asphaltites, .	—	la mer morte.
— Arsessa . .	—	— (en Arménie).
— Spanta. . .	—	— (idem).
— Aria . . .	—	— (dans la Dragiane).
— Genesareth .	—	la mer de Thibériade (en Palestine).
— Mœris . . .	—	le Birket-el-Karaun.

Afrique

Palus Tritonis . .	—	Essondich (dans l'Afrique propre).
— Libya . . .	—	prolongeant le lac précédent.

Les principaux fleuves

en Europe

Rha	le Volga.
Tanaïs	le Don.
Boristhenes . .	le Dnieper, (Ozu chez les Turcs).
Danaster, s. Tyras .	le Dniester, (Turla chez les Turcs).
Hypanis. . . .	le Bog.
Turentus s. Chesinlas	la Dwina.
Rubo, s. Crosanus .	le Niemen.
Vistula	la Vistule.
Viadrus, . . .	l'Oder.
Albis	l'Elbe.
Visurgis. . . .	le Veser.
Danubius, s. Ister .	le Danube, (Tuña chez les Turcs).
Tibiscus, . . .	la Theisse.
Dravus	la Drave.
Porata	le Pruth.
Margus	la Morave.
Moldava. . . .	la Moldau.
Thamesis . . .	la Tamise.
Ivernis, s. Senus	le Shannon.
Spea	la Spey.
Sabrina	la Saverne.
Abus	l'Humber.
Rhenus	le Rhin.
Mœnus	le Mein.
Mosa	la Meuse.
Scaldis	l'Escaut.
Musella	la Moselle.
Sequana. . . .	la Seine.
Matrona . . .	la Marne.
Ligeris	la Loire.
Garumna . . .	la Garonne.
Rhodanus . . .	le Rhône.
Arar.	la Saône.
Dubius	le Doubs.
Arola	l'Aar.
Minius	le Mincio.
Durius	le Duero.
Tagus	le Tage.
Anas.	la Guadiana.
Bœtis	le Quadalquivir.
Iberus	l'Ebre.
Padus	le Pô.
Sesia.	la Sésia . . }
Ticinus	le Tessin (Ticino) } dans la Gaule cis-alpine.
Addua	l'Adda . . }

Ollius	l'Oglio . . .	
Minicius. . . .	le Mincio . .	}
Trebia	la Trébie . .	}
Tarus	le Taro . .	} Gaule cisalpine.
Scultena . . .	le Panaro .	}
Rhenus	le Rheno . .	}
Rubico	le Fiumicino .	
Athesis	l'Adige . .	}
Medoacus major .	la Brinta . .	} Venetia.
Plavis	la Piave . .	}
Tajamentus . .	le Tagliamento	}
Sontius	le Lisonzo. .	} Carnia.
Savus	la Save. .	}
Ausus	le Serchio .	}
Arnus	l'Arno . .	} Etruria.
Umbro	l'Umbrone. .	}
Tiberis	le Tibre (Tevere	}
Metaurus . . .	le Metro . .	} Umbria.
Aesis.	le Fiumesino.	}
Anio.	le Teverone .	} Latium.
Liris.	le Garigliano.	}
Vulturnus . . .	le Volturno .	} Campania.
Silarus	le Silaro .	}
Aternus. . . .	l'Aterno .	} Samnium.
Sagrus	le Sagro .	}
Hebrus	la Mariza .	}
Strymon. . . .	la Strimona .	} Thracia (Rumili).
Axius	le Verdare .	}
Haliacmon . . .	le Jenicora .	}
Drilo	le Drin noir .	} Epirus, Illyria, (Albanie).
Drinus	le Drin blanc.	}
Peneus	la Salampria .	Grèce propre (Livadia), près duquel se trouve la vallée de Tempée si célèb. dans la fable par son union amour** avec Aréthuse.
Alpheus. . . .	le Rofeas . .	
Achelous . . .	l'Aspropotamo	en Etolie.
Eurotas. . . .	Vasili Potamo.	en Laconie.
Acheron et Cocythus	. . . . .	en Epre; tous deux célèbres dans la fable, qui en faisait a fleuves des enfers.
Oeskus	l'Esker . .	dans la Basse-Mésie.

en Asie

Phasis	Each ou Rion, dans la Colchide, prend sa source aux m. d'Arménie.
Cyrus	Kur dans la Géorgie.
Albanus. . . .	Samour dans l'Albanie.
Araxes	Aras, se réunit au Cyrus, dans l'Arménie, la Turcomanie et la Perse.
Halys	Kisil-Irmak (fleuve rouge).
Iris	Jechil-Irmak (le pont).
Thermodon . .	dont les environs étaient occupés par les Amazônes.

	Fleuve	
Principaux fleuves en Asie	Parthenius.	Bartin, en Paphlagonie.
	Sangarius	Sakaria, en Bithynie.
	Granicus	Oustvola (le Granique), célèbre par la victoire d'Alexandre sur les Perses.
	Simoïs et Scamandre	célèbres dans l'Iliade, (dans la Troade, petite Phrygie).
	Eurymedon	fleuve célèbre par les deux victoires de Cimon sur la flotte et sur l'armée des Perses.
	Cydnus	dont la fraîcheur des eaux manqua d'être funeste à Alexandre, et sur lequel Marc-Antoine donna des fêtes brillantes à Cléopatre; (en Cilicie).
	Melas.	Alara-Souï, dernière rivière de la Pamphilie, du côté de la Cilicie.
	Euphrates	l'Euphrate . . . Arménie.
	Tigris	le Tigre . . . . id.
	Teleboas	que les dix mille rencontrèrent avant d'arriver à l'Euphrate.
	Oronte	Nahr-el-Asi, rivière qui coule vers le Nord en Syrie.
	Jordanus	le Jourdain (Nah-el-Arden) traverse la Palestine et se jette dans le lac Asphaltique.
	Oxus.	Gihon ou Amu-Daria se jette dans le lac Aral.
	Jaxartes.	Sihon ou Syr se jette dans le même lac.
	Indus ou Sindus	le Sinde
	Nomadus	le Nerbuddah. } India intra Gangem, l'Inde en-deça du Gange.
	Ganges	le Gange
	Serus.	le Pégu } India extra Gangem, l'Inde au-delà du Gange.
	Daona	l'Ava
	Coliaris.	le Camboja
en Afrique	Nilus	le Nil.
	Bagradus	Mégerda ou Mezjerad.
	Ampsagas	Wad-il-Kibir, qui séparait les deux Numidies.
	Malva (Maluchat)	Muhul, entre la Numidie et la Mauritanie.
	Cinyphs	Vadi-Quaham, dans l'Afrique proprement dite.
	Rubricatus	Wad-el-Berbér, dans l'Afrique propre.
	Lixus	Rio de Oro, à l'ouest de l'Afrique.
	Stachir	la Gambie, dans la Sénégambie.

Division de la Terre de Chanaan ou Terre promise.

En douze tribus	Tribu	
Au-delà du Jourdain, celles de	Ruben. R.	Bathabara; Callirhoé ou Lasa; Machærus, auj. Masera; Esbus, aujourd. Esbon; Ramoth Galaad; Betharan; Masepha.
	Gad. G.	Gerasa; Corasaim; Cédar; Dalmanutha; Magedan; Pelia, qui servit d'asile aux Chrétiens de Jérusalem, après le siège que cette dernière soutint.
En-deça du Jourdain, celles de	Nephtali. N.	Bethsaïde; Dan; Capharnaum.
	Aser. A.	Océo ou Ptolémaïs, auj. St. Jean d'Acre; Gabara; mont Carmel, également respecté des Juifs et des Payens, près duquel mourut Cambyse, roi de Perse, en revenant de la conquête da l'Égypte.
	Zabulon Z.	Nazareth, appelée encore Nazara; Béthulie, auj. Bitenia, fameuse par l'histoire de Judith; Cana, où se firent les nôces qui occasionnèrent le premier miracle de J. C.; Dothaim; Sephoris, ensuite Diocésarée, auj. Sofouri; mont Thabor, où se passa la transfiguration de J. C.; Thibérias, bâtie par Hérode en l'honneur de Tibère, auj. Tabarieh.
	Issachar. I.	Jezraël; mont Gelboë; Legio, auj. Legune, où était une légion romaine.
	Demi-Manassès. D.M.	Samarie, auj. Napoluzza; Césarée; Apoloniade; Thebes; Antipatris, auj. Saronas.
	Ephraïm. E.	Arimathia; Joppe, auj. Japha; Sichem, ancienne ville royale d'Israël, nommée ensuite Neapolis, auj. Nubolos; Ephron; Silo; Iscarioth; Apollonia, en ruines sous le nom d'Arsuf; Lebna; Lidda, ou Diospolis, auj. Lod.
	Benjamin. B.	Jérusalem (Aelia Capitolina d'Adrien); Bethel; Jéricho, auj. Eriha; Emaüs; Gabaon, cap des Gabaonites; le Calvaire; mont des oliviers;
	Juda. J.	Bethléem, dans laquelle naquit J. C.; Hébron, où demeurait Abraham, et que l'on dit avoir été bâtie peu de tems après le déluge, où est le tombeau de ce patriarche, auj. Gabar-Ibrahim; Ephrata; Bethanie, auj. Bitania; Sodome; Gomorrhe.
	Siméon. S.	Garara, cap. du roi qui fit enlever la femme d'Abraham.
	Dan. D.	Jamnia; Modin.
Les 5 Satrapies des Philistins	Gaza, détruite par Alexandre, rebât. d'... le même emplacem. Ascalon, auj. en ruin... Azoth, auj. Asdod. Accaron ou Ekron Gath	mises par Josué dans le partage de la tribu de Juda, puis assujetties par David. Toutes les provinces depuis l'Euphrate jusqu'aux frontières de l'Égypte et au port d'Aziongaber, sur la mer rouge, étaient soumises à Salomon, et divisées en 12 eparchies ou gouvernemens.

Divisions générales du monde connu des Anciens.

EUROPE,

L'Europe comprend : Au Nord — 1. *Insulæ britannicæ*; 2. *Scandinavia*; *Sarmatia europæa* vel *Scythia*. Au milieu — 1. *Gallia*, 2. *Germania*, 3. *Vindelicia*, 4. *Rhetia*, 5. *Noricum*, 6. *Pannonia*, 7. *Dacia*, 8. *Illyricum occidentis*. Au Sud — 1. *Hispania*, 2. *Italia*, 3. *Mœsia*, 4. *Thracia*, 5. *Macedonia*, 6. *Illyricum græciense*, 7. *Epirus*, 8. *Thessalia*, 9. *Græcia.*

I. BRITANNIA ou ALBION, divisée en *Romana* ou *major*, l'Angleterre ; *Londinum*, Londres ; peuples : *Cantii*, Trinobantes, Brigantes, etc. *Britannia barbara* ou *Caledonia*, l'Ecosse ; *Alata Castra*, Edimbourg. *Britannia minor* ou *Hibernia* (Jerne), l'Irlande ; *Eblana portus*, Dublin ; peuples : *Brigantes*, *Manapii*, etc. Iles, voy. le tableau de la géographie physique.

II. SCANDINAVIA, *Scandia*, *Scanzia*, patrie des Normands, la Norwège, partie méridionale, la Suède, la Finlande et la Carélie ; le Danemark, la Chersonèse cimbrique (le Jutland) ; peupl. *Sitones*, *Finningiæ*, *Helleviones*, *Suiones.*

III. GALLIA, la Gaule, entre le Rhin, les Alpes, la Méditerranée, les Pyrénées et l'Océan ; nommée *Gallia transalpina*, Gaule transalpine, par les Romains qui appelaient *Cisalpine* celle qui était pour eux au-deça des Alpes. Elle se divise en 1. *Aquitania*, Aquitaine à l'ouest de la France ; *Bituriges*, Bourges ; *Burdegala*, Bordeaux ; *Ausci*, Auch, dans la *Novempopulania*, troisième partie de l'Aquitaine ; 2. *Celtica* ou *Lugdunensis*, Celtique ou Lyonnaise, *Lugdunum*, Lyon ; *Rothomagus*, Rouen ; *Turonica*, Tours ; *Lutetia* ou Parisii, Paris ; *Namnetes*, Nantes ; *Senones*, Sens ; *Aureliani*, Orléans ; *Vesuntio*, Besançon ; *Augusta Rauracorum*, Augst, près de Bâle ; *Turicum*, Zurich ; *Aventicum*, Avenches, etc. La partie orientale de la Gaule Lyonnaise se nommait *Maxima Sequanorum*. 3. *Narbonensis* ou *Provincia*, Narbonnaise, à l'Est, *Narbo*, Narbonne ; *Tolosa*, Toulouse ; *Nemausus*, Nismes ; *Gratianopolis*, Grenoble ; *Aurelia Allobrogorum*, Genève ; *Massilia*, Marseille ; *TeloMartius*, Toulon ; *Aquilæ Sextiæ*, Aix, etc. 4. *Belgica*, entre la Seine, la Marne, les Vosges et le Rhin ; *Treviri*, Trèves ; *Divodurum*, Metz ; *Tullum*, Toul ; *Verodunum*, Verdun ; *Remi*, Reims ; *Augusta Sueciorum*, Soissons ; *Argentoratum*, Strasbourg ; *Noviomagus*, Spire ; *Mogontiacum*, Mayence ; *Colonia Agrippina*, Cologne ; *Lugdunum Batavorum*, Leyde, etc. — On a compté dans les Gaules plus de 150 peuplades. Les principaux peuples étaient les *Celtes*, les *Belges* et les *Aquitains,*

IV. GERMANIA ANTIQUA, l'ancienne Germanie, formée des pays entre le Rhin, le Danube, la Vistule, la mer Baltique et la mer du Nord. Peuples : les *Franci*, Francs, confédération de plusieurs peuples germaniques entre le Rhin, le Mein, le Weser et l'Elbe ; *Alemanni* (hommes divers) entre le Rhin, le Necker, les sources du Danube et le Mein ; *Suevi*, dans une partie de la Souabe et de la Franconie, sur la rive gauche du Danube ; *Marcomanni*, dans la Bohème ; *Quadi*, dans la Moravie ; *Vandali*, au N. du Riesengebürg, dans la Lusace, et une partie de la Silésie ; *Longobardi* dans le Lunebourg et la marche de Brandebourg ; *Burgundiones*, entre l'Oder et la Vistule ; *Rugii*, dans la Poméranie et dans l'île de Rügen ; *Heruli* dans une partie du Mecklénbourg et du Brandebourg ; *Saxones*, au-delà de l'Elbe, dans le Holstein ; *Angli*, dans le Schleswig, etc.

V. VINDELICIA, la Vindélicie ; entre le Lech, l'Iser, l'Inn et le Danube ; *Augusta Vindelicorum*, Augsbourg, *Ismisca*, Munich ; *Regina Castra*, Ratisbonne, etc. Peuples : *Estiones*, *Licates*, *Boii.*

VI. RHETIA, la Rhétie, entre le Rhin, le Tessin, l'Adda, l'Inn et l'Adige. *Brixino*, Brixen ; *Tridentum*, Trente ; *Curia*, Coire ; peupl. *Lepontes*, *Vennones*, *Brixentes*, etc.

VII. NORICUM, la Norique, entre le Danube, l'Inn, l'Ems, la Mur, la Save et la Drave ; *Boiodurum*, Innstadt ; *Juvavum*, Saltzbourg ; peuples : *Boii*, formant une division de ceux qui s'étaient établis dans la Bohème, etc.

VIII. PANNONIA, la Pannonie, entre le Danube, le Raab, la Drave et la Save ; *Vindobona*, Vienne ; *Acunum*, Petervardein ; peupl. *Tectosages*, *Arovisci*, etc-

IX. DACIA, la Transylvanie, la Valachie, la Moldavie et une partie de la Hongrie ; *Zamizegethusa*, Gradiska ; *Tibiscus*, Temesvar ; *Pyrethus*, Pruth, etc. ; peuples : *Dacæ*, *Getæ.*

X. ILLYRICUM OCCID. comprenant la *Liburnia* (Croatie) et *Dalmatia* (la Dalmatie) ; *Jadera*, Zara, *Tragurium*, Trau, etc. ; peuples : *Japides*, *Scordisci*, etc. ; nations illyriennes ou sarmates.

XI. HISPANIA ou IBERIA, l'Espagne, divisée en trois parties, savoir 1. *Lusitania*, le Portugal, en y ajoutant les deux provinces entre Douro et Minho et Tra-los-montes. *Olysippo*, Lisbonne, etc. 2. *Bætica*, qui répond à l'Andalousie et au royaume de Grenade ; *Hispalis*, Séville ; *Corduba*, Cordoue ; *Gades*, Cadix ; *Calpe*, Gibraltar etc. 3. *Tarraconensis*, comprend tout le reste de l'Espagne : *Carthagonova*, Carthagène ; *Toletum*, Tolède ; *Mantua Carpetanorum*, Madrid ; *Saguntus*, Murviedo ; *Cæsar Augusta*, Saragoce ; *Tarraco*, Tarragona ; *Segontia*, Ségovie ; *Legio*, Léon ; *Barcino*, Barcelone etc. Un grand nombre de peuples divers, les *Celtibères*; les *Cantabres*, les *Vascons*, les *Callaïques*, les *Astures*, les *Lusitaniens*, etc. etc. Voyez, quant aux îles, le tableau de la géographie physique.

XII. ITALIA, appelée *Hesperia* par les Grecs, et *Saturnia*, *Ausonia* dans la plus haute antiquité. La partie septentrionale se nommait *Gallia Cisalpina*, qui était divisée par le Pô en Gallia *trans-*

padana et *cispadana*. La Gaule cisalpine comprend
1. La Ligurie, *Liguria*, le pays de Gènes et le comté
de Nice; *Genua*, Gènes; *Nicea Massiliensium*,
Nice, etc. Peuples: *Ligures*. 2. la Gaule *trans-
padane*, qui répond au Véronois, au Milanès et
au Mantouan; *Verona*, Vérone; *Mediolanum*,
Milan, etc. Peupl. *Insubres, Cenomani*. 3. la
Gaule *cispadane*, qui répond aux duchés de
Parme, de Modène, au Bolonois; *Placentia*, Plaisance; *Mutina*, Modène; *Ravenna*, Ravenne, etc.
Peuples: *Anamani, Boii, Lingones*. 4. *Venetia*,
les états de Venise; *Venetus*, Venise; *Tarvisium*,
Trévise, etc. Peupl. *Veneti*. 5. *Istria*, le Frioul
et l'Istrie; *Udinum*, Udine; *Tergeste*, Trieste, etc.
Peupl. *Istri, Carni*.

Hetruria ou *Tuscia*, la Toscane et une partie de
l'état de l'Église. *Florentia*, Florence, etc. Peuples: *Etrusci* ou *Tusci*.

Umbria, le duché de Spolette: *Arminium*, Ri-
mini; *Spoletum*, Spolette, etc. Peupl. *Herni, Um-
bri, Marsi*.

Picenum (marche d'Ancone); *Ancona*, Ancone;
Firmum, Fermo; *Hadria*, Atri, etc. Peup. *Picentes*.

Valeria ou *Sabini* (la Sabine); *Reate*, Rièti;
Amiternum, en ruines; *Cures*, Cortèse; *Tibur*,
Tivoli. Peupl. *Sabini*.

Latium (la campagne de Rome); *Roma*, Rome;
Tusculum, Frescati; *Præneste*, Préneste, etc. Peuples: *Latini, Gabii, Aequi, Volsci, Rutuli*.

Samnium (l'Abruzze); *Beneventum*, Bénévent;
Bovianum, Boiano, cap. des Samnites, peuple de
cette contrée.

Campania (Terre de Labour); *Capua*, Capoue;
Neapolis ou *Parthenope*, Naples; *Herculanum*,
Portici, etc. Peupl. *Campanii, Ausonii*.

Apulia (la Capitanate); *Venusa*, Venuse; *Cannæ,*
Cannes; *Tarentum*, Tarente, etc. Peupl. *Tarenti-
ni, Daunii*, etc.

Brutium (Terre de Bari et d'Otrante); *Croton*,
Crotone; *Locri*, Locres (Mota di Burzano); *Regium*,
Reggio.

Lucania et *Calabria* (les deux Calabres); *Brun-
dusium*, Brindes, etc. Peupl *Lucani, Salentini,
Calabri*. Ces trois dernières provinces formaient
ce qu'on nomme *Grande Grèce*.

Iles — *Sicilia* ou *Trinacria*, la Sicile; *Syracusa*,
Syracuse; *Panormus*, Palerme; peuples: *Sicani,
Læstrigones*, dont il est parlé dans Homère, etc.
Sardinia, la Sardaigne; *Caralis*, Cagliari. — *Cor-
sica* ou *Cyrnos*, la Corse; *Aleria*, Aleria; *Manti-
uorum op.*, Bastia; *Urcinium*, Ajaccio.

XIII. MOESIA (haute et basse Servie, Bulga-
rie); *Nicopolis*, Nicopoli; *Tomi*, Temesward, lieu
d'exil d'Ovide, etc. Peupl. *Getæ*.

XIV. THRACIA (Roum-ili); *Bizantium*, depuis
Constantinopolis, Constantinople; *Hadrianopolis*,
Andrinople. Peupl. *Thraces*.

XV. MACEDONIA ou *Emathia*, la Macédoine;
Thessalonica, Salonique; *Stagira*, Liba-Nova, patrie d'Aristote. Peuples: *Macedones, Græci*.

XVI. ILLYRICUM GRÆCIENSE (l'Albanie); *Dyr-
rachium*, Durazzo; *Apollonia*, Polina. Peupl. *Dacæ, Dalmatæ*.

XVII. EPIRUS (la Basse-Albanie); *Ambracia*,
Larta; *Nicopolis*, Prævesa-Vecchia. Peupl. *Molossi*.

XVIII. THESSALIA (le Sangiakat de Larissa);
Pharsachi, Pharsale; *Larissa*.

XIX. GRAECIA, HELLAS, ACAJA, *Græcia
propria*, la Grèce propre, divisée en huit parties:
1. *Acarnania*, l'Acarnanie; *Actium*, Punta, où se
décida le sort du monde. 2. *Etolia*, l'Etolie; *Ca-
lydon*, Aiton. 3. *Locris*, la Locride; *Neupactus*,
Lepante; *Amphisse*, Soloni, etc. 4. *Doris*, la Doride. 5. *Phocis*, la Phocide; *Delphi*, Delphes
(Castri), si fameuse par son oracle; *Elatea*, Elefta,
etc. 6. *Bæotia*, laBéotie; *Thebæ*, Thèbes (Thiva);
Leuctra, *Platæa*, *Chæronea* (Capræna); *Aulis*,
Micro-Vathi. 7. *Megaris*, la Mégaride; *Megara*,
Mégare, la patrie d'Euclide. 8. *Attica*, l'Attique;
Athenæ, Sethines, la ville la plus célèbre de toute
la Grèce; *Marathon*; *Eleusis*, Lepsina.

XX. PELOPONNESUS (la Morée), divisée en
huit parties: 1. *Corinthia*, la Corinthie; *Corinthus*,
Corinthe. 2. *Sicyonia*, la Sicyonie; *Sicyone*, Basi-
lico. 3. *Achaïa*, l'Achaïe; *Patræ*, Patras. 4. *Elis*,
l'Elide, Caloscop ou Belvédère; *Olympia*, Pisatis.
5. *Arcadia*, l'Arcadie; *Megalopolis*, Sinano; *Man-
tinea*, Goritza; *Tegea*, Palæo-Polis. 6. *Argolis*,
l'Argolide; *Argos*, Argo; *Nemæa*, Cleonæ; *Mycene*,
Karvathos. 7. *Messenia*, la Messénie. 8. *Laconia*,
la Laconie; *Sparta* ou *Lacedæmon*, Misithra;
Amiclæ, Sclavo-Chori. Les îles; voyez le tableau
de la géographie physique.

ASIE.

I. ASIA MINOR, l'Asie-Mineure (la Natolie),
comprenant 1. *Mysia*, la Mysie; *Pergamus*, Pergame. 2. *Bythinia*, la Bythinie; *Prusa*, Uskabi;
Heraclea, Erekli; *Nicaea*, Isnik. 3. *Paphlagonia*,
la Paphlagonie; *Gangra*, Kiangari. 4. *Pontus*, le
Pont; *Trapezus*, Trébizonde. 5. *Troas*, la Troïade;
Ilium ou *Troja*, Troie. 6. *Aelis*, l'Elide; *Smyr-
na*. 7. *Doris*, la Doride; *Halicarnassus* 8. *Jonia*,
l'Jonie; *Phocaea*, la mère de Marseille; *Ephesus*,
Aio-Tsoluc. 9. *Lydia*, la Lydie; *Sardes*, Sarti;
Magnesia ad Hermum. 10 *Caria*, la Carie; *Lat-
mos*, depuis *Heraclea*. 11. *Lycia*, la Lycie; *Xan-
thus*, Eskenidé; *Myra*. 12. *Pamphilia*, la Pamphi-
lie; *Perga*, Cara-Hisar. 13. *Pisidia*, la Pisidie;
Antiochia Pisidæ, Ekshohr. 14. *Isauria*, l'Isaurie;
Homonada, Esmenak. 15. *Cilicia*, laCilicie; *Tarsus*; *Is-
sus* 16. *Phrygia*, la Phrygie; *Pergamus*, Pergame;
Ipsus; *Gordium*. 17. *Galatia*, la Galatie, ou
Gallo Grèce, province formée par les Gaulois, restes de ceux qui avaient pillé le temple de Delphes
et qui passèrent en Asie; *Ancyra*, Angora. 18.
Cappadocia, la Cappadoce; *Mazaca-Cæsarea*, Kai-
sarich. 19 *Armenia minor*, la petite Arménie;
Mitilene, Melatia; *Sebastia*, Siwas. — Peupl. de

l'Asie-Mineure *Troyens*, *Lydiens*, *Phrygiens*, *Perses*, etc.

II. **ASIA MAJOR SEPTENTRIONALIS**, qui comprend 1. *Sarmatia asiatica*, la Sarmatie d'Asie partagée de celle d'Europe par le Tanaïs, et bornée par le Volga, le Don, la mer d'Azoff, le Pont-Euxin et le Caucase. Au N. de ces montagnes se trouvaient les *Alains*, qui, lors de l'irruption des barbares, furent entraînés par les *Huns* en Espagne, où ils furent détruits par les Visigoths, etc. 2. *Scythia intra Imäum*, la Scythie en-deçà de l'Imäus; les *Massagètes*. 3. *Scythia extra Imäum*, la Scythie au-delà de l'Imäus. Peupl. les *Issedous* au delà de l'Imäus; les *Chatæ*, les *Chaurancei*, les *Hiperborei*, etc. Ces deux parties correspondent à la Tartarie indépendante. 3. *Serica*, la Sérique ou le pays de Sères. Les Grecs, depuis Alexandre, faisaient dans ce pays le commerce par caravanes. La Sérique a dû faire partie du Thibet et de la petite Bouckharie. Les Sères étaient renommés par la justice de leur gouvernement; leur pays produisait de la soie que l'on transportait dans l'Inde ou à *Bactra*, et qui de là se répandait dans la Perse et dans l'empire romain. Ce commerce interrompu par les Parthes, mit la soie hors de prix, jusqu'au moment où le précieux insecte qui la produit, fut naturalisé parmi nous par deux moines qui l'apportèrent des bords de l'Indus à l'empereur Justinien, l'an 555. Les Sères faisaient un grand commerce avec les *Sines*, aujourd'hui les Siamois et les Cochinchinois. 4. *Colchis*, la Colchide; *Iberia*, l'Ibérie; *Albania*, l'Albanie (la Mingrélie et la Géorgie entre le Pont-Euxin, le Caucase et la mer caspienne).

La *Colchide* comprend la Mingrélie avec la partie septentrionale de la Géorgie. L'*Ibérie*, la partie occidentale de la Géorgie, et l'*Ibérie*, la partie orientale, *Armozica*, *Zalissa* (Teflis).

III. **ASIA MAJOR MERIDIONALIS**, la grande Asie méridionale, divisée en 1. *Armenia major*, la grande Arménie, à l'E. de l'Euphrate; *Naxuana* Nakchivan, que la tradition rapporte avoir été bâtie la première après le déluge de Noé. *Tigranocerta*, bâtie par Tigrane et ruinée par Lucullus. 2. *Assyria*, l'Assyrie (la Syrie, la Palestine, les Pachaliks de Mosoul, de Bagdad et le Choristan), divisée en a) *Palestina*, Palestine, voy la p. 142; b) *Phœnicia*, la Phénicie; *Sidon*, Seïde; *Tyrus*, Sour; *Berytus*, Berout; *Sarephta*, Sarfand; c) *Syria*, la Syrie; *Antiochia*, Antiokia; *Palmyra*, Tadmor; *Heliopolis*, Baalbek; *Damascus*, Damas; 3) *Mesopotamia*, la Mésopotamie (le Diarbek); *Amida*, Diarbekir; e) *Assyria propria*, l'Assyrie propre; *Ninive*, Nunia; f) *Babylonia* ou *Chaldæa*, la Babylonie ou Chaldée (l'Irak); *Babylonia*, en ruines près de Bassora; g) *Susiana*, la Susiane; *Susa*, Souster; *Soloce*, depuis Seleucie.

4. **ARABIA**, l'Arabie, divisée en 1. *Petrea*, Pétrée; *Petra*, Krœ; *Oelim*, Tor. *Eziongaber*, depuis *Bérénice*, Minet-Iddahah. 2. *Felix*, heureuse (Thurifera Regio ou *Libanophoros*); *Macoraba*, la Mekke; *Saba*, Sabbea, d'où l'on prétend qu'était venue la reine de Saba à Jérusalem pour voir Salomon; *Cariatha*, Cariataïn. 3. *Deserta*, déserte, peuplée par des hordes errantes, qu'on nomme de nos jours *Arabes Bédouins*. Les *Sarrazins*, qui, d'une petite tribu qu'ils formaient, s'accrurent ensuite au point de remplir de leur nom toute cette partie. On les a souvent appelés *Hagareni*.

5. PERSIS, la Perse (le Faristan, le Kerman et le Mekran), divisée en a) *Persis propria*, Persé propre; *Persepolis*, à quelque distance de Chiraz; b) *Caramania*, la Caramanie; *Caramana*, Kerman ou Sirjan; c) *Gedrosia*, la Gédrosie; *Pura*, Purg.

6. ARIA, l'Arie (l'Irak-Adjemy, le Koracan et le Sejestan), comprenant a) *Media*, la Médie; *Ecbatana*, Hamadan; *Tabris*, Tauris; *Raguæ* ou *Rages*, en ruines sous le nom de Raï; *Cyropolis*; Kurab; b) *Hyrcania*, l'Hyrcanie; *Hyrcania* ou *Syringis*, Korhan; *Asaac*, première cap. du royaume des Parthes, aujourd'hui Ashor; c) *Aria propria*, l'Arie propre (le territoire de Herat); *Artacoana*, ou *Aria*, Fuchendg; *Alexandria*, Herat; d) *Dragiana*, la Dragiane (Sejestan); *Prophthasia*, Zarang; e) *Arachosia*, l'Arachosie (pays des Afghans); *Alexandropolis*, Skanderié d'Arrokhage; *Paropamisadæ*, pays d'un peuple qui paraît avoir été remplacé par les Scythes; *Alexandria*, Candahar.

7. BACTRIANA et SOGDIANA, la Bactriane et la Sogdiane (le pays de Balk et la grande Bouckharie); *Bactra*, Balk; *Maracanda*, Samarcande, capitale de l'empire de Tamerlan.

8. INDIA, l'Inde, divisée en 1. *India intra Gangem*, l'Inde au-deçà du Gange (le pays des Sciks et l'Hindoustan). 2. *India extra Gangem*, l'Inde au-delà du Gange, avec le pays des Sines, *Sinarum Regio*, qui répondent au pays Indo-Chinois. La capitale des *Sines* ou *Chinois* était la *Thinæ* ou *Sinæ* de Ptolomée, que Mr. Gosselin a reconnue dans celle de *Tana-Serim*. Cette ville, située à l'embouchure du Coliaris, avait un port que l'on appelait *Catigara*, aujourd'hui *Merghi*.

AFRIQUE.

L'Afrique, divisée en huit parties, savoir:

1. AEGYPTUS (*Misraïm*, Chemia), l'Égypte, subdivisée en trois parties: 1. *Aegyptus superior*, ou Thébaïde (Saïd); *Thebæ*, la *Diospolis magna*, ou la grande ville de Jupiter, la Thèbes aux cent portes d'Homère, ruines magnifiques, etc. 2. *Heptanomis*, l'Égypte moyenne (Vostani); *Memphis*, seconde capit. de l'Égypte, en ruines, etc. etc. 3. *Aegyptus inferior*, la Basse-Égypte (Bahary); *Alexandria*, qui avait remplacé *Rhacotis*; *Tunis*, qui fut la capitale d'un royaume particulier, auj. San, etc. etc.

La grande et la petite Oasis, *El-Ouah*, était appelée par les Grecs Ile des Bienheureux, parce que le voyageur fatigué était charmé de rencontrer un endroit où il put se reposer. Mais les Romains en faisaient un lieu d'exil.

II. LIBYA EXTERIOR, la Libye extérieure, depuis l'Égypte jusqu'à la grande Syrte, distinguée en 1. *Marmorica*, habitée par les *Hammoniens*, qui occupaient l'Oasis de Siouah, temple de *Jupiter Hammon*, oracle très-célèbre, en ruines à *Sout-Rieh*. 2. *Libya græca*, le nome libyque; *Paratonium*, Al Baretoun. 3. *Cyrenaica*, Cyrenaïque; *Cyrène*, en ruines à Kurin; *Ptolemais*, Tolometa, etc. etc.

III. LIBYA INTERIOR, la Libye intérieure, *Grama*, Garma, dans le Fezzan.

IV. REGIO SYRTIUM, le pays des Syrtes; *Macomades Syrtis*, Sort; *Leptis magna*, Lebida; *Sabatra*, Sabatra ou le vieux Tripoli.

V. AFRICA PROPRIE DICTA ou CARTHAGINENSIS, l'Afrique propre, divisée en *Bysacène* et *Zeugitane*; *Byzacium*, Beghui; *Carthago*, la *Carthada* des Phéniciens, et la *Carchedon* des Grecs. De ses ruines s'est augmentée *Tunetum*, aujourd'hui Tunis; *Leptis minor*, Lemta; *Utica*, l'*Ythyca* des Grecs, *Bator*, célèbre par la mort de Caton,

surnommé de cette ville *Caton d'Utique*; *Zama*, près de laquelle se donna la célèbre bataille entre *Scipion* et *Annibal*; *Tabraca* sur le Rubricalus, où commence la Numidie.

VI. NUMIDIA PROP. DICTA, vel *regia* (à peu-près la régence d'Alger), divisée en 1. *orientale*, Hippo-Regius, Bona; *Constantine*, résidence de Massinissa. 2. *occidentale* ou *césaréenne*; *Cæsarea*, Vacur, etc. etc. 3. *Sitifensis*, dans l'intérieur; *Sitifi*, Sétif, etc.

VII. MAURITANIA PROP. DICTA ou TINGITANA (Fetz et Maroc); *Tingis*, le vieux Tanger; *Volubilis*, qui offre quelques vestiges sous le nom de Gonalili; *Sala*, Sale, etc.

VIII. AETHIOPIA l'Éthiopie (la Nubie, l'Abyssinie et la côte d'Ajan); *Meroë*, au-dessous de l'Égypte, capitale d'un royaume anciennement civilisé; *Axune*, restes d'antiquités; *Adulis*, Arkiko; *Berenice-epi-Dires*, Bailul; *Saba*, Assab; *Rapta*, où se terminaient les connaissances géographiques des Anciens sur la côte Barbaria ou Azania.

TABLE DES MATIÈRES.

TABLE ALPHABÉTIQUE.

ABRÉVIATIONS DONT ON S'EST SERVI DANS CETTE TABLE.

La lettre *a* indique la première partie; la lettre *b* la deuxième; baie, *b*; canal, *c*; cap, *ca*; chaînes, *ch*; détroits, *dé*; golfes, *g*; fleuves, *fl*; îles, *i*; lacs, *l*; mers, *me*; montagnes, *m*; peuples, *p*; ports, *po*; pointe, *pte.*; provinces, *pr*; rivières, *r*; villes, *v.*

Port-au-Prince, b. 116
Portalègre, v. a. 173
Port royal, i. b. 115
Porto, v. a. 173
Porto-Bóllo, v. b. 129
Porto-del-Principe, b. 116
Porto-Fárina, b. 83
Porto-Ferrajo, a. 187
Porto-Rico, i. b. 116
Port-Louis, a. 141
Portsmouth, v. a. 112
— v. b. 114
Portugal, a. 171
Portugais, p. a. 65
Prague, v. a. 167
Presbourg, v. a. 167
Prince (île du), b. 85
Prince de Galles, ca. b. 107
Privas, v. , 147
Probragenia, ca. b. 5
Potosi, v. b. 130
Potowmac, r. b. 108
Pounah, v. b. 30
Poyan, l. b. 7
Poyas, ch. a. 119
— p. a. 73
Panama, v. b. 129
Puebla de los Angelos, b. 114
Puelches, p. a. 73
Puy (le), v. a. 147
Puy-de-Dôme (le), m. a. 141
Putumayo, r. b. 112
Pyrénées, ch. a. 90
Quedal (pte.de), b. 111
Quebec, v. b. 114
Quilimanci, r. b. 79
Quimper, v. a. 145
Quito, v. b. 129
Raab, r. a. 165
Radom, v. a. 128
Raguse, v. a. 167
Ragusains, p. a. 65
Raleigh, v. b. 115
Ramada, ca. b. 78
Rasalgat, ca. b. 5
Rastadt, v. a. 168
Ratisbonne, v. a. 168
Raveune, v. a. 186
Razat, ca. b. 78
Reading, v. a. 111

Redjangs, p. a. 74
Reggio, v. a. 186, 187
Reikiawick, v. a. 97
Remfrew, v. a. 113
Renards (île des), a.122
Rennes, v. a. 145
— l. b. 107
Reuss, r. a. 159
Revel, v. a. 120
Revillagegido, i. b. 114
Rey, b. 23
Rhé, i. a. 141
Rhin, r. a. 132, 159, 143, 165
Rhode-Island, i. b. 114, 115
Rhodes, i. b. 13
Rhodez, v. a. 146
Rhône, r. a. 94, 144, 159
Richemont, v. b. 115
Riesengebürge, m. a. 91
Riga, v. a. 120
Rio-Colorado, r. b. 108, 113
Rio-de-la-Plata, r. b. 108
Rio-Grande, r. b. 113
Rio-Janeiro, v. b. 130
Rio-Negro, r. b. 112, 113
Ripen, v. a. 97
Riswick, v. a. 134
Rochefort, v. a. 141
Rochelle (la), v. a. 146
Rocheux (monts), b.106
Rodosto, g. a. 194
Rodrigue, i. b. 85
Roër, r. a. 165
Roggewin (archip. de), b. 59
Rohillas, p. b. 29
Romania, ca. b. 5
Rome, v. a. 186
Rosa, m. a. 90, 159
Roscommon, v. a. 115
Rothenbourg, v. a. 168
Rothweil, v. a. 168
Rothsay, v. a. 113
Rotterdam, v. a. 134
Rouen, v. a. 145
Roufa, r. a. 195
Rouge (rivière), b. 107

Roune, v. a. 97
Rubicon, r. a. 184
Rudkobing, v. a. 97
Raremonde, v. a. 134
Russes, p. a. 123
Russie, a. 65, 117, 120
Sables (cap des), b. 58
St. Ander, v. a. 113
St. Andrews, v. a. 113
St. Augustin, v. b. 115
— (ca.) b. 111
St. Antoine, ca. b. 111
St.Bernard, m.a.90,159
St. Brieux, v. a. 145
Ste. Catherine, i. b. 130
St. Christophe, i. b. 116
Ste. Croix, i. b. 116
— pte. b. 111
St. Domingue, i. b. 116
St. Eustache, i. b. 116
St. François, i. b. 116
St. Gall, v. a. 161
St. Georges, g. b. 113
St. Gothard, m. a. 90
Ste. Hélène, ca. b. 111
— i. b. 85
St. Jean, ca. b. 107
— be. b. 109
St.Jean-de-Luz, v.a.141
St. Jean, i. b. 114, 116
St. Jean-de-Maurienne, v. a. 185
St. Jean-de-Potosi, v. b. 114
St. James, i. b. 84
St. Julien, pte. b. 111
St. Laurent, r. b. 107
— ca. b. 111
— g. b. 109
St. Lo, v. a. 145
St. Louis, v. b. 115
St. Lucas, ca. b. 107
Ste. Lucie, i. b. 116
St. Malo, v. a. 141
Ste. Marguerithe, i. b. 116
St. Marin, v. a. 186
Ste. Marthe, v. b. 129
St. Mathias, g. b. 113
St. Mathieu, i. b. 85
Ste. Maure, i. a. 92,200
St. Paul, v. b. 130
St.Paul-de-Loando, v. b. 84

St. Pierre, i. b. 114
St.Philippe-de-Benquela, v. b. 84
St. Roch, ca. b. 111
St. Salvador, v. b. 84
St. Sébastien, v. a. 178
St.Thomas, i. b. 85,116
— ca. b. 111
St. Vincent, ca. a. 92
— i. b. 116
San-Carlos-de-Monterey, v. b. 114
San-Domingo, b. 116
San-Jago-de-Chili, v. b. 130
San-Jago, v. b. 114
San-Luis-de-Maranhao, v. b. 130
San-Miguel, v. b. 130
San-Salvador, v. b. 130
San-Thomé, v. b. 129
Santa-Cruz-de-la-Sierre, v. b. 130
Santa-Cruz, i. b. 59
Santa-Fé, v. b. 114,130
Santa-Fé-de-Bogota, v. b. 129
Saghalien, i. b. 14
Sakhara, v. b. 83
Salambria, r. a. 195
Salamanque, v. a. 178
Salerne, v. a. 186
Salisbourg, v. a. 111
Salomon, i. b. 59
Salonique, g. a. 194
Saloniski, v. a. 200
Salvages, i. b. 86
Salzbourg, v. a. 167
Salzburger-Kopf, m. a. 165
Samandraki, i. a. 200
Samarcande, v. b. 27
Sambre, r. a. 133
Samos, i. b. 13
Sandwich, p. b. 68
— i. b. 59
Sangarius, r. b. 8
Sannon, r. a. 94
Sans-Souci, v. b. 129
Santarem, v. a. 173
Santorin, i. a. 200
Saratow, v. a. 120
Sardaigne, t. a. 92
Saratoga, b. 115

Table alphabétique des noms de Géographie ancienne.

ERRATA.

Corrections survenues pendant l'impression, et notes additionnelles.

Page 11. ligne 18 : 2 pieds, lisez 3 pieds.

Page 16, à l'article grosseur des planètes par rapport à la terre, ajoutez:
Vesta . . 11 fois plus petite.
Junon . 118 fois.
Pallas . 37 fois.
Cérès . 15 fois.

Page 18. ligne 3, ajoutez: Celle de 1811, qui doit avoir été visible en 1301, et reparaîtra après une période de 510 ans, par conséquent l'an 2321. On peut juger de l'étendue prodigieuse de son orbite, puisqu'elle fait 27 millions de milles d'Allemagne en quatre jours.

Page 18. ligne 31, ajoutez: On estime à 100,000 le nombre des étoiles aperçues, jusqu'à ce jour (1819), au firmament, par le secours des télescopes.

Page 26. ligne 1ʳᵉ : L'électricité pouvait être oubliée, lisez : l'électricité ne pouvait être oubliée.

Page 26, à l'article Aurore boréale : La manière dont Mᵉ Patrin conçoit que s'opèrent les phénomènes des aurores boréales, s'accorde mieux avec tous les faits qu'elles nous présentent, et notamment avec ces bouffées de flammes et ces longues traînées de lumière vagues et vacillantes, qui ne sauraient annoncer autre chose que la combustion d'une substance gazeuse, et nullement un phénomène électrique. Selon ce savant auteur, l'électricité, bien loin de jouer ici le rôle principal, n'y entre que comme cause occasionnelle d'un embrâsement qui pourrait être produit par toute autre étincelle. Quant au petillement, au fracas et aux roulemens, qui, selon quelques-uns, accompagnent les phénomènes de l'aurore boréale, on ne saurait admettre, après les justes observations du même auteur, la possibilité d'entendre le bruit d'un simple petillement électrique, quand il est bien certain qu'on ne pourrait pas entendre les éclats même du plus épouvantable tonnerre. La moindre élévation des aurores boréales observées par Mᵉ de Mairan, étant de 58 lieues, ces prétendus petillemens auraient lieu dans les régions où l'excessive rareté de l'air rendrait complètement nulle la propagation du son, ainsi que le prouvent les belles expériences sur le son, faites par l'illustre Saussure sur le sommet du Mont-Blanc.

Page 36, à la fin de la page, ajoutez : La gradation que les degrés de longitude observent dans leur diminution, est, à peu de chose près, d'une lieue de 5 en 5 degrés, depuis le cinquième (qui n'a qu'un peu moins de 25 lieues) jusqu'au cinquantième (qui n'a qu'un peu plus de 16 lieues); et de 2 lieues de 5 en 5 degrés, depuis le cinquantième jusqu'au quatre-vingt-dixième.

Page 47. Voyez au sujet des montagnes les plus élevées nouvellement mesurées, ce qui est dit à la page 5ᵉ de la deuxième partie.

Page 94. Voyez l'errata indiqué au bas de la page 96.

Page 96. G. D. de Darmstadt, ajoutez: MAYENCE, sur la rive gauche du Rhin, forteresse importante de la confédération germanique, située au confluent du Rhin et du Mein; 23,000 habitans.

Page 96. La population du royaume des Pays-Bas 4,500,000, lisez 5,226,857 habitans.

Page 122. Amérique russe, voy. pag. 115. 2e partie.

Page 142, note 10: Sardins, lisez Sardines.

Page 146. La Saintonge et d'Annis, lisez: la Saintonge et l'Aunis.

Page 146. Fontenay, lisez Bourbon-Vendée.

Page 152. Les écoles d'enseignement mutuel, en 1819, se montaient à plus de 620. Ainsi à 115 places par école (terme moyen), il y avait environ 123,000 places d'élèves dans les écoles, et plus des deux tiers de ces places étaient occupées.

Page 161. La population des cantons était en 1818, selon Conrad Schoch, pour ZURICH, 182,123; BERNE, 291,200; LUCERNE, 86,700; URI, 14,000; SCHWIZ, 28,900; UNTERWALDEN, 21,200; GLARUS, 26,575; ZUG, 14,300; FRYBOURG, 67,814; SOLEURE, 47,882; BALE, 45,900; SCHAFFAUSEN, 30,000: APPENZELL, 55,000; ST. GALL, 130,301; LES GRISONS, 73,200; ARGOVIE, 143,960; THURGOVIE, 78,533; THESSIN, 88,793; VAUD, 145,215; VALAIS, 62,809; NEUCHATEL, 49,722; GENÈVE, 44,000.

Page 162, note 13. Aquæ helveticæ, ajoutez ou THERMÆ SUPERIORES, Bade en Suabe, THERMÆ INFERIORES.

Page 168. Weingarten, substituez RAVENSBERG, dans une vallée fertile; 3,200 habitans.

Page 168. Royaume de Würtemberg, au lieu de Rothenbourg, lisez ROTHENBERG.

Page 168. Le royaume de Bavière est divisé en huit cercles; savoir:

1. le cercle de l'Iser ou Isar . capit. Munich; 60,000 habitans.
2. — du Haut-Danube . — Augsbourg; 30,000 habit.
3. — du Bas-Danube . — Passau; 8,000 habitans.
4. — de la Regen . — Ratisbonne; 19,000 habit.
5. — de la Rézat . — Anspach; 13,000 habitans.
6. — du Haut-Mein . — Bareuth; 10,000 habitans.
7. — du Bas-Rhin . — Würzbourg; 21,000 habit.
8. — du Rhin . — Spire; 5,000 habitans.

Page 168. Royaume de Hanovre, comté de Noya, lisez comté de HOYA.

Page 185. Le Piémont est divisé en huit gouvernemens; savoir: 1° le gouvernement de Savoie, 2° de Turin, 3° de Coni, 4° d'Alexandrie, 5° du Novarre, 6° d'Aost, 7° de Nice, et 8° de Gênes.

Page 198, ligne 1re: Gouvernement démocratique, lisez gouvernement DESPOTIQUE.

Page 199 et 200. Cochzin, Bender, Ismaïl, font maintenant partie de la Turquie russe, qui comprend la Crimée, la Bessarabie et la moitié de la Moldavie. La paix de Bucharest (1812) fixe le Pruth pour limite respective.

P. 5. p.e 13. 2e partie. Le pic du Thibet est nommé SCHUMULARI.

Pag. 15. lig. 5. Après le Bérar, ajoutez LE BENGALE; voy. page 30 la remarque faite à ce sujet.

Page 115. Les vingt-trois États dont se compose l'Union américaine, sont:

1. New-Nampshire . cap. Portsmouth.
2. Maine . — Portland.
3. Massachussets . — Boston.
4. Connecticut . — Hartford.
5. Rhode-Island . — Providence.
6. Vermont . — Burlington.
7. New-York . . . cap. New-York.
8. Nouvelle-Jersey — Trenton.
9. Pensylvanie — Philadelphie.
10. Delaware — Wilmington.
11. Maryland . — Baltimore.
12. Virginie — Richemond.

13. Caroline du Nord, cap. Raleigh.
14. Caroline du Sud — Charleston.
15. Georgie — Savannah.
16. Kentuky — Lexington.
17. Tennessé — Nashville.
18. Ohio — Chilicotte.
19. Illinois . . . . cap. Naskaskias.
20. Indiana — Vincennes.
21. Louisiane — Nouvelle-Orléans.
22. Mississipi — Natschès.
23. Missouri — St. Louis.

La population entière était, en 1819, de dix millions.

Page 120. La pagination offre, par une erreur typographique, une interruption jusqu'à la page 123; mais il n'en existe aucune dans le texte, comme on s'en convaincra par la série non interrompue des notes rélatives au tableau sommaire des pays de l'Amérique septentrionale.

Errata du précis de Géographie ancienne.

Page 136. Alpis graïca, lisez Alpis graïa.
— 140. Pelusum, lisez Pelusium.
— 143. Namnetes, lisez Namnetes, ou Nannetes.
— 143. Aquilœ sextæ, lisez Aquæ sextiæ.
— 143. Mogontiacum, lisez Magontiacum.
— 144. 1ʳᵉ col. Bizanticum, lisez Byzantium.
— 145. 2ᵉ col. Tamis, lisez Tanis.

MER GLACIAL
Mer du Nord
Mer Baltique
Mer Baltique
MER NOIRE
Dt. de Constantinople
MER MÉDITERRANÉE
G. d'Alexandrie
Caucase
MER CASPIENNE
Taurus
Araxe
Tigre R.
Euphrate
Arabie Déserte
MER ROUGE
Arabie Heureuse
Mer Morte
Perse
C. Persique
Ormus
Dét. de Babel-mandeb
Socotora
MER d'OMAN
G. d'Ormus
C. Rasalgate
G. de Kutch
G. de Cambaye
MER DES INDES
AFRIQUE
Obi R.
Tobol R.
Jaïlum R.
L. Tchan
Mts Altaïques
L. Laisan
Tenguis
L. Yankai
Mt Alak
Baloni
M. Hindou Cho
Cobi Désert de Sall
Mts du Thibet
L. Terkiri
Buramputer
Gange R.
Nerbudda R.
Godavri
Kistena R.
Dét. de Palk
GOLFE de BENGALE
Ceylan
I. Andaman
I. Nicob
I. Maldive
I. Laquedives
60 70
50 40 30
60 50 40 30 20 10 0

de l'Asie

Liukov
OCÉAN ARCTIQUE
Dét. de Bhering
C. Oriental
Gijihadin
C. Schelatska
MER de BHERING ou BASSIN du NORD
Lena R.
Vitui R.
Nertchinsk
M. Jablonnoi
G. de Pensihina
MER D'OKHOTS
C. Lopatka
Amour R.
Daourie
I. Saghalin
C. Romanzof
I. Kurilles
Gd. Desert
MER du JAPON
MER du SUD
Corée
Chikoki
I. Kiusiu
JAUNE
Hoang-ho R.
Yang-tse-kiang R.
MER de CORÉE
I. Lieukien
GRAND OCÉAN ou MER DU SUD
Hon-Nan R.
I. Formose
d'Haynan
Me-kon R.
C. Puracells
CHINE
G. de Siam
MER de
C. Romani

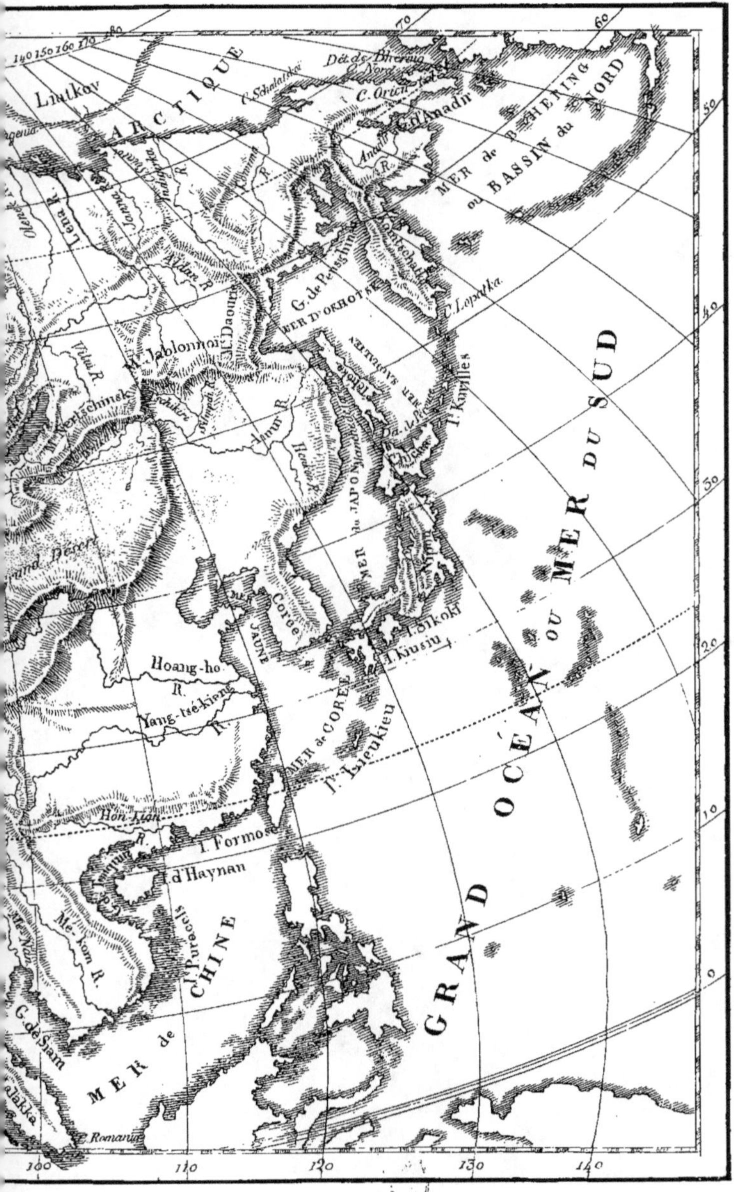

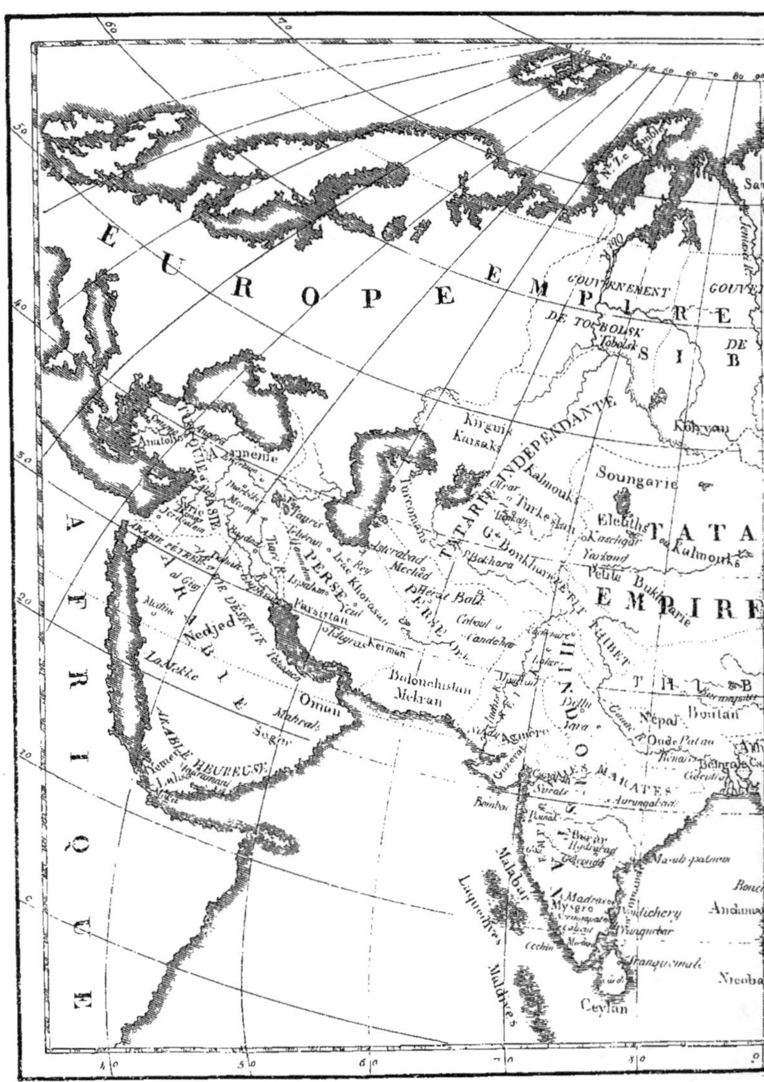
EUROPE
AFRIQUE
EMPIRE
GOUVERNEMENT DE TOBOLSK
Tobolsk
GOUVER
S I B
DE B
Kobyau
Kirguis Kaisaks
Soungarie
TATARIE INDEPENDANTE
Kalmouks
Turkestan
Otrar
Taskent
Gde Boukharie
Petite Boukharie
Bokhara
Eleuths ou Kalmouks
Kaschgar
Yarkand
Petite Bukharie
TATA
EMPIRE
Anatolie
Angora
Armenie
ASIE
Syrie
Diarbek
Mossul
Bagdad
PERSE
Astrabad
Mechcd
Herat
Balk
Tauris
Teheran ou Rey
Ispahan
Yezd
Candahar
Caboul
TIBET
THIBET
ARABIE PETREE
al Gjof
Medine
Nedjed
La Mekke
DESERT
Tehama
Parsistan
Kerman
Chiras
Balouchistan
Mekran
INDOSTAN
Delhi
Agra
Nepal
Oude
Boutan
ARABIE HEUREUSE
Yemen
Oman
Mahrah
Sogor
Gugerat
ETATS MARATES
Surate
Bombay
Bunat
Berar
Hydrabad
Aurungabad
Golconde
Malabar
Laquedives
Madras
Mysore
Calicut
Cochin
Pondichery
Tranquebar
Maldives
Ceylan
Andama
Nicobar

Zemlia
Tschouktchi
Kamtschatka
Okhotsk
GOUVERNEMENT
Jakoutsk
Jakoutes Joukaghirs
ngouses
Okhotsk
SIE
RIE
D'IRKOUTSK
Tongouses
Daourie
Nertschinsk
Sakhalien
Kiachta
MANTCHOURIE
Tritchocar
Yesso
Kalkas
MONGOLIE
CHINOISE
Leotoung
Inde
Mener
Onen
Pekin
Kinkitao
COREE
EMPIRE DU JAPON
HINOIS
Hoang-Ho R.
Hoan
Nankin
Yang tse kiang R. Ningpo
Nangasaki
CHINE
Canton
I. Formose
Kesho
Macao
I. Hainan
Tonkin
CochinChine
Laos
ANAM
Siam
Hue
Camboge
Tsiampa
Malacca
Malac

Ruines de Palmyre

Persans

Hindous

Kalmouks

Cochinchinois

Chinois

Japonais

Kamtchadales

ASIE
MER de B
Iles Aleu
GRAND O
Rio de Plata
Rio de Oro
la Femme Loth
Iles Marines
T. Philippines
I. Luçon
Iles Mariannes
I. Saypan
I. Tinian
Iles Carolines
Groupe Mackillo
I. Yap
I. Palaos
Mindanao
Groupe
I. Barbade
Iles Mulg
I. Anson
Iles Hermites
Groupe de K
Bannan
Borneo
N. Irlande
Sumatra
N. Guinée
I. Salomon
MER
Det. de la Sonde
Hébrides
I. Louisiade
Mallicolo
Tanna
Capricorne
N. Calédonie
Des Chiens Marins
B. des Chiens Marins
NOUVELLE HOLLANDE
C. d'Eudrache
I. Norfolk
B. du Geographe
I. Howe
C. Nord
I. de Bas
C. du Spencer
G. S. Vincent
I. Furneaux
Det. de Bank
I. de Kanguru
I. de Lm
Terre de Diemen
NOUVELLE Z
I. Tuvai Poenammoo
C. Sud
Antipode
GRAND OCÉ

150
135
120
105
90
75
AMÉRIQUE SEPTENTRIONALE
60
45
30
BOREAL
Iles Sandvich
l'Houlosogiral
GRAND OCÉAN
I. Cocos
I. Gallapagos
0
Roggewein
Iles Marquises
Nouhaiva
DU OCÉAN PACIFIQUE
Archipel de la Mer
Navigateurs
Basses ou Archipel dangereux
15
I. Otahiti
I. Pitcairn
I. Duras
I. Oparo
I. de Pâques
30
AMÉRIQUE MÉRIDIONALE
45
AUSTRAL
150
135
120
105
90
75

Nouvelle Hollande.

Habitans de la nouvelle Zeelande.

Isles Sandwich.
Mort du Capne. Cook.

Habitans d'Ulieta.

Habitans de Nukahiva
(une des Marquises)

Carte Physique
C. Tanger
Porto Santo
I. Madéri
I. Canaries
I. Palma
I. de Fer
I. Ténériffe
I. Canarie
Fortaventure
C. Rio do Ouro
Tropique du Cancer
C. Blanc
Tarassa
Guata
Gd DÉSERT
Touat
Puits d'Amara ou Tandeny
ABSEN
SAHARA
G. d'Arg
L. Kayor
Sénégal R.
Izavan
L. du Soudan
Ps du Cap Verd
I. de Sel
Bonavista
Nicolas C. Verd
S. Iago
L. de Diba
Niger F.
Gambie R.
Cachan R.
C. Rouge
H. de Kong
I. des Bissa
I. des E. Tagrin
Mesurad
Cours sup.
Benin R.
Niger
C. des Palmes
Scherbro
C. Formose
Fernando Po
C. des 3 Pointes
G. de Guinée
G. de Biafra
I. du Prince
I. S. Thomas
OCÉAN
ÉQUATEUR ou LIGNE EQUINOXIALE
I. S. Mathieu
C. Lopez Gonz.
Zaire
I. de l'Ascension
ATLANTIQUE
Latit. Nord
I. Açores
Le Pic
I. S. Hélène
C. Nègre
Tropique du Capricorne
C. de
Espé.

MÉDITERRANÉE
Bares
I. Menzaleh
I. Nagra
siouah
G. Persique
G. Arabique ou MER ROUGE
Det de Babelmandeb
I. Socotora
C. Gardafui
C. d'Orfui
B. Blak
M. R. Kumio
Mons ou
Mons de la Lune
Magadoxa R.
C. des Basses
Quilimanci R.
I. Amber
INDES
Iles Amirantes
I. Mahiles
I. Pemba
I. Zanzibar
I. Alphonse
I. Ceilin
I. Natal
Cés
I. Cosmolido
MER
Delgado
Is Comore
I. Comore
I. Colega
Madk.
Les Seychell
I. Mozambique
MADAGASCAR ou
I. Mayotte
Manit
I. Laniza
Mana R.
Canal de Mozambique
I. Gargade
G. de Sof gala
C. St Sebastien
I. de France
I. Bourbon
Les Mascareignes
Canal des Courrans
G. Delagoa
ange
Jmo R.
I. des Fumos
C. Natal
C. Padron

OCÉAN ATLANTIQUE
ÉQUATEUR OU LIGNE ÉQUINOXIALE
Tropique du Capricorne
SAHARA
HAUTE GUINÉE
NIGRITIE
Porto Santo
I. Madère
Iles Canaries
I. Palma
I. de Fer
I. Ténériffe
I. Forteventure
Mousselimes
Mougeats
Rio de Ouro
S. Cyprien Wadelims
Labdessas
Iles Cap Verd
I. de Sel
Bonavista
Nicolas
Iago
Brava
I. des Bissagos
I. des Idoles
I. Scherbro
I. des Dents
C. des
C. d'Or
La Mina
Cabo Corso
I. Fernando Po
I. du Prince
I.S. Thomas
I. Anobon
I.S. Mathieu
I. de l'Ascension
Latit. Nord
I. Açores
Le Pic
Terceire
I.S. Hélène
FEZ
ALGER
Tunis
MER
TRIPOLI
Biledulgerid
Gadamis
Tafilet
Dahra
Touarick
Lemta
Touat
Tombouctou
Bambara
Houssa
Kaschna
Ayos
Dahomay
BÉNIN
Biafra
Mayumba
Loango
CONGO
St Paul de Loande
St Philippe de Benguelle
Cimbébas
Le Cap
Anzico
Tripoli
Tegaza
Ségo
Agadés
ASBEN
Touarick de Tagama
Tibbo
Tibb
Calbongas
Benguela

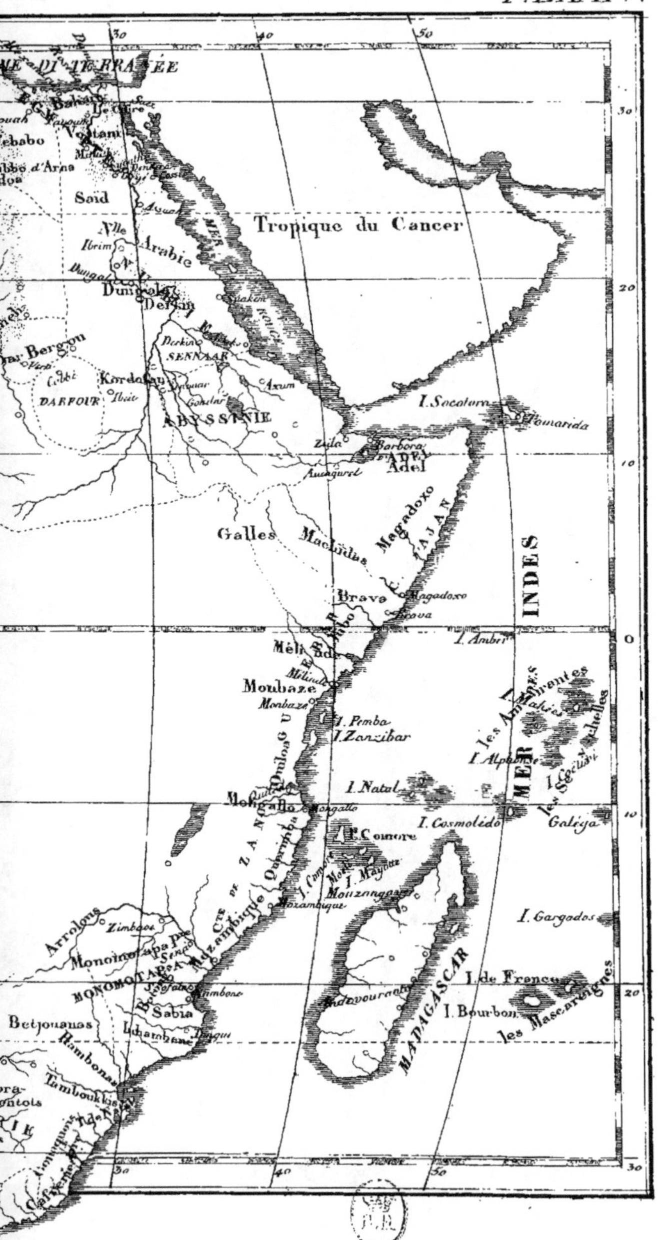
MER DI TERRANÉE
Tropique du Cancer
Said
Nlle Arabie
Dunigola
Derhan
Dar Bergou
DARFOUR
Kordofan
SENNAAR
ABYSSINIE
Axum
Zila
Borbora
ADEL
Adel
Auaagurel
I. Socotora
Tomarida
Galles
Macluba
Magadoxo
AJAN
Brave
Magadoxo
Brava
Mêla
Sidi
Mouhaze
Monbaze
I. Pemba
I. Zanzibar
I. Natal
I. Amber
les Amirantes
Mahics
Sechelles
l'Alphate
les Seciux
Mongallo
Mongallo
I. Cosmolido
Galega
I.e Comore
I. Mayute
Mouzangaye
Mozambique
Arrolous
Zimbaos
Monoino
MONOMOTAPA
Sofala
Sabia
Betjouanos
Hambona
Tambouk
I. Gargados
MADAGASCAR
I. de France
I. Bourbon
les Mascareignes
INDES
MER DES INDES

Egypte.

Negres du Sénégal.

Hottentots

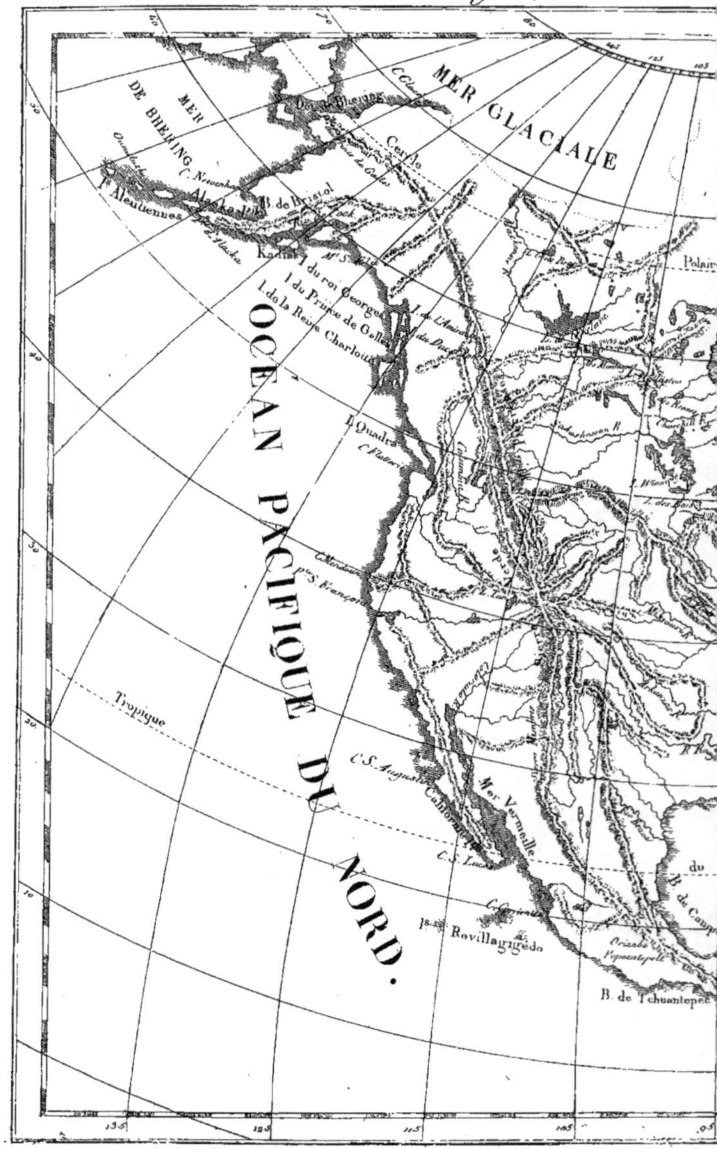
MER GLACIALE
MER DE BHERING
OCÉAN PACIFIQUE DU NORD.
C. Newenham
C. Prince de Galles
D. de Bhering
Alaska
I. Aleutiennes
Kodiak
I. du roi George
I. du Prince de Galles
I. de la Reine Charlotte
I. Quadra
Tropique
Mer Vermeille
C. S. Augustin
C. S. Lucas
Californie
I.les Revillagigedo
B. de Tehuantepec

AIE DE
BAFFIN
B. de Jacob
Arctique
Dét de Davis
Walsingham
Dét de Cumberland
Dét d'Hudson
Hadley
C. Raccoord
C. S. Charles
Antic
TERRE NEUVE
Gd Banc de T. Neuve
Isle Royale
S. Laurent R.
OCÉAN ATLANTIQUE
Is Bermudes
Palaches
Chesapeck
Cornaveral
Les Lucayes
Le Salvador
Cancer
Bahamas
La Providence
PETIT
CUBA
DOMINGUE
Porto Christo
La Barbade
Gde deloupe
Domnique
Martinique
St Vincent
Barbade
la Jamaique
ANTILLES
ANTILLES
MER
des
Is sous le Vent
Buenos Ayres
La Grenade
La Trinité
Curaçao
Dios
Honduras

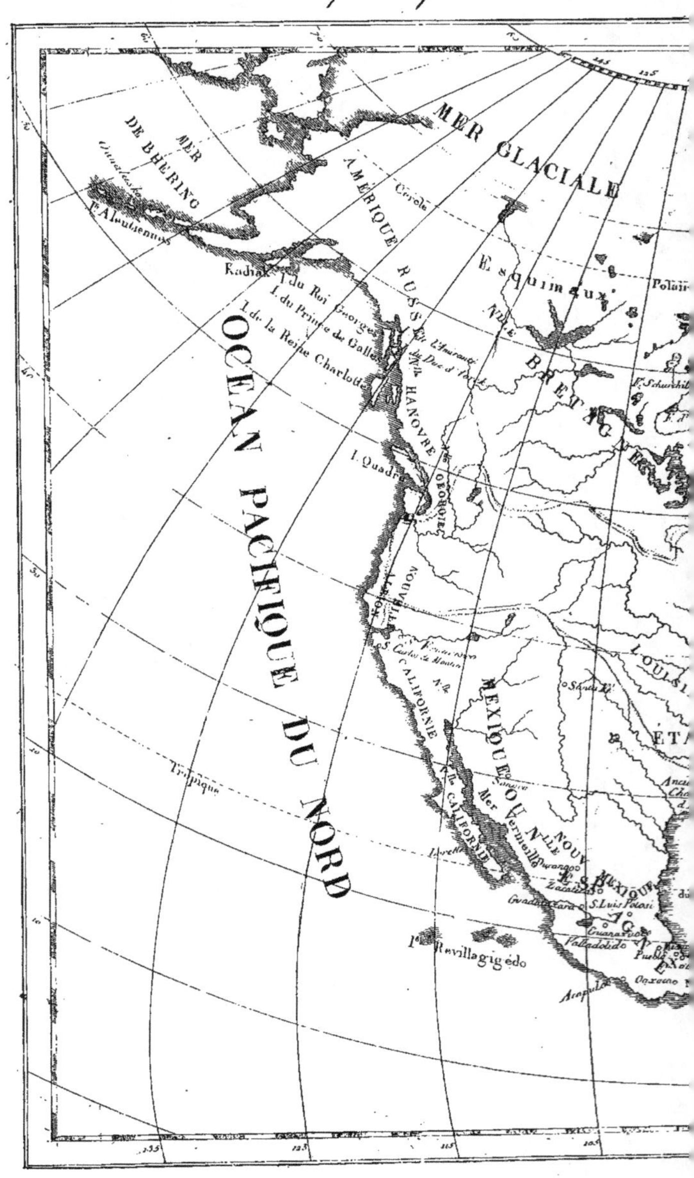
MER GLACIALE
MER DE BHÉRING
I. Aléutiennes
AMÉRIQUE RUSSE
Kadiak
I. du Roi Georges
I. du Prince de Galles
I. de la Reine Charlotte
Esquimaux
Polair
N.lle BRETAGNE
I. Quadra
HANOVRE
OCÉAN PACIFIQUE DU NORD
CALIFORNIE
Mer Vermeille ou Mer de CALIFORNIE
MEXIQUE OU
N.lle
NOUV.
MEXIQUE
LOUISI
ÉTA
Tropique
I.es Revillagigédo
S. Luis Potosi
Guadalajara
Guanaxuato
Valladolid
Acapulco
Oaxaca

GROENLAND
BAIE DE BAFFIN
Arctique
Gothaab
Frederickshaab
Julianshaab
LABRADOR
Petits Esquimaux
CANADA
Trois Rivières
Montréal
Kingston
Boston
Portsmouth
Hartford
New York
Trenton
Philadelphie
Baltimore
Washington
Richemont
Raleigh
Knoxville
Columbia
UNIS
Charlestown
Savannah
Augustin
FLORIDES
Bahama
Lucayador
CUBA
S. Domingue
S. Domingo
Porto Rico
ANTILLES
MER DES ANTILLES
Buenos Ayres
Curaçao
GUATIMALA
OCÉAN ATLANTIQUE
Cancer
P. Bermudes
Louisbourg
I. Royale
Halifax
Viergues
Barbude
Guadeloupe
Dominique
Martinique
Lucie
Vincent
Barbade
Tobago
Marguerite
la Grenade
les Petites
65
60

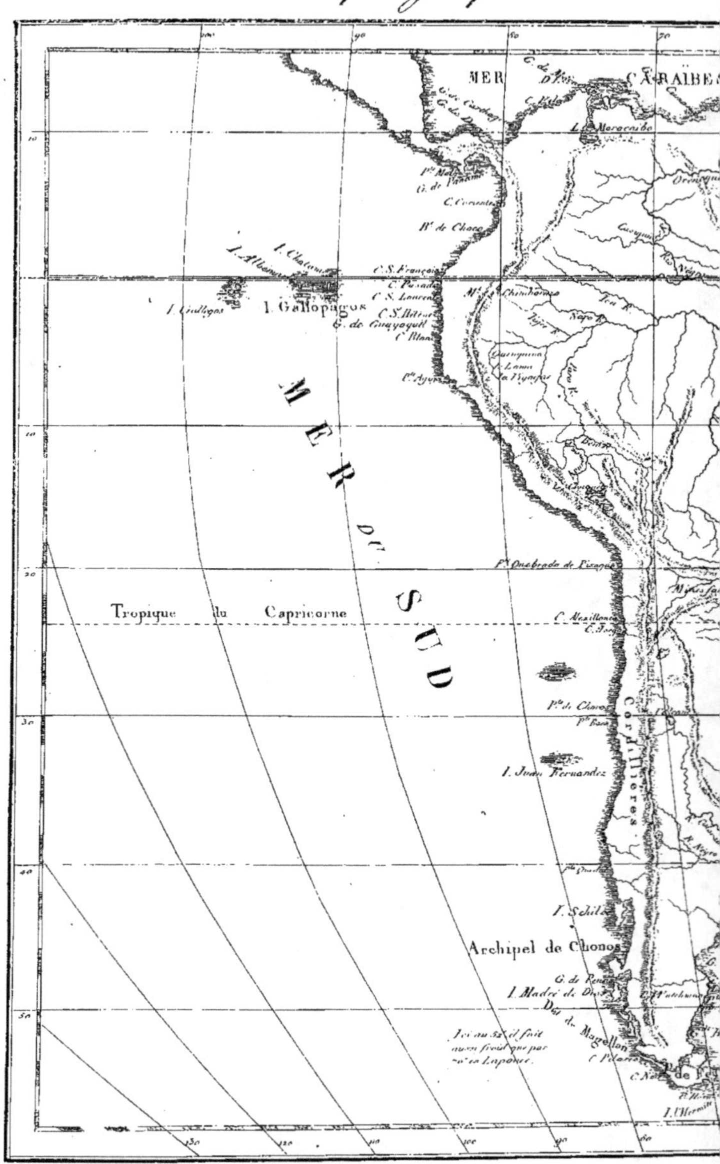
Carte physique de l'Am
MER D'
CARAIBES
L. Maracaibo
MER DU SUD
I. Gallopagos
Chimborazo
Tropique du Capricorne
I. Juan Fernandez
Cordillières
Archipel de Chonos
I. Madre de Dios
D. de Magellan

ique méridionale.
OCÉAN ATLANTIQUE
OCCIDENTAL
Équateur ou Ligne Equinoxiale
I. Fernando de Noronha
S. Roch
S. Augustin
OCÉAN ATLANTIQUE MÉRIDIONAL
S. Thomas
St Catherine
S. Antoine
I. Malouines
I. du Roi Georges
T. de Sandwich

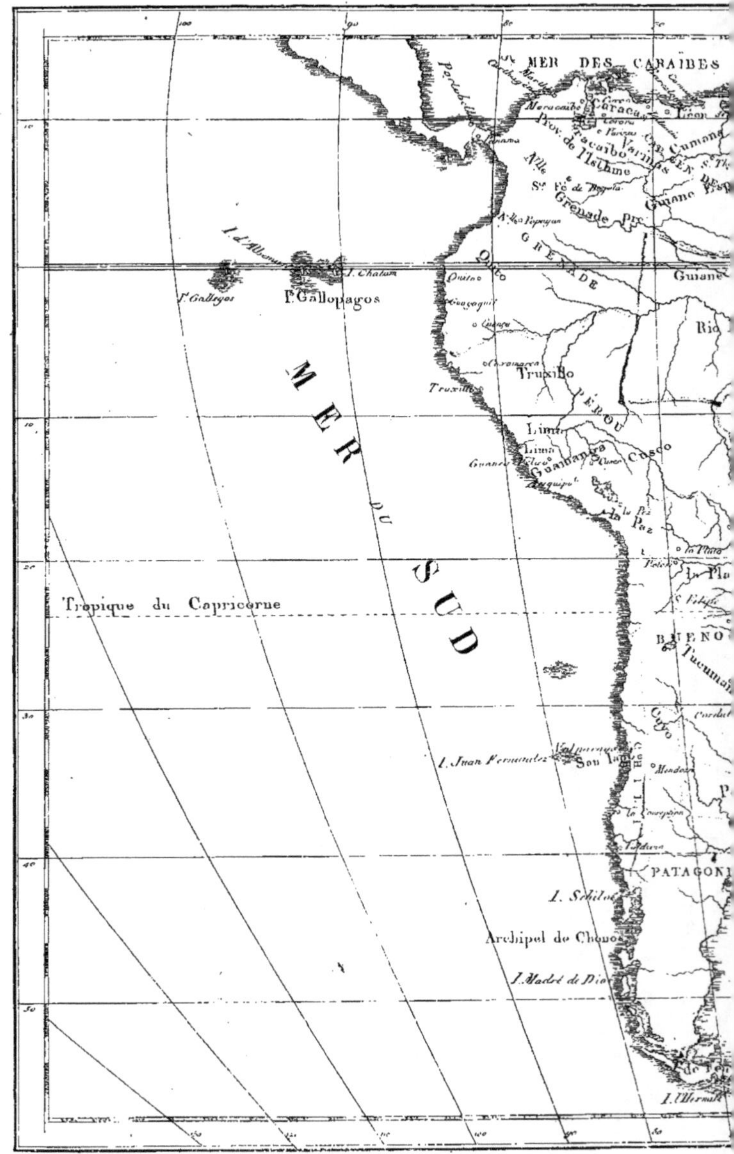

MER DES CARAIBES
Maracaibo
Caracas
Prov. de l'Isthme
S.te Fé de Bogota
Grenade
GRENADE
Guiane
N.lle Popayan
Panama
I. d'Albemarle
I. Chatam
I.s Gallegos
I.s Gallopagos
Quito
Guayaquil
Rio
Truxillo
PÉROU
Truxillo
Lima
Cusco
Guanca
Guabanga
Arequipa
la Paz
la Plata
Potosi
MER DU SUD
Tropique du Capricorne
BUENOS
Tucuman
Cordova
I. Juan Fernandez
San Jago
Mendoza
Concepcion
Valdivia
PATAGONIE
I. Schilöe
Archipel de Chonos
I. Madre di Dios
de Feu
I. Hermite

OCÉAN ATLANTIQUE
OCCIDENTAL
Equateur ou Ligne Equinoxiale
GUYANE
Paramaribo
Cayenne
Pará
Maranhao
Minas Geraes
Bahia
Matto Grosso
Cuyaba
Villa Rica
Rio Janeiro
S. Paulo
Santos
S. Paul
Maldonado
Monte-Video
Buenos Ayres
J. Fernando de Noronha
Paraibo
Pernambouc
Sergipe
Salvador
Porto Seguro
Villa Nova do Principe
Espiritu Santo
OCÉAN ATLANTIQUE MÉRIDIONAL
OCÉAN ATLANTIQUE
I. du Roi Georges
T. de Sandwich

La Ville de Lichtenfels en Groenlande.

Habitans d'Oonalashka.

Chute du Niagara.

Habitans de Quito.

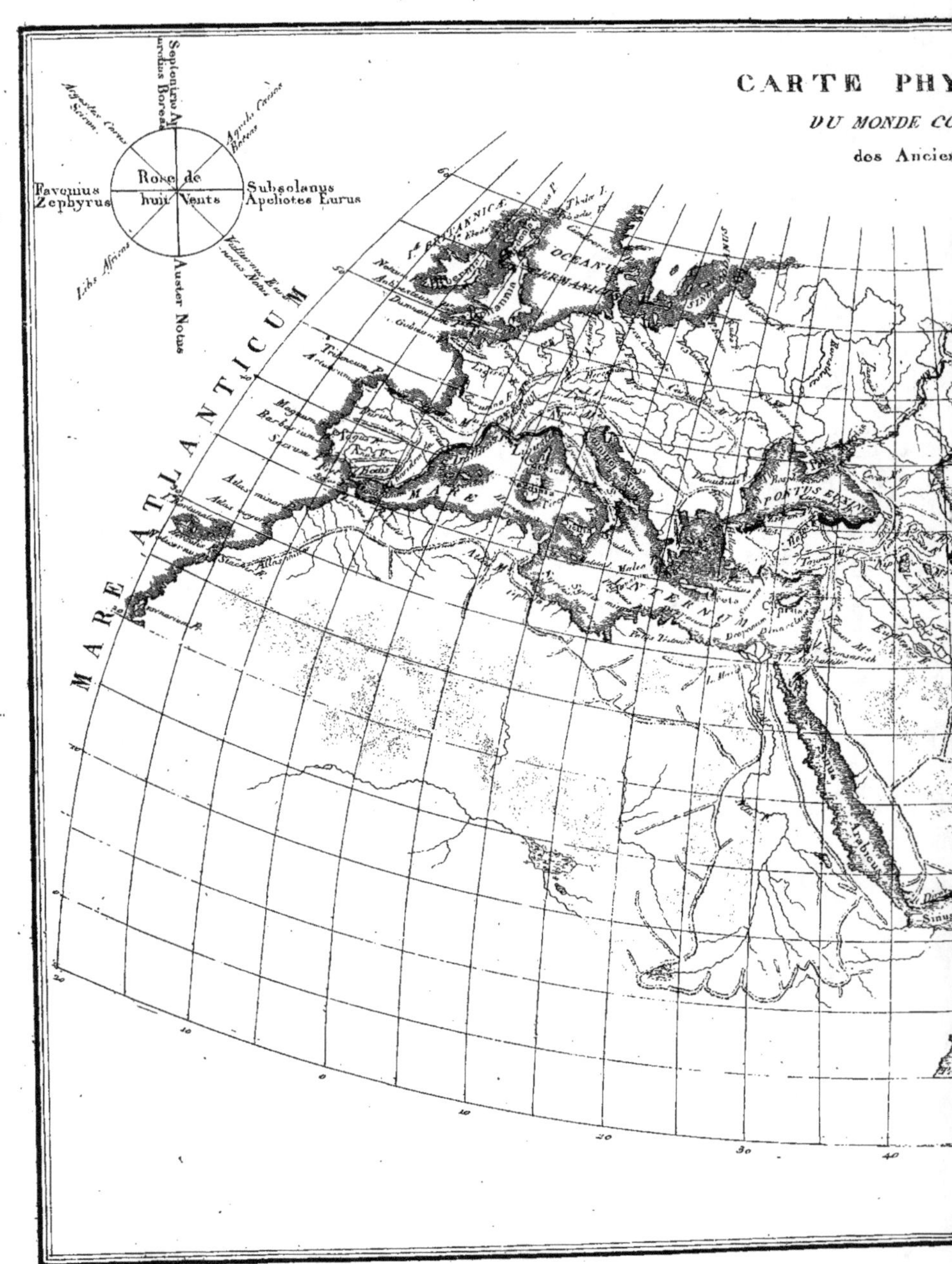
CARTE PHY
DU MONDE CO
des Ancie
Rose de huit Vents
Septentrio Aquilo
Aparctias Boreas
Argestes Corus
Aquilo Corus
Boreas
Favonius Zephyrus
Subsolanus Apeliotes Eurus
Libs Africus
Vulturnus Euro
notus Notus
Auster Notus
MARE ATLANTICUM
OCEANUS GERMANICUS
BRITANNICE
PONTUS EUXINUS
MARE INTERNUM

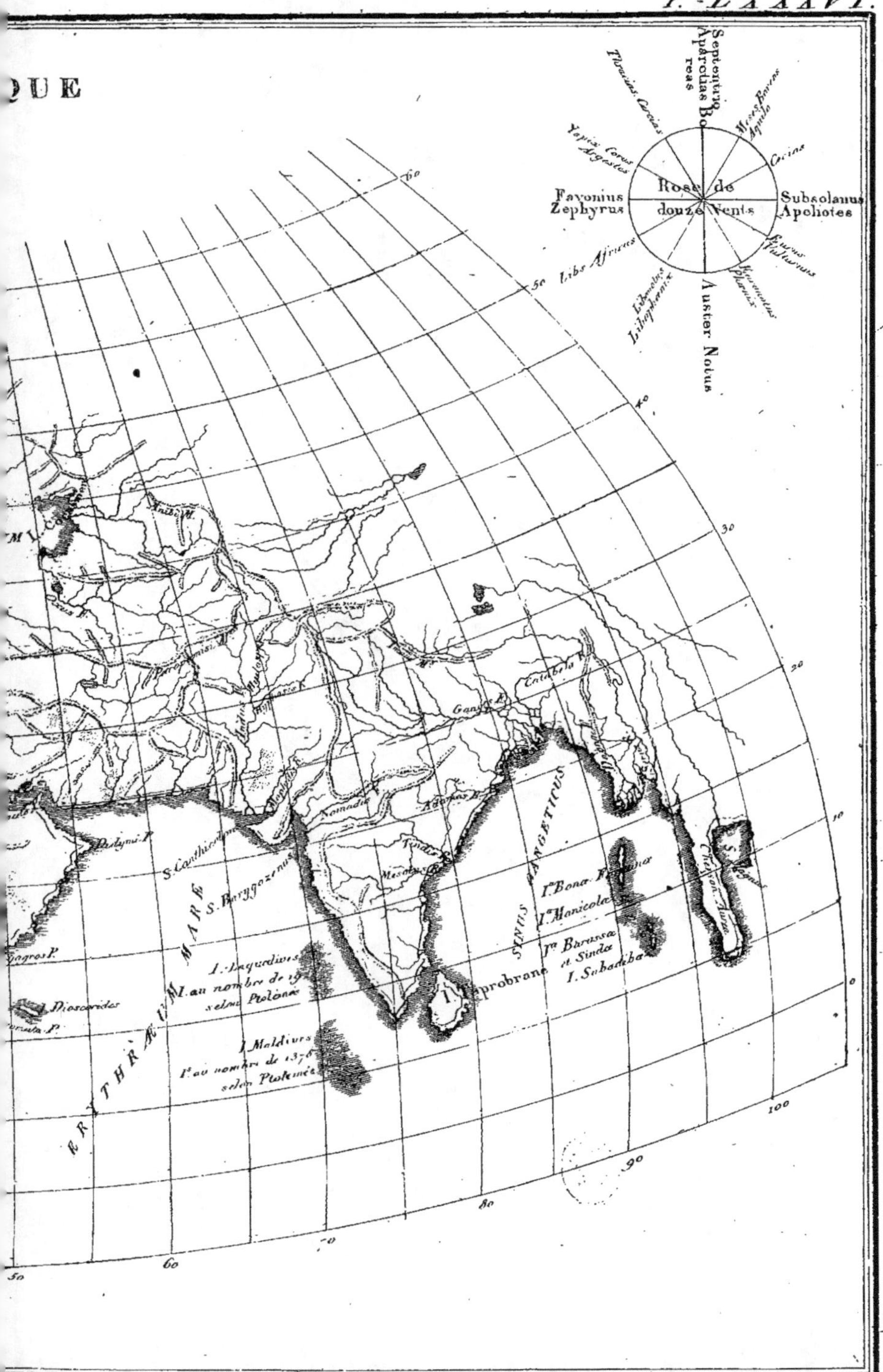

DUE
Septentrio
Apárctias Bo
reas
Thracias Carcias
Meses Borras
Aquilo
Yapix Corus
Argestes
Cecias
Favonius
Zephyrus
Rose de
douze Vents
Subsolanus
Apeliotes
libs Africus
Eurus
Vulturnus
Libonotus
Libophœnix
Euronotus
Phœnix
Auster Notus
60
50
40
30
20
10
Ganges F.
Colabra
SINUS GANGETICUS
I. Bona F.
I. Monicola
I. Barassæ
et Sindæ
I. Sabadiba
S.
Chelon. Turra
Pagros P.
MARE
S. Carthicorum
S. Baryygozenus
I. Dioscorides
socota P.
ERYTHRÆUM
Patalene P.
Namadis
Agonas F.
Tenæa
Mesotus F.
Taprobrane I.
I. Laquedives
M. au nombre de 19
selon Ptolomée
I. Maldives
I au nombre de 1378
selon Ptolemée
100
90
80
70
60
50

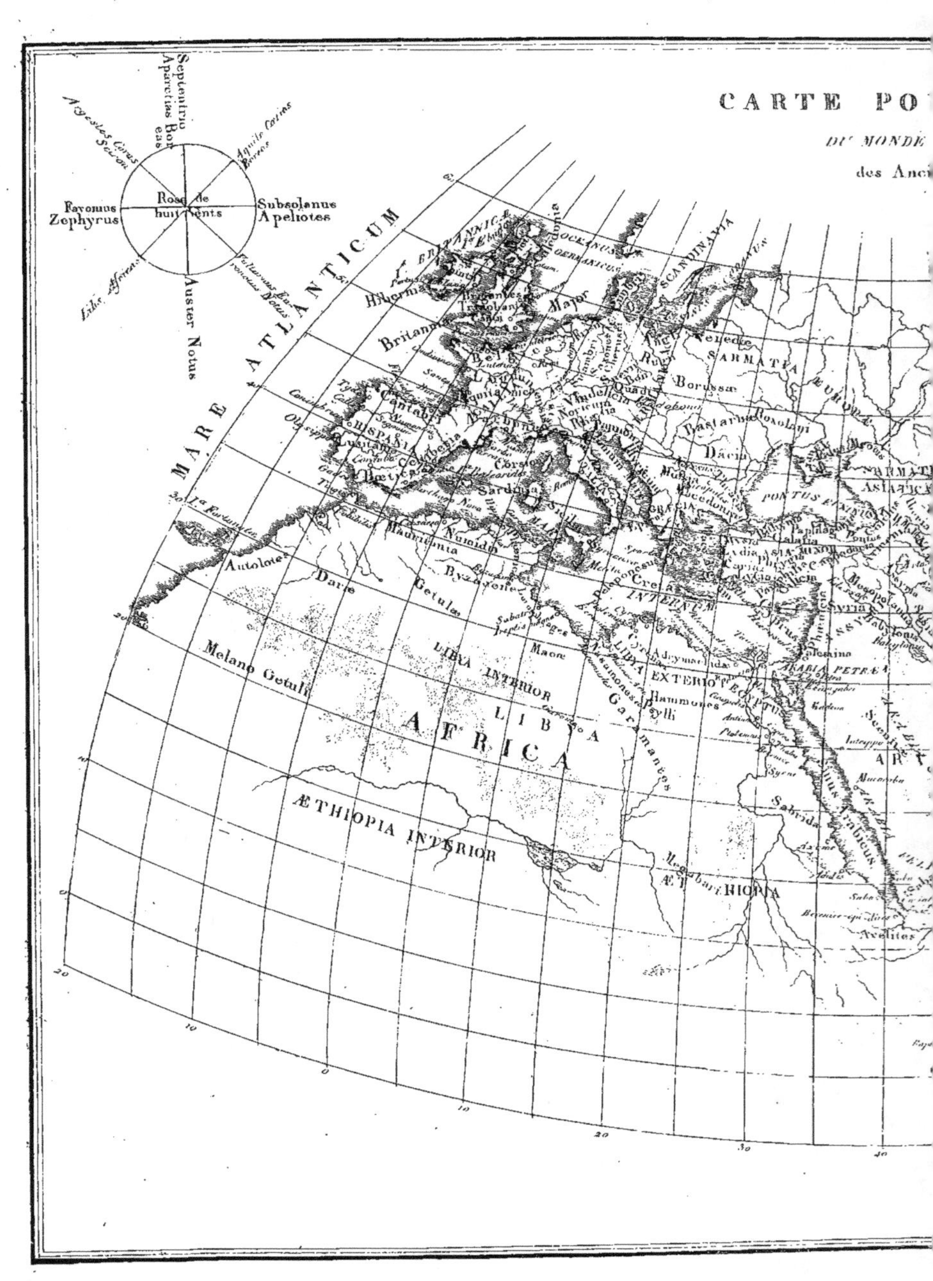
Rose de huit vents
Septentrio Aparctias Boreas
Aquilo Cæcias Boreas
Subsolanus Apeliotes
Vulturnus Euronotus Notus
Auster Notus
Libs Africus
Agestes Coras Caurus
Favonius Zephyrus
MARE ATLANTICUM
BRITANNIA
OCEANUS GERMANICUS
SCANDINAVIA
Hibernia
Britannia Major
Hibernia
Britannia
SARMATIA EUROPÆA
Borussæ
Bastarnæ Roxolani
Dacia
Cantabri
HISPANIA
Lusitania
Corsica
Sardinia
Sicilia
PONTUS EUXINUS
SARMATIA ASIATICA
ASIA MINOR
Mauritania
Numidia
Byzacene
Getula
INTERNUM
CRETA
Maœæ
SYRIA
ARABIA PETRÆA
Autololæ
Dara
LIBYA INTERIOR
LIBYA
LIBYA EXTERIOR
ÆGYPTI
Nasamones
Garamantes
Psylli
Hammones
Melano Getuli
AFRICA
ÆTHIOPIA INTERIOR
ÆTHIOPIA
Avelites

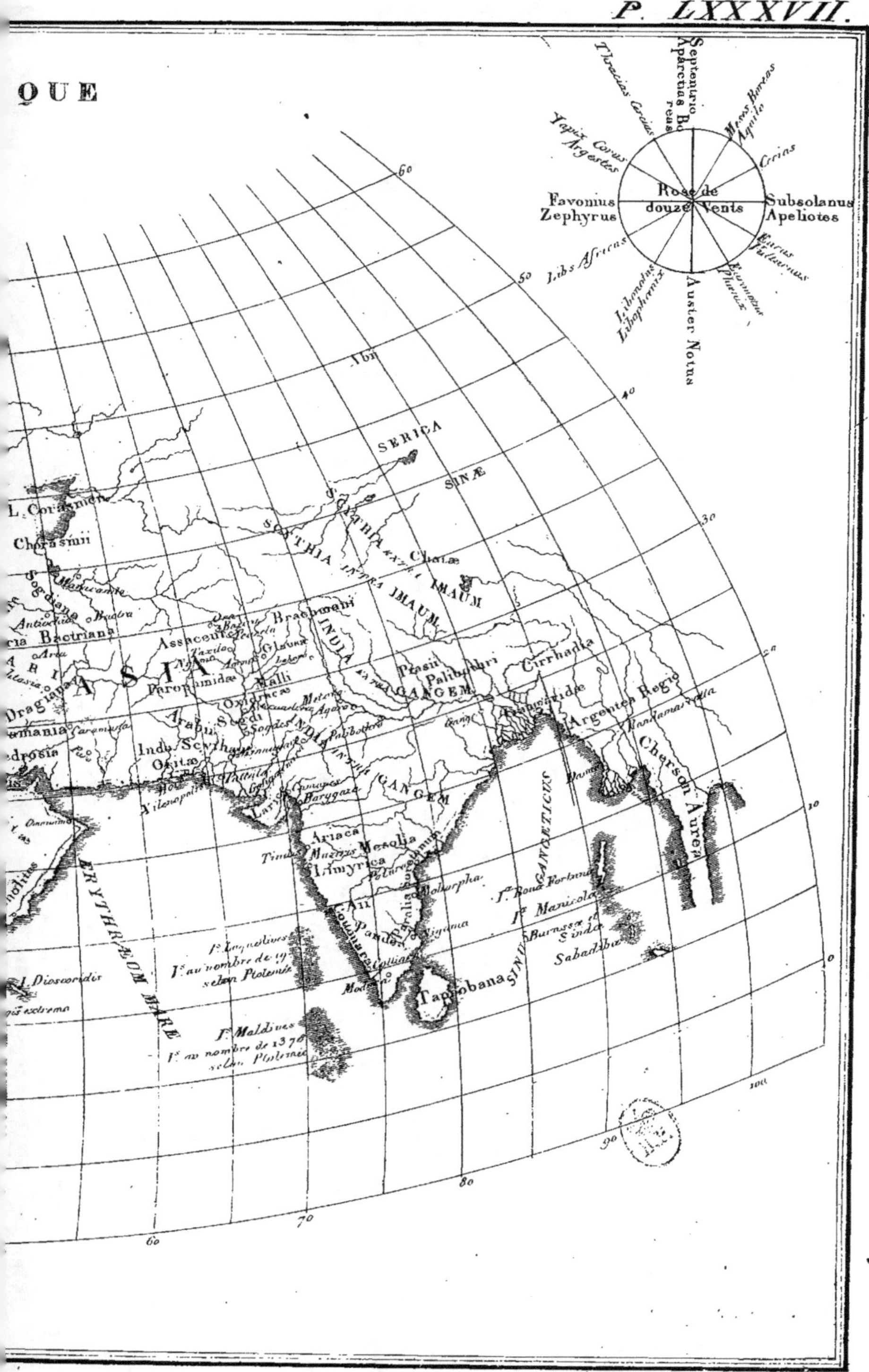
QUE
Rose de douze Vents
Septentrio
Aparctias Boreas
Meses Boreas Aquilo
Thracias Circius
Caecias
Iapix Corus Argestes
Crrias
Favonius Zephyrus
Subsolanus Apeliotes
Libs Africus
Euronotus Phoenix
Libonotus Libophenix
Auster Notus
SERICA
SINÆ
Ibi
L. Corasmen
Chorasmii
Sogdiana
Maracanda
SCYTHIA INTRA IMAUM
Chatæ
Antiochia
Bactra
INDIA EXTRA IMAUM
Bactriana
Assaceni
Brachmahi
Area
A S I A
Parophanida
Malli
Prasii
Palibothri
Cirrhadia
Argentea Regio
Dragiana
Oxidraca
INDIA EXTRA GANGEM
Carmania
Arabi Sædi
INDIA
Chersonesus Aurea
Indi Scythia
Palibothra
Orita
INDIA INTRA GANGEM
Larice
Camanes
Barygaza
Ariaca
Timula
Mæsia
Mesolia
Limyrica
ERYTHRÆUM MARE
Molurpha
F. Bonæ Fortunæ
Pandeon
F. Maniolæ
Sindi
Burnasi
Sabadibæ
I. Dioscoridis
Modura
SINUS GANGETICUS
Taprobana
F. Maldiues
I. au nombre de 1376 selon Ptolemée
F. Maldiues
I. au nombre de 19 selon Ptolemée

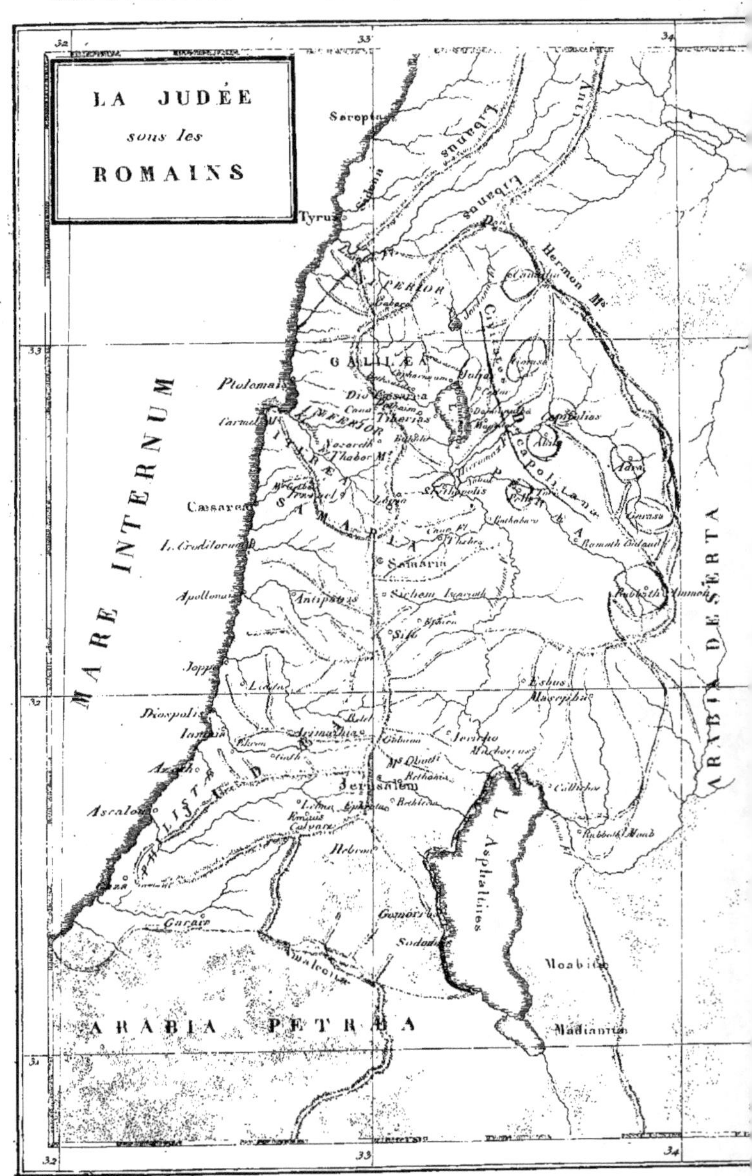

LA JUDÉE
sous les
ROMAINS
Sarepta
Tyrus
Libanus
Antilibanus
Hermon Ms
PERÆA
GALILÆA
Ptolemais
Dio Cæsarea
Carmel Ms
Tiberias
ITURÆA
Nazareth
Thabor Mt
Capolitana
Abila
Adra
Cæsarea
SAMARIA
Rammth Gilead
I. Crocodilorum
Samaria
Gaurasa
Apollonia
Antipatris
Sichem Ivaroth
Silo
Rabbath Ammon
Joppe
Lebus
Macephis
Diospolis
Jamnia
Arimathia
Jericho
Azotho
Machærus
Ms Oliveti
Bethania
Jerusalem
Calliroe
Ascalon
Bethleem
PHILISTÆA
Hebron
L. Asphaltites
Rabbath Moab
MARE INTERNUM
Gaza
Gomorra
Sodoma
Moabita
ARABIA PETRÆA
Madianum
ARABIA DESERTA

Royaume
DES ISRAELITES
SOUS
DAVID et SALOMON

LES DOUZE
TRIBUS

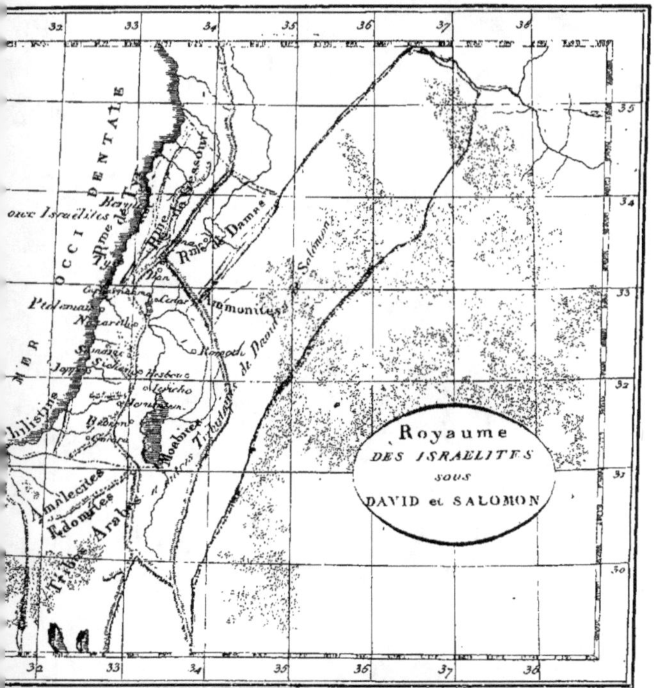

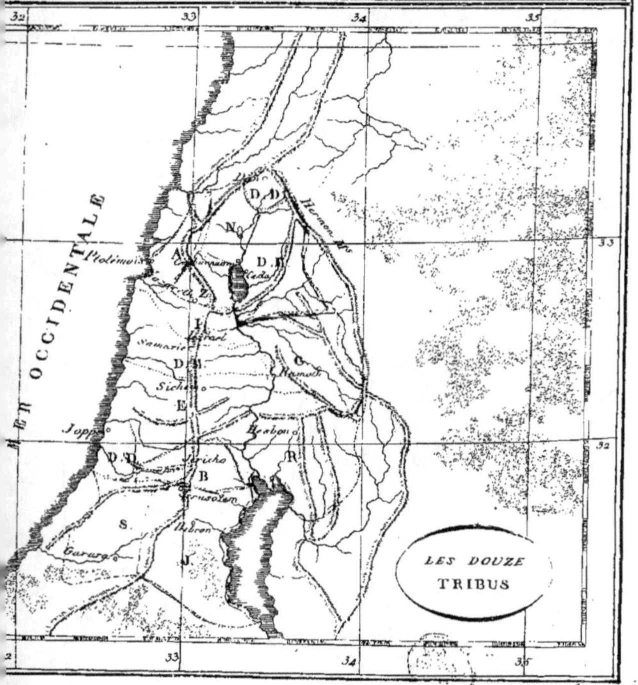